市场营销实战系列教材

金融产品营销

主　编：年　艳　虞飞龙

副主编：陈　晟　龚旭云　王智超

参　编：陈　飞　蒋　舟

　　　　毛怡萱　秦　奇

電子工業出版社

Publishing House of Electronics Industry

北京•BEIJING

内 容 简 介

本书以我国金融业现状为背景，阐述了金融营销的战略、策略的制定及其方法。本书共分为八章，简明地阐述了金融产品与金融营销的相关概念，比较详细地介绍了金融产品营销准备、金融产品营销策略、银行产品营销、保险产品营销、基金产品营销、信托产品营销，以及互联网金融产品与营销创新等内容，使读者能够循序渐进地了解和掌握金融产品营销的基本理论和实务知识。每章引用了大量案例，并进行相应的分析，有助于读者理解和应用金融营销的基本理念、方法和策略，提高实务操作能力。

本书可作为高等院校相关专业师生的教材或工具书，也可作为金融业同行和市场营销人员的培训教材。

图书在版编目（CIP）数据

金融产品营销 / 年艳，虞飞龙主编. —北京：电子工业出版社，2020.11

ISBN 978-7-121-39864-3

Ⅰ. ①金… Ⅱ. ①年… ②虞… Ⅲ. ①金融产品－市场营销学－高等学校－教材 Ⅳ. ①F830.9

中国版本图书馆 CIP 数据核字（2020）第 210490 号

责任编辑：张云怡　　　　特约编辑：田学清

印　　刷：北京盛通数码印刷有限公司

装　　订：北京盛通数码印刷有限公司

出版发行：电子工业出版社

北京市海淀区万寿路 173 信箱　　　　邮编：100036

开　　本：787×1092　1/16　　印张：16.25　　字数：385.3 千字

版　　次：2020 年 11 月第 1 版

印　　次：2024 年 12 月第 5 次印刷

定　　价：53.80 元

凡所购买电子工业出版社图书有缺损问题，请向购买书店调换。若书店售缺，请与本社发行部联系，联系及邮购电话：（010）88254888，88258888。

质量投诉请发邮件至 zlts@phei.com.cn，盗版侵权举报请发邮件至 dbqq@phei.com.cn。

本书咨询联系方式：（010）88254573，zyy@phei.com.cn。

前 言

近年来，伴随着我国货币市场、资本市场的不断演化和金融创新的层层推进，金融行业获得了更广阔的发展空间和更宽泛的选择余地。金融衍生产品种类繁多，金融活动的内容逐渐丰富。面对竞争日益加剧的金融市场环境，为了保持和扩大市场份额，各金融机构纷纷采取了一些特色鲜明的营销措施，用营销理念来创新金融产品和金融服务。在这样的背景下，本书以金融产品框架为基础，阐述适合中国金融行业发展战略的营销体系，书中案例丰富，有助于读者理解和应用金融营销的基本理念、方法和策略，提高实务操作能力。

《金融产品营销》有着丰富的金融理论和市场营销策划基础，有着鲜明的时代特点和实践特色，立足高职、高专教学，以培养学生金融产品营销策划和实战能力为宗旨，以职业技能和职业能力培养为核心，穿插任务式教学，体现了“以能力为本位”的教育教学思想。本书在内容方面融入了行业元素，共包括八章内容。第一章，金融产品与金融营销；第二章，金融产品营销准备；第三章，金融产品营销策略；第四章，银行产品营销；第五章，保险产品营销；第六章，基金产品营销；第七章，信托产品营销；第八章，互联网金融产品与营销创新。

本书由年艳、虞飞龙担任主编并对全书进行审定，由秦奇负责统稿。参编人员及具体分工为年艳（第一章、第二章），虞飞龙（第四章、第八章），陈晟（第七章部分内容），龚旭云（第六章），王智超（第五章部分内容），陈飞（第五章部分内容），蒋舟（第七章部分内容），毛怡萱（第三章部分内容），秦奇（第三章部分内容）。本书在编写过程中得到了校企合作单位中国人寿财产保险股份有限公司义乌中心支公司（项目编号：2017jc12）的鼎力支持，在此一并致谢！

在本书的编写过程中，编者参阅了大量的国内外优秀文献，从我国金融市场和金融机构中获取了大量的宝贵资料，在此对其作者表示衷心的感谢，但仍可能有遗漏之处，若有此类情况发生，谨对相关作者表示万分歉意。由于时间仓促、编者水平有限，书中疏漏之处还请广大读者批评指正。

编 者

目 录

第一章 金融产品与金融营销

学习目标

【知识目标】

- 掌握金融产品的含义、特征；
- 了解金融产品的类别；
- 掌握金融营销的概念和特点；
- 掌握金融营销的发展历程。

【能力目标】

- 通过到金融机构实地调研，能够了解不同金融机构的金融产品品种及其特点；
- 能正确的区分各类金融产品的特色，增强感性认识。

【知识网络】

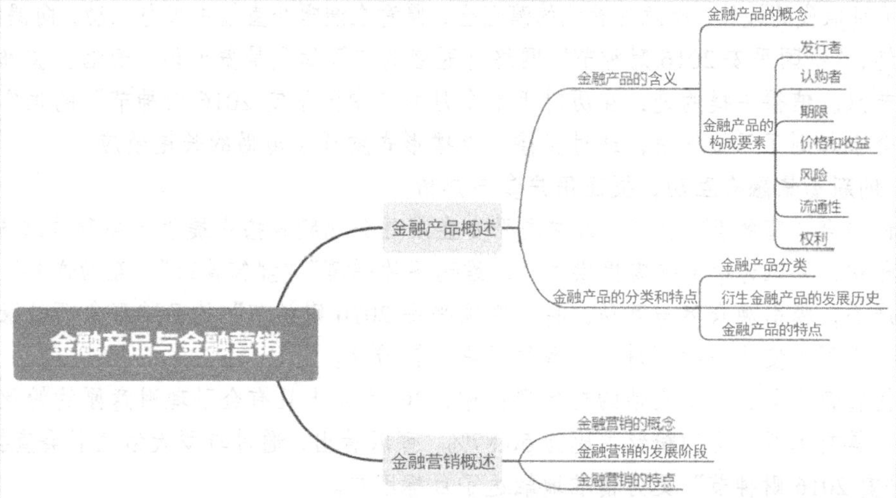

导入案例

音乐+金融：跨场景营销为中国平安打开用户沟通新频道

2016年11月5号，200多万名罗大佑乐迷在腾讯视频观赏了一场别开生面的演唱会，尽享音乐之际，乐迷们还与平安“财神”进行了亲密接触。这便是中国平安携手腾讯视频LiveMusic打响的“中国平安2016财神节”跨界娱乐场景营销战役。演唱会+金融，全新尝试为中国平安打开了用户沟通新频道。直播期间，380多万次互动激活社交能量，助中国平安互联网金融业务与目标受众建立精准、有效的沟通。

1．跨界娱乐场景，精准锁定人群

进入“后链接时代”，“走心”的场景成为营销传播的新沃土。在此次活动中，结合过往经验和最新趋势，中国平安敏锐地关注到跨场景营销在锁定目标人群、增强沟通黏性上的突出优势。

金融产品的消费人群以成熟、理性、学历较高、对生活品质有较高要求为主要特点。如何打造一个吸引这类人群的沟通场景并进行有效互动呢？腾讯视频 LiveMusic 发挥资源和受众优势，为中国平安带来了完美的解决方案。

在娱乐领域，腾讯视频 LiveMusic 的音乐 IP 资源雄厚，拥有众多知名艺人演唱会的全球独家网络播出权，能够帮助广告主以直抵内心的方式打动潜在受众。同时，腾讯视频 LiveMusic 也具有将线上与线下商业价值相结合，形成线下即时转化的能力。

罗大佑定于 2016 年 11 月 5 日在上海举行“假如我是罗大佑”演唱会，腾讯视频 LiveMusic 拥有独家高清网络直播权。通过分析，中国平安及腾讯营销团队发现罗大佑的粉丝群体与中国平安的目标受众高度重合。腾讯大数据显示，罗大佑的粉丝认为其在华语乐坛中拥有不可取代的地位，愿意观看他的演唱会，愿意在演唱会直播中参与互动，向偶像致敬。

最终，“中国平安2016财神节”网络总冠名的“假如我是罗大佑”演唱会被确定为重要传播节点。值得一提的是，在历时近半个月的“中国平安2016财神节”的推广期，这场演唱会也起到了承接作用，通过直播、点播形式发挥了传播的长尾效应。

2．创新场景融合互动，提高用户参与热情

腾讯平台丰富的互动技术，为中国平安在演唱会视频直播中提供了多种沟通方法。在直播过程中，腾讯为中国平安提供了“二维码图片弹幕”“宝箱掉落”“互动道具”等创新型互动产品，吸引观众参与互动，将“中国平安2016财神节”的品牌形象巧妙融入直播全程，为中国平安旗下的理财产品募集了更多新粉丝。

根据腾讯大数据，罗大佑的粉丝群体中，30 岁以上且有金融理财意愿的粉丝占比接近50%；具有本科学历的粉丝占比为50.87%。可以看出，通过与罗大佑演唱会直播合作，“中国平安2016财神节”更为精准地触达了目标用户。

在传播效果上，一系列组合拳打出了惊艳的战果。其中，带有“中国平安2016财神节”产品信息的图片弹幕总曝光量超过1亿次，为平安产品拉动了更多的新用户流量。

根据“中国平安2016财神节”形象定制的演唱会互动道具，在直播过程中深受用户喜爱，互动次数多达386万次，为“中国平安2016财神节”品牌带来了更多的曝光量。此外，腾讯的“边看边买”互动产品，也推动了用户从知晓到购买的快速转化。

活动后统计数据显示，截至2016年11月23日，“中国平安2016财神节”累计销售额高达3741.32亿元，较活动前日均提升32.63%；爆款累计销售额达976.66亿元，较活动前日均提升21.21%。陆金所、平安寿险、好医生、财富宝和好车主等产品与服务被植入线上明星红包、粉丝道具中，曝光次数超过6000万次，2小时直播为中国平安相关业务公司带来的流量（访问人次）高达360万人次。

3．金融跨界音乐，打开营销新格局

场景即内容，互联网的普及已经改变了受众交流与获取信息的方式和习惯。在此次“音乐+金融”的跨界合作中，中国平安以跨界娱乐场景实现突破创新，让营销“寓情于景”，打破了金融行业只在垂直内容领域做营销的传统。

在“中国平安2016财神节”的直播中，腾讯提供的跨场景创新合作，通过多种娱乐化创新，高度覆盖精准人群，激发了用户的参与热情，有效地促进了用户导流，为“中国平安2016财神节”品牌大事件贡献了力量。

在竞争激烈的金融理财领域，中国平安率先开发出极具感染力的娱乐场景，利用目标受众喜闻乐见的方式，让他们在金融场景之外接受“中国平安财神节”品牌。这种跨界娱乐的场景营销方式，无疑能为业界带来新的冲击和思考。中国平安携手腾讯的成功跨界也表明，精准的人群定位与沟通场景创新，是在“后链接时代”发掘“互联网+”潜能，是实现“品效合一”营销的绝佳尝试。

资料来源：中国广告．音乐+金融：跨场景营销为中国平安打开用户沟通新频道[N]．中国广告，2016-11-28.

第一节 金融产品概述

一、金融产品的含义

（一）金融产品的概念

金融产品（Financial Products）是指资金融通过程中的各种载体，包括货币、黄金、外汇、有价证券等。金融产品也就是金融市场的买卖对象，供求双方通过市场竞争形成金融产品价格，如利率或收益率，最终完成交易，达到融通资金的目的。如股票、期货、期权、保单等就是金融资产（Financial Assets），也称金融工具（Financial Instruments），或称有价证券（Securities）。

不同的人对世界的看法不同，对未来的预期也有所差异。有人看好，有人看淡，这才是正常的世界。正是洞悉了人们认识世界的差异，股票、债券、期权合约、期货合约才循此设计出来，以便每个人都能亲自验证自己的想法是否正确。我们可以看到，有的金融产品利用了人们厌恶风险的心理，如保险；有的金融产品则是利用了人们喜欢冒险、喜欢风险、喜欢赌一把的心理，如金融期货。

很多金融产品都是由实物资产演变而来的，如微软公司的股票就是由微软公司的实际资产演变而来的，而微软公司的股票期货和期权又是由微软公司的股票演变而来的。又如，房屋抵押证券是由房屋演变而来的。这好比树叶是由树枝生长而来的，树枝是由树干生长而来的，树干是由树根生长而来的。它们环环相扣，相互影响。

（二）金融产品的构成要素

一个金融产品是一系列具体规定和约定的组合。虽然不同的金融产品有着不同的具体规定和约定，但每一个金融产品通常都应具备至少如下几个方面的内容（见图 1-1）。

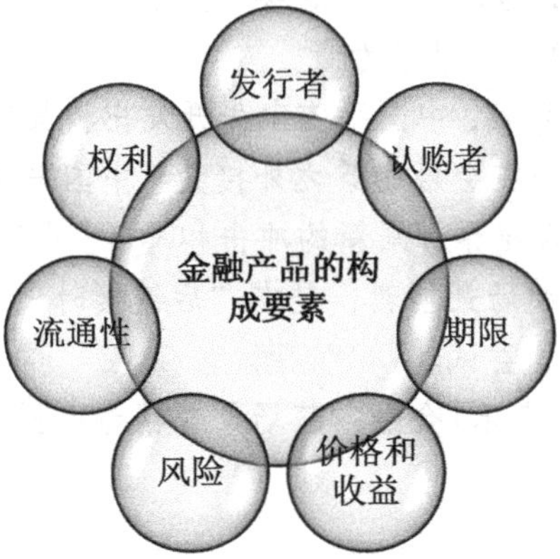

图 1-1　金融产品的构成要素

1. 发行者

任何金融产品都必须有其卖主，即发行者。债券的发行者就是债务人，没有债务人的债务关系自然是无法想象的。股票也一样，必须有特定的发行企业，此企业是股票认购者的共同财产。发行者通过出售金融产品取得收入，但不是任何个人或企业都可以向社会发行金融产品以取得收入的。与这样的金融收入相对应，发行者要承担特定的义务。

为了保证这些义务的履行，大多数金融产品的发行者在发行时要符合一定的条件，在发行后要接受金融管理机构和投资者的监督（如信息公开、业务活动的某些限制等）。发行者在设计金融产品时首先要弄清楚自己有权发行哪些产品。投资者也一样，在认购金融产品之前要明确对方是否有权发行这样的产品。

2. 认购者

不是所有的投资者都可以从金融市场上购买自己想买的任何金融产品。有些市场（如银行间同业拆借市场）只向一小部分金融机构开放。因此，投资者在认购某个金融产品之前，首先应当了解自己是否有权购买这个产品；发行者在发行某个金融产品之前也应当知道这个产品的可能投资者，以便估计潜在的资金来源。

3．期限

金融产品的期限有长短之分，在一般情况下，货币市场上的产品期限比较短，资本市场上的产品期限比较长。

金融产品的期限还可分为有期限和无期限。大部分债券和所有的货币市场产品都是有期限的。至于股票，从理论上说是无期限的，其存在的时间和企业存在的时间同样长。筹资企业应当根据需要选择适当期限的金融产品。对投资者来说也一样，其认购的金融产品期限应当根据其资金的可投资年限来决定，过短或过长会有利率下跌或上升的风险。

4．价格和收益

价格是金融产品的核心要素。因为发行者出售金融产品的目的是得到相当于产品价格的收入，而投资者的投资额正好等于他购入的金融产品的价格。

在金融产品的价格上，应当区分票面价格和市场价格。

票面价格是合同中规定的名义价格。债券的票面价格通常相当于本金，与票面利息率一起构成每期利息额的依据。股票的票面价格在企业的资产负债表中用于计算企业的注册资本额。

市场价格是金融产品在市场上的成交价格，相当于认购者实付、发行者实收的价格。市场价格还有一级市场价格和二级市场价格之分。一级市场价格和票面价格有一定的联系，如债券的票面价格与市场价格之间的关系取决于票面利率与市场利率的差别、债券的偿还方式、债券的偿还期限长短等因素。但在二级市场上，市场价格的变动不再受票面价格的限制。

收益率是金融产品的另一个核心要素，它表示该产品给其持有者带来的收入占其投资的比率。金融产品的收益包括两种：一是证券利息收入，简称收入或经常性收入，二是资本增益或损益。证券利息收入是指持有者在金融产品持有期内获得的利息收入，如债券按期支付债息的收入或股票按期支付股息的收入等。资本增益或损益则是指由于所持证券价格的升降变动而带来的本金的升值或减值。

5．风险

一般情况下，人们把风险看作一种危险，或看作一种带来损失或失败的可能性。我们可以认为金融产品的投资风险是对未来的不确定性而产生预期收益损失的可能。在市场上存在着 4 种风险与收益组合而成的投资机会：（1）高风险与低收益，（2）低风险与高收益，（3）高风险与高收益，（4）低风险与低收益。对投资者来说，要获取高收益，就必须承受高风险，高收益必然伴随有高风险。但反过来，若投资者承担了高风险，却不一定能确保高收益，因为高风险本身的含意就是不确定。高风险的结果可能是高收益，也可能是低收益，甚至可能是高损失。收益显然是以风险为代价的。

6. 流通性

流通性是一种资产转换为货币的能力。某种资产一经需要可随即转换为货币，交易费用很低，且不承担本金的损失，该资产就具有较高的流动性，反之，资产的流动性就较低。绝大多数的金融产品都可以在次级市场上自由流通，如私人持有的普通股票、债券等。但也有一部分金融产品不可以流通，或者在流通时要满足特定的条件，如平常的定期存折、用作抵押担保的金融产品及所有在发行时规定不可流通的产品。还有一些金融产品只在某些特定的情况下才能流通。流通性是金融产品的一大质量指标，那些不可流通的金融产品在市场上只能以较低的价格发行。同理，即使是可以流通的金融产品，如果其流通条件很差（如日成交量特别小），也只能以较低的价格流通。

7. 权利

金融产品作为一种财产权凭证，可以赋予持有人与该产品类别相对应的权利。例如，债券持有人作为债权人，拥有到期时获得本金和利息的权利，以及公司破产时剩余财产的优先索偿权；股票持有人作为公司的股东，有权参加股东大会，有权选举公司董事，以及有权参与公司重大事项的决策等。

二、金融产品的分类和特点

（一）金融产品分类

对于金融产品，可以从不同角度加以分类，我们这里叙述几种主要的分类方法。

1. 按产品形态分类

按产品形态不同，金融产品可分为 3 类，即货币、有形产品、无形产品。

（1）货币。货币的历史，从诞生到现在，是一个不断虚拟化的过程。目前，货币经历了实物货币时期、金属货币时期、纸币时期及现代电子货币时期 4 个不同阶段，货币内在价值在逐步减少。

（2）有形产品。这类产品种类繁多，包括公债、短期国债、外债、民间债、公司债券、短期国库券、流通存单、银行承兑汇票、商业票据、本票、预填日期支票、以实物偿还的债券、有奖债券、股票、支票、保险单、储蓄等。

知识链接

债券是指债务人发行的承诺在未来还本付息的凭证。债券满足的是发行者发展自己事业所需要的融资需求。例如，中央政府发行的国债，地方政府发行的地方债。另外，企业因为融资的需要可能会发行公司债。例如，B 购买了公司 A 发行的公司债，那么就相当于公司 A 欠了 B 相应数量的钱，换句话说，B 和公司 A 之间的关系就是债权人和债务人的关系。既然是借钱，那就不能免俗地先要确定一下利息问题。按照人们常规的思维，国债的利率要低于公司债的利率，这里就又涉及了金融证券市场的两个关键词：信用和风险。很显然，一个公司发行债券，购买债券的人总会担心这家公司可能会因经营不利而无法按时连本带息地偿还给自己；而国债是人们将钱借给中央政府，一个国家的信誉在绝大多数情况下要好于一个普通的企业。信用越高、风险越低，当然利率也就越低。除了国债、地方债、企业债，还有金融债，金融债是由银行或其他金融机构发行的融资工具。银行的信誉高于企业、低于国家，因此金融债的利率水平介乎国债和公司债的利率之间。英国经济学家威廉·配第认为，利息是暂时放弃货币的使用权所应获得的报酬。威廉·配第的这个利息定义十分简洁、清晰，至今仍然是经典的利息定义。暂时放弃货币的使用权为什么应该获得报酬？因为，甲把货币借给了乙，那么甲要承担乙未来不能偿还的风险；另外，在甲借钱给乙的时间段内，甲还会损失其他可能更好的投资机会，还要承担通货膨胀等各种现实存在的风险。所以，甲暂时放弃货币的使用权应该获得报酬。

在我国，人们拥有的债券可以托管给中央债券登记公司，也可以托管给中国证券登记公司（下辖上海、深圳两个分公司），分别在银行间债券市场和证券交易所交易。这两个登记公司都提供转托管服务，债券所有人可以任意在不同的登记公司之间转换。银行间债券市场是典型的货币市场，而证券交易所是典型的资本市场，所以债券成了跨越两个市场的交叉产品。

（3）无形产品。无形产品是指金融服务，大体分为放款、存款、国外服务、转账、储蓄、地点或时间性服务、信用服务等。

2. 按发行者性质分类

按发行者的性质分类，金融产品可分为直接金融产品和间接金融产品。

（1）直接金融产品是指最后贷款人与最后借款人之间直接进行融资活动所使用的工具，由公司、企业、政府机构等非金融机构发行或签署。直接金融产品主要包括以下几类：公司债、股票、抵押契约、公债券和国库券。

（2）间接金融产品是指金融机构在最后贷款人与最后借款人之间充当媒介，进行间接融资活动所使用的工具。间接金融产品主要包括以下几类：银行券、银行票据、可转让存款单、人寿保险、金融债券及各种借据。

3. 按信用关系存续时间分类

按信用关系存续的时间分类，金融产品可分为短期金融产品和长期金融产品。

（1）短期金融产品一般是指偿还期限在一年以内的货币市场的信用工具。短期金融产品主要包括以下几类：各种票据、可转让存款单和国库券。

（2）长期金融产品则是指偿还期限在一年以上的资本市场的信用工具。长期金融产品主要包括以下几类：股票、债券及各种基金。

4. 按服务行业分类

按服务行业分类，金融产品可分为银行类金融产品、保险类金融产品、信托类金融产品、证券类金融产品、财务公司类金融产品和融资租赁类金融产品。

（1）银行类金融产品主要包括储蓄存款产品、银行卡产品、消费信贷产品及银行理财产品。

（2）保险类金融产品主要分为人身保险产品和财产保险产品两大类。

（3）信托类金融产品主要有个人信托业务、公司信托业务、公益信托业务和资金信托业务。

（4）我国证券市场上发行和流通的证券类金融产品主要包括股票、基金、债券、期货、权证，以及经国务院依法认定的其他证券。

（5）财务公司类金融产品是财务公司经营的金融业务，大体上可以分为融资、投资和中介三大块。

（6）融资租赁类金融产品主要有 12 种，分别是直接融资租赁、售后回租、杠杆租赁、委托租赁、转租赁、结构化共享式租赁、风险租赁、捆绑式融资租赁、融资性经营租赁、项目融资租赁、结构式参与融资租赁及销售式租赁。

5. 按金融产品的产品属性分类

按金融产品的产品属性分类，金融产品可分为基础金融产品和金融衍生产品两大类。

（1）基础金融产品包括存款、贷款、黄金、外汇、票据买卖、股票、债券、信托及租赁等。

（2）金融衍生产品是与金融相关的派生物，通常是指从原生资产（Underlying Assets）派生出来的金融工具，包括期货、期权、远期、掉期、互换等。其共同特征是保证金交易，即只要支付一定比例的保证金就可进行全额交易，不需要实际上的本金转移，合约的了结一般也采用现金差价结算的方式，只有在满期日以实物交割方式履约的合约才需要买方交足贷款。因此，金融衍生产品交易具有杠杆效应。保证金越低，杠杆效应越大，风险也就越大。

金融衍生产品的种类在国际上是非常多的，而且由于金融创新活动的不断推出，属于这个范畴的产品也越来越多。从基本分类来看，则主要有以下 3 种分类。

① 根据产品形态，金融衍生产品可以分为期货、远期、互换和期权四大类。

a. 期货（Future），是指双方在交易前，约定在未来某个时间点，以某个价格交易某个资产。

b. 远期（Forward），与期货相似，两者最大的区别在于远期是场外交易（OTC Market）处于无监管的情况下，买卖双方自主达成合约。

c. 互换（Swap），是指双方约定在未来某时刻或之前，基于一些特定数字（如约定好的本金×浮动的货币汇率），互相交换一系列现金流（Cash Flow），常为场外交易。互换目的是双方对冲风险，或者发挥各自优势。例如，银行在一定时期内，给储户的利率是变化的，放贷的利率是稳定的，为了减少潜在风险，就用互换将稳定利率的放贷收入与一个浮动的数字联系起来，使之成为不稳定的。又如，双方分别来自欧洲国家和美国，都想开拓对方的市场，即美国公司想申请欧元贷款，欧洲公司想拿到的欧元汇率更好，于是双方协议定期互换货币。

d. 期权（Option），是在未来某时间点，以某价格买卖某资产的权利。美式期权持有者，具有在到期前任意时间点执行期权的权利，欧式则不然。

② 根据原生资产分类，金融衍生产品可以分为股票、利率、汇率和商品。如果再加以细分，股票又可以分为具体的股票（如股票期货、股票期权合约）和由股票组合形成的股票指数期货及期权合约等；利率又可以分为以短期存款利率为代表的短期利率（如利率期货、利率远期、利率期权、利率互换合约）和以长期债券利率为代表的长期利率（如债券期货、债券期权合约）；汇率包括各种不同币种之间的比值；商品包括各类大宗实物商品。

③ 根据交易方法，金融衍生产品可分为场内交易和场外交易。场内交易即通常所指的交易所交易，是指所有的供求方集中在交易所进行竞价交易的交易方式。场外交易即柜台交易，是指交易双方直接成为交易对手的交易方式，其参与者仅限于信用度高的客户。

（二）衍生金融产品的发展历史

1. 衍生品的出现

欧洲市场很早就出现了衍生品的雏形。欧洲的衍生品主要是基于商品贸易产生的，以规避商品价格波动风险为目的。在罗马时代，统治者认为通过签订远期的食物供应合同，构建起长期规划，对于保障罗马食物供应的安全至关重要。因此，在罗马法律中，远期货物交易合同（特定时间的交易）及预期价格交易合同这两种远期合同是被法律允许的。

中世纪（10 世纪至 17 世纪），荷兰、英国和法国等经济发达程度相对较高，定期的集中商品贸易在一些重要城市发展起来，伦敦、巴黎、里昂、安特卫普等重要城市开始成为商品交易中心，交易场所也得到了规模化和专业化发展。同时，由于大宗商品远距离的运输成本高，存在不能售出的风险，同时市场价格可能大幅波动，迫使农作物商人开始寻求远期合约来规避风险，远期交易的便利性进一步推动了商品交易发展。14 世纪后，荷兰作为当时欧洲最大的渔船捕捞国家，为规避鱼市场价格波动的风险，其大渔场委员会（Board of Great Fisheries）明确规定了青鱼的成熟期、捕捞年份和加工方式，使得腌鱼标准化合同成为可能，随即商人便开始根据腌鱼质量等级签订远期或期权交易合约。

17 世纪，荷兰郁金香球茎的价格快速上涨，为规避价格波动风险，部分商人在阿姆斯特丹小酒馆里聚集，自发组成郁金香交易俱乐部进行交易，这些批发商可以通过出售远期交割的郁金香获取利润。为了减少风险，批发商还可以从郁金香的种植者那里购买期权，即在一个特定的时期内，按照一个预定的价格，从种植者那里购买郁金香。而随着郁金香的交易范围越来越广，又出现了郁金香球茎期权的二级市场。但是，由于后来郁金香价格过高，荷兰经济也开始衰退，郁金香泡沫最终破灭，荷兰政府决定终止所有合同，禁止投机式的郁金香交易。之后，南海公司泡沫期间也出现了南海公司股票的衍生品。

这些事件发生后，欧洲出台了一系列关于衍生品的限规，制约了欧洲近代衍生品市场的发展。

2．现代金融衍生品——从商品期货到金融期货

欧洲大陆的主要国家受相关法规和社会认识的制约，其现代衍生品市场的发展相对落后。英国在18世纪之后成为全球重要的经济体之一。因为英国的商品贸易快速发展，金融资源聚集，金融自由化改革时间较早，社会对金融衍生品相对更加支持，所以其自然成为欧洲最早的衍生品市场。

（1）商品期货。19世纪初，英国发展为全球重要的经济体之一，并成为当时世界上最大的金属锡和铜的生产国。特别是在工业革命之后，英国由于自身工业需求的不断增长，开始从国外大量运输铜矿石和锡矿石回国进行精炼。在当时的条件下，由于穿越大洋运输矿砂的时间较长，金属价格起伏波动很大，金属贸易商和消费者要面对巨大的风险。

起初金属贸易商们根据商船预计到港时间签署远期合同，其中从智利运输铜到英国的时间一般为3个月，也就确立了3个月期限的铜远期合同。随着越来越多来自各地的金属贸易商们参与交易，金属贸易商逐渐希望每个工作日都能开展标准化合同交易。于是在1877年，一些金属贸易商成立了伦敦金属交易所。

（2）金融期货。20世纪70年代之后，美国市场诞生了现代金融期货产品，金融衍生品交易不断创新，取得了巨大的成功。美国金融期货市场的快速发展使伦敦作为传统国际金融中心的压力不断增加，因此伦敦希望进一步加强其在金融市场上的影响。另外，伦敦有着充足的金融人才，金融管制也在逐步放松，为伦敦国际金融期货交易所的建立提供了充足条件。

20世纪80年代，伦敦主要的商品经纪人、商业银行、外汇经纪人和证券公司一致要求英格兰银行设立金融期货市场。1982年9月，伦敦国际金融期货交易所（1992年与伦敦期权市场合并后改名为伦敦国际金融期货期权交易所）正式开业，最初上市的是3月期欧洲美元存款利率期货、英镑对美元外汇期货及长期金边国债期货等品种。交易所的组织采取会员制形式，参加者中个人投资者较少，交易的目的也主要是套期保值。

（三）金融产品的特点

1．金融产品供给的特殊性

普通产品的生产需要原料、资本、劳动力等，但金融产品的生产过程主要依靠的是智力，特别是依附于基本资产的金融衍生产品。在制造时间上，普通产品的生产需要必要的劳动时间，但金融产品几乎瞬间可以制造出来。所以从供应量上来看，普通产品的供给是有限的，但金融产品的供给是无限的，特别是在允许卖空的情况下。

2．金融产品需求的特殊性

普通产品的需求是与人的生活及生产活动紧密相关的，而金融产品的需求却往往脱离了人的基本需求，甚至与基本需求无关。从功能上来看，普通产品体现的是“使用”功能，而金融产品更多体现的是“投资”或“投机”功能。从需求量上来看，普通产品的需求在短时间内是有限的，而且变化幅度不大，但金融产品的需求由于脱离了基本需求因而更容

易受到个人信心和预期的影响，呈现易变的特点。在短时间内，金融产品的需求可以达到无穷大，也可以瞬间变为零，因为个人信心与预期可能受到经济、政治、社会等各种因素的影响。例如，2002年1月28日，中国证监会在网上公布减持国有股的阶段性成果，导致人们对未来的股价的上涨丧失信心，股市暴跌，上证综合指数当天从1451点跌至1359点，跌了92点，跌幅达到6.33%。而2002年6月23日，国务院宣布停止通过国内市场减持国有股，这一消息引发人们的持股信心，股市呈“井喷”式反弹，6月24日上证综合指数从1562点涨至1707点，股市大涨145点，涨幅达到9.25%。

金融产品的供给与需求的特殊性如表1-1所示。

表1-1 金融产品的供给与需求的特殊性

	普通产品	金融产品
主要成本	原材料、资本、劳动力	智力、生产过程几乎无成本
制造时间	必要的劳动时间	几乎可以瞬间产生
供应量	有限	如果允许卖空，而且保证金允许，供应量几乎可以达到无穷大
需求的影响因素	与人的生活、生产紧密相关	脱离人的基本需求，更容易受个人的信息和预期的影响
需求量	短时间内有限、且变化的幅度小	短时间内变化幅度大，瞬间可以达到无穷大，也可以变为零
功能	使用	投资或投机

3. 金融产品定价的特殊性

根据经济学的理论，普通产品受价值规律的支配，其价格由供求关系决定。金融产品的价格虽然也受供求关系的影响，但由于其供给与需求的特殊性，短时间内的供给和需求都可以达到无穷大，也可以瞬间变为零。所以，金融产品往往很难利用供求关系直接进行定价，而是根据风险/收益的均衡或者无套利定价原则进行定价。

目前，对于股票、固定收益债券等一般的金融产品，其定价主要是通过收益与风险均衡进行的。要获取高收益，就要承担高风险，这是金融市场的基本规律。一般金融产品的定价是通过产品的收益和风险均衡进行的。例如，给出股票定价的CAPM模型、APT模型等都说明了股价的收益与风险之间存在正线性关系。收益的评价方法一般都比较统一，用价格的相对增加值（百分比）表示。但是风险的度量标准却是差异很大，目前仍没有统一的标准。

对远期、期货、期权、互换等金融衍生产品的定价主要是根据无套利定价原则进行的。如果投资者发现，通过几种金融产品的多空组合，在不承担任何风险的情况下就能获得收益，那么说明市场上存在无风险套利机会。投资者发现无风险套利机会后，就会利用这个套利机会，这影响了相对应的金融产品的供求关系，最终将使市场定价趋于合理。因此，不存在套利是金融产品定价合理的根本依据。金融衍生产品就是根据无套利定价原则进行定价的。

金融产品定价的特殊性如表 1-2 所示。

表 1-2 金融产品定价的特殊性

	普 通 产 品	一般金融产品	金融衍生产品
定价方法	供需均衡	收益/风险均衡	无套利定价原则
定价难易	较简单	风险难以准确度量	受基础产品价格的影响
价格波动性	较小	大	大
获得稳定收益	相对容易	困难	困难

4. 金融产品获得长期稳定收益的困难性

普通产品要获得长期的稳定收益还是有可能的，但金融产品要获得长期稳定的收益则是非常困难的。因为金融产品的“投资”具有“钱生钱，利滚利”的特点，这种增长将随着时间的延长而变成指数爆炸式的增长。

例如，今年往银行存 1 元，按年利率 5%复利计息，1000 年以后本息总额为多少？

$1.05^{1300}=3.52\times10^{27}$。虽然只有 1 元，但是经过 1000 年的利滚利，本息总额也成为一个“天文数字”，这也表明要获得长期稳定收益是多么困难。

5. 金融产品的巨大价格波动性

普通产品的供给与需求在短时间内的变化幅度一般比较小，但金融产品的供给却在短时间内可以产生很大的变化。这导致了金融产品的价格波动特别大。

以香港股市为例，一年之内的高低点落差常常高达数倍。例如，1973 年恒生指数最高为 1774.9 点，最低为 400.01 点，相差约 3 倍。2000 年 1 月 4 日，道·琼斯指数下挫，导致全球股市应声下跌，但香港股市下跌幅度最大，连续两天下跌幅度达到 11%，大大超过东京、伦敦等国际金融中心股市的下跌幅度，甚至还远远超过新加坡、曼谷、马尼拉、雅加达、悉尼等的下跌幅度。

第二节 金融营销概述

一、金融营销的概念

（一）金融营销的概念

金融营销概念首先是在银行行业得到运用的。1958 年，全美银行协会会议上第一次在银行业界内提出了“银行营销”的概念。

20 世纪 70 年代，《银行家》杂志给出了金融营销的定义：“把可盈利的银行服务引向经过选择的客户的一种管理活动。”需要注意的是，在这个定义里，营销的标的物不是所有的银行服务，而是可盈利的银行服务；而且营销目标也不是所有客户，而是经过选择的客户。之后很多学者和业界人士也提出了多种对金融营销的理解，侧重点各有不同。引用叶伟春的《金融营销》中的定义，我们可以认为“金融营销是金融机构对金融产品的营销活动，指金融机构以市场需求为基础，以客户为核心，利用自己的资源优势，满足客户的金融需求，实现金融机构的盈利和发展”。

（二）金融营销的要素

金融营销涉及至少3个要素：金融营销的主体——金融机构，金融营销的客体——金融产品，以及金融市场。

1. 金融营销的主体

金融营销的主体是金融市场上的金融机构，主要的金融机构有商业银行、保险公司、证券公司、投资基金及信托公司等。

（1）商业银行（Commercial Bank，CB），是银行的一种类型，职责是通过存款、贷款、汇兑、储蓄等业务，承担信用中介的金融机构。一般的商业银行没有货币的发行权，其主要业务是吸收公众存款、发放贷款，以及办理票据贴现等。

（2）保险公司（Insurance Company），是经营保险业务的金融机构。保险公司收取保险费，将所得资本投资于债券、股票、贷款等资产，运用这些资产所得收入支付保单所确定的保险赔偿。保险公司通过上述业务能够在投资中获得高额回报并以较低的保险费向客户提供适当的保险服务，从而盈利。

（3）证券公司（Securities Company），在不同的国家有不同的称谓。在我国，证券公司是指依照《中华人民共和国公司法》和《中华人民共和国证券法》的规定设立的，并经证券监督管理机构审查批准而成立的专门经营证券业务，具有独立法人地位的有限责任公司或者股份有限公司。在日本，经营证券业务的机构也称证券公司。在美国，经营证券业务的机构被称为投资银行或证券经纪商。

（4）投资基金（Investment Funds），也称互助基金或共同基金，是通过公开发售基金份额募集资本，然后投资于证券的机构。投资基金由基金管理人管理，基金托管人托管，以资产组合方式进行证券投资活动，为基金份额持有人的利益服务。投资基金产生的原因是证券市场上的金融产品越来越丰富并且复杂化，普通投资者很难驾驭这些金融工具，需要将资金委托给专门的投资管理公司，由专业人士集中运作，实现投资分散和降低风险的目标。

（5）信托公司（Trust Company），以信任委托为基础，受客户委托进行货币资金和实物财产的经营管理。信托业务的关系人有委托人、受托人和受益人。因为信托是以信任为基础的，所以一般要求受托人具有良好的信誉，而且，信托成立的前提是委托人要将自有财产委托给受托人。

金融行业还有很多其他类型的金融机构，如政策性银行、信用社、基金公司、财务公司、金融租赁公司等。

2. 金融营销的客体

金融营销的客体是金融产品。金融产品的概念有广义与狭义之分，狭义的金融产品是指由金融机构提供的各类金融工具，广义的金融产品包括金融工具及各种金融服务。

金融产品的两个基本特点是收益性和风险性。客户之所以购买和持有金融产品，或者是为了规避风险，或者是为了让自己的资金通过金融投资升值。收益性是金融产品可以向客户提供的预期收益的大小，风险性是金融产品为客户带来收益或损失的可能性。一般而言，高风险、高收益是金融市场上永恒不变的法则。当然，高风险并不意味着必定会使客户亏损，也有可能使客户获得很大的利润。风险性指的是一种不确定性的大小。例如，银行存款利率一般被认为无风险利率，因为银行存款的风险小，所以其利率自然就会低于其他金融产品的收益率。而金融衍生产品的风险就比较大，如著名的巴林银行倒闭的导火索就是金融衍生产品的投资失利。

【案例 1】

巴林银行倒闭事件：28 岁交易员搞垮巨头

1995 年 2 月 27 日，英国中央银行宣布，英国商业投资银行——巴林银行因经营失误而倒闭。消息传出，立即在亚洲、欧洲和美洲等地区的金融界引起一连串强烈的波动。东京股市英镑对马克的汇率跌至近两年最低点，伦敦股市也出现暴跌，纽约道•琼斯指数下降了 29 个百分点。

李森是巴林银行新加坡分行的负责人，当时年仅 28 岁，在未经授权的情况下，他以银行的名义认购了价值 70 亿美元的日本股票指数期货，并以买空的做法在日本期货市场买进了价值 200 亿美元的短期利率债券。如果这几笔交易成功，李森将会从中获得巨大的收益，但阪神地震后，日本债券市场一直下跌。据不完全统计，巴林银行因此损失了 10 多亿美元，这一数字已经超过了该行当时的 8.6 亿美元的总价值，因此巴林银行不得不宣布倒闭。这家有着 233 年历史，在英国曾发挥过重要作用的银行易了主。1995 年 3 月 2 日，警方将李森拘捕。

3. 金融市场

金融市场是资金融通的市场，它是资金供应者和资金需求者通过交易金融工具进行融通资金的场所。

金融市场按照期限性可以分为货币市场和资本市场。货币市场是短期资金市场，是交易期限在一年以内的金融工具的金融市场。货币市场包括同业拆借市场、国库券市场、票据市场、大额可转让定期存单市场、短期信贷市场及回购协议市场等。资本市场是长期资金市场，是交易期限在一年以上的金融工具的金融市场。资本市场主要包括股票市场和债券市场。

按照功能，金融市场可以分为一级市场和二级市场。一级市场又称发行市场，是新的金融工具发行的场所；二级市场又称流通市场，是已发行的金融工具交易的场所。

二、金融营销的发展阶段

（一）金融营销萌芽阶段（1958—1960 年）

20 世纪 50 年代以前，金融市场完全处于卖方市场，金融行业的业内人士并不认为市场营销与金融行业有什么关系，提到市场营销，一般也会认为这是工商企业的行为。以银行行业为例，西方的银行行业给人的印象是冷漠、高傲的。银行大楼高耸肃穆，银行员工表情严肃地坐在高高的柜台后面，态度傲慢地办理业务，而客户想要办理业务必须按照银行的规则来，基本上没有和银行谈判或讨价还价的机会。

20 世纪 50 年代后期，金融行业原有的垄断格局发生改变。当时银行行业面临了储蓄业务方面的激烈竞争，一些有超前意识的银行开始向工商企业学习，在争夺储蓄业务时开始运用广告等营销手段，以此争取客户。之后，更多的银行开始仿效，积极地进行营销。1958 年，在“全美银行联合会议”上，第一次正式提到市场营销在银行中的应用，此次会议对金融营销具有里程碑的意义，金融行业的营销意识由此增强，营销理念由此树立并推广，从而进入了注重广告和销售促进的金融营销萌芽阶段。

（二）金融营销发展阶段（1961—1969 年）

20 世纪 60 年代，一些先进的银行开始注意营销问题，并开始做一些基本性的营销工作，如改善服务态度、推行微笑服务、挪开现金业务柜台前的防护栅栏、改善服务氛围等。例如，英国的一些银行在 20 世纪 60 年代后开始引入营销的思想进行经营管理。在这一段时间内，营销在金融行业的发展是“可见”的，金融行业内兴起了改进营业环境和服务面貌的风气。但是，当时金融行业在对营销的理解和运用上发展缓慢，这与金融业产品的特殊性有关系。工商企业的产品是形象鲜明的，而金融企业经营的金融产品的一个重要特点就是无形性，所以在采用广告和其他促销方式时，不太容易给客户带来很直观的刺激。而且当时的金融产品比较简单，技术含量较低，所以金融企业发现自己的营销方式很容易被模仿。另外，金融企业还有一个特点，就是需要与客户保持长期的联系。一般情况下，工商企业完成一次销售就算成功，而金融企业真正需要的是长期客户。例如，一个银行通过营销手段短期内赢得了新客户，但是很快该客户就被其他金融企业争取走了，这就不能算是成功的营销。于是，金融企业对营销的效果感到了困扰。

（三）金融营销快速发展阶段（1970—1989 年）

20 世纪 70 年代，金融行业对市场营销的重视程度更进一步，金融企业开始逐步建立专门的市场营销部门。在这段时间里，金融企业频繁、大量地在各种媒体发布广告。

【案例 2】

国际银行的沉默广告

美国纽约国际银行在刚开张之时，为了迅速打开知名度，便想出了一个出奇制胜的广告策略。

一天晚上，全纽约的广播电台正在播放节目，突然间，全市所有广播都在同一时刻向听众播放了一则通告：听众朋友，从现在开始播放的是由本市国际银行向您提供的沉默时间。紧接着整个纽约市的电台就同时中断了10秒钟，不播放任何节目。一时间，纽约市民对这个莫名其妙的10秒钟沉默时间议论纷纷，于是“沉默时间”成了全纽约市民茶余饭后最热门的话题，美国纽约国际银行的知名度迅速提高，很快便家喻户晓。

资料来源：〔美〕艾沃琳·艾尔林奇，杜克·范纳利. 金融服务营销手册[M]. 王国胜，缪成石，赵健明，译. 广州：广东经济出版社，2009.

不仅是广告的大量投入，金融企业还增加了销售人员，并积极地对外提供赞助，通过积极的公关行为，提升金融企业的社会形象。其中，美国运通公司赞助自由女神像修复是一个比较经典的案例。

【案例3】

美国运通公司赞助自由女神像修复

美国运通公司是一家金融公司，其主要业务是发行信用卡和旅行支票。1983年，美国运通公司通过赞助自由女神像修复工程，进行了成功的事件营销。

该公司通过保证使用信用卡每消费一美元就相应捐献出一部分的做法，大大提高了信用卡的使用量。美国运通公司看到了把自己的名字与一个美好事件连接在一起带来的多重利益。之后，该公司还进行了很多次影响广泛的赞助活动。

资料来源：〔美〕艾沃琳·艾尔林奇，杜克·范纳利. 金融服务营销手册[M]. 王国胜，缪成石，赵健明，译. 广州：广东经济出版社，2009.

20世纪70年代后期，许多金融企业开始意识到业务经营的本质是满足客户不断发展的金融需求。为了获得差别优势、规避风险、寻求利润，金融企业开始在金融工具、金融市场及金融服务项目方面进行创新，营销创新成为这一时期金融营销发展的主流，产生了信用卡、共同基金、货币互换、利息互换等新的业务。

20世纪80年代，金融企业慢慢认识到竞争优势应是一种个性化的特殊优势，任何金融企业都要选择目标市场，发挥自己的优势，拥有自己的特色，在市场中寻找自己的位置，把自己与竞争对手区别开来。例如，商业银行开始了金融服务的战略性定位，其营销已进入战略竞争阶段。

在金融营销快速发展阶段，以顾客需求为中心的顾客导向营销观念日益深入人心，通过市场细分和定位，帮助顾客了解相互竞争的金融企业及其服务之间的差异，方便顾客选择。

（四）金融营销成熟阶段（1990—2013年）

20世纪90年代以来，金融行业的竞争进一步加剧，产生了“全能银行”“金融百货公司”。金融企业的“顾客导向”观念更加明确，前沿的营销理论被应用于金融企业的业务经营和管理活动中。经过几十年的发展，金融营销日趋成熟，金融企业真正以市场为导向，以客户为中心，用现代营销的思想和理念来指导企业的经济活动。金融营销的理念逐步发展为“整合营销”和“服务营销”。

西方的金融营销在这一时期走向成熟，越来越多的金融企业开始以市场为导向，把市场营销提升到战略高度，并把营销思想贯彻到日常经营的每一个细节。如汇丰银行、花旗银行这些国际大银行在20世纪90年代就已经形成了一套成熟的营销思想。

【案例4】

20世纪90年代的花旗银行营销战略

花旗银行自20世纪70年代开创银行服务营销理念以来，就不断地将银行服务融入金融产品创新之中。目前，花旗银行能提供约500种金融服务。花旗银行的服务已如同普通商品一样琳琅满目，任人选择。1997年，花旗银行与旅行者集团的合并，使花旗银行真正发展为一个银行金融百货公司。在20世纪90年代的几次品牌评比中，花旗银行都以它卓越的金融服务位列金融行业的榜首。在全球金融市场步入竞争激烈的买方市场后，花旗银行进一步加大了它的银行服务营销力度，同时还通过对银行服务营销理念的进一步深化，将服务标准与当地的文化相结合，在加强品牌形象的统一性时，又注入了当地的语言文化，从而使花旗银行成为行业内国际化的典范。

资料来源：贾凯君．花旗银行：服务营销的创始者[J]．西部论丛，2005（10）：57-58.

经济全球化加速了金融国际化的趋势，美国、英国、日本等国家的金融企业开始逐步发展为国际性大企业，如汇丰银行发展为汇丰集团、花旗银行发展为花旗集团。金融竞争也走出了国门，各大金融企业在全球广设机构，这也意味着金融企业要面对陌生的经营环境，竞争进一步加剧，在打开市场和推动发展方面更需要市场营销理念的指引。

【案例5】

花旗银行的全球化拓展

20世纪90年代，花旗银行先以90亿美元收购了当时美国的第五大投资银行——所罗门兄弟公司，将业务拓展到资本融资市场；之后宣布与旅行者集团合并，业务涵盖银行、投资、保险、证券信托、咨询、理财、租赁等多项金融服务，成为产品丰富、功能齐备的大型“金融超市”。在确立了美国金融市场的领先地位之后，花旗银行将战略中心转向日本、欧洲和新兴市场。1999年花旗银行通过合资经营模式成立日兴所罗门美邦，进入日本资本市场；2001年，花旗银行收购 Associates First Capital，将零售金融业务推向欧洲市场；2003年，花旗银行入股浦发银行，通过联名信用卡的方式挖掘中国的客户资源。20世纪90年代末，花旗银行已经形成遍布北美、拉美、亚洲、欧洲、中东和非洲的全球网络覆盖模式，境外资产比重和收益也不断增强。

资料来源：张军．花旗银行全球化经营战略分析[J]．现代营销（学苑版），2013.

在亚洲，较早贯彻金融营销思想的国家是日本。日本在20世纪90年代加快了金融自由化的脚步，出台了《金融控股公司法》《金融体系改革法案》等一系列法规，意味着日本的金融企业可以经营的领域更加广泛，可以争取更多的客户。

经过了数十年的发展后，金融营销从产品营销发展到品牌营销，再发展到营销定位；又从服务营销发展到整合营销，金融营销在金融行业的发展中已经取得了战略性地位。从全世界看，金融行业普遍认可了营销制胜的理念，并将营销作为重要的日常工作。

到了 21 世纪，金融营销又出现了很多新特点。例如，大型金融企业内部，交叉销售已经成为必需，即使是在企业内部，专业分工的边界也在模糊。另外，金融行业和其他实体经济的联系越来越紧密，金融企业与其他组织进行联合营销也越来越常见。而且，从事金融业务的已经不再局限于传统的金融企业，互联网企业也开始涉足金融工具和金融业务的营销。

（五）互联网金融营销阶段（2013 年以后）

随着 2013 年余额宝的诞生，互联网金融作为一种新的业态出现了，而且这种新的业态改变了国人的理财观念，也促使大量的“草根阶层”加入投资理财的队伍。

这个阶段的金融产品营销方式，即所谓的推荐营销方式，与构建线下无底薪销售队伍存在一定的相似度，都是借助裂变人脉群体完成平台的推广。与此同时，推荐的福利合理，能够通过较少的成本投入为平台吸引更多的新用户。2015 年，互联网金融行业的推荐营销取得了理想的发展成绩，以平安陆金所为代表，其推荐活动的力度相对较大，包括超级推广员与普通推广员，只要是推荐用户注册或是投资就会获得奖励，且以现金形式发放。在互联网平台上销售金融产品与原来的线下销售相比，网络理财、保险更加便捷、透明，门槛也相对降低，并能及时根据客户的个性化需求提供不同的产品组合。

【案例 6】

“互联网金融+直播”，互联网金融营销新趋势

网络直播最大的特点是直观性和即时互动性，代入感强。让企业和用户之间能够“面对面”地及时交流沟通。当网络直播与互联网金融结合时，网络直播便在信息披露、用户沟通、宣传获客等方面大展身手。中国互联网络信息中心发布的第 44 次《中国互联网络发展状况统计报告》显示，截至 2019 年 6 月，我国网络直播用户规模达 4.33 亿人，较 2018 年底增长 3646 万人，占网民整体的 50.7%。电商、短视频等平台看重直播的盈利潜力，纷纷布局直播领域，相互融合、共同发展。电商平台简化门槛吸引主播入驻，聚集粉丝，建立平台与消费者之间的情感连接，催生市场不断壮大。2019 年“618”期间，淘宝直播带动商品销售 130 亿元，开播商家数同比增长约 120%，开播场次同比增长约 150%。随着网络直播用户覆盖广、影响力大、互动性强等因素的叠加，网络直播已经成为品牌营销的热门渠道，互联网金融企业自然也不愿意错过机会。

2016 年 5 月 31 日，微吼直播为金策黄金推出的黄金直播间就实现了“直播+金融”的完美演绎。金策黄金直播间主要针对每天的股市行情和贵金属行情做点评与推荐，这是典型的专家推荐型金融营销，以专家的名义和身份为做黄金投资的客户提供内容。直播内容主要分为两个部分：一部分是专家指导投资平台针对专家自己的客户做内部交易的直播；另一部分是针对外部的非会员做投资策略、市场分析等介绍。专业的讲师、黄金时段的直播、多种直播终端覆盖，让用户真正能够利用碎片时间获取最专业的市场行情的分析，从而做出理智的投资理财决定。

通过理财专家的直播，能够让用户与专家在平等关系下，实现即时、快速的沟通和互动。这不仅提升了平台的用户活跃度，也为理财用户提供了更精准细致的理财服务。另外，专家在直播平台上对产品进行介绍，往往更容易被用户接受，用户在观念上被说服，会产生更大的用户黏性，提高品牌忠诚度。

近几年，民众对理财渠道和理财知识的认知越来越深刻，越来越多的人看到普惠金融的本质。网络直播这种新颖、直观的媒介形式，很可能会成为大众学习理财、了解理财信息的新窗口，也是互联网金融企业低成本获客、提高转化率、培养忠实用户的重要途径之一。金融营销发展历程如表 1-3 所示。

表 1-3　金融营销发展历程

所处阶段	大致年份	特点与表现
萌芽阶段	1950—1960 年	1958 年“全美银行联合会议”第一次将营销观念公开引入金融领域
发展阶段	1961—1969 年	友好服务，侧重于营造一种友好、和谐的服务氛围
快速发展阶段	1970—1989 年	开发新产品，满足消费者不断发展的需求
成熟阶段	1990—2013 年	营销是由分析、计划、执行、控制等各个环节构成的管理系统
互联网金融营销阶段	2013 年以后	线上线下整合营销，提供个性化定制产品及产品组合

三、金融营销的特点

金融行业属于服务行业，所以金融营销也是服务营销的一个分支。金融营销和工商企业的产品营销不同，与其他服务行业营销相比也有自身鲜明的特性。

（一）营销客体的无形性

金融营销的客体——金融产品具有无形性，这使得金融营销比一般的工商企业的产品营销更加困难。在金融营销中，很难让客户像挑选工商企业的产品时那样，一眼就看到产品的形态和功能。这就需要在营销中大量地进行说明、讲解，为了使无形产品能够便于记忆、辨识、选择，金融机构需要大量的营销人员和营销手段来吸引客户。

（二）金融产品的不可储存性

一般的有形产品生产好之后，可以储存下来，等待出售。但金融产品的生产与消费是同一个过程，无法储存。所以在金融营销中，客户的参与性很强，金融机构与客户的沟通就非常重要，过程管理对于金融机构尤其重要。

（三）交易的持续性

很多产品在销售完成后，在较长一段时间里客户不会再进行重复购买及与企业打交道，服务也是一样，如理发、旅游等。但是，金融产品在购买之后的很长一段时间里，客户会不断与金融机构打交道。客户到银行存款，之后可能还会去续存，或者也可能取出一部分。客户购买了基金，如果基金绩效好，有可能还会追加购买。如果客户购买了养老保险，那么在他的余生里，都要不断地缴费或者领取养老金。交易的持续性使金融机构在营销中需要特别关注客户关系管理。

（四）产品和服务的双重性

在一般的交易中，买卖双方扮演着固定的角色。例如，消费者去餐厅，一般就是吃饭；客户去健身会所，一般就是享受健身服务。而金融机构的特殊之处在于，很多金融机构既买又卖，资金来源与客户有关，资金运用也与客户有关。客户到银行既可以存钱，也可以贷款；前者是客户提供资金给银行，银行付利息，买入客户的资金使用权；后者是银行提供资金给客户，客户付利息，买入银行的资金使用权。甚至，同一个客户也有可能同时在银行既有存款，又有贷款，买卖双方在不同的金融交易中可以互换身份。在证券市场上也是一样，证券公司有可能今天买入股票，而明天又卖出股票。

课后习题

思考题

1. 什么是金融产品？
2. 金融产品有哪些特点？
3. 与一般商品相比，金融产品有哪些不同？
4. 什么是金融营销？
5. 金融营销有什么特点？

第二章 金融产品营销准备

学习目标

【知识目标】

- 了解金融营销环境；
- 掌握金融营销环境的特点；
- 掌握金融市场调研的程序；
- 掌握调查问卷设计的方法与技巧；
- 掌握调研报告撰写方法。

【能力目标】

- 能够组织金融产品调研；
- 能够设计进行金融产品调研问卷；
- 能够根据问卷采取不同的调研方法完成调研；
- 能够整理分析问卷数据并完成调研报告。

【知识网络】

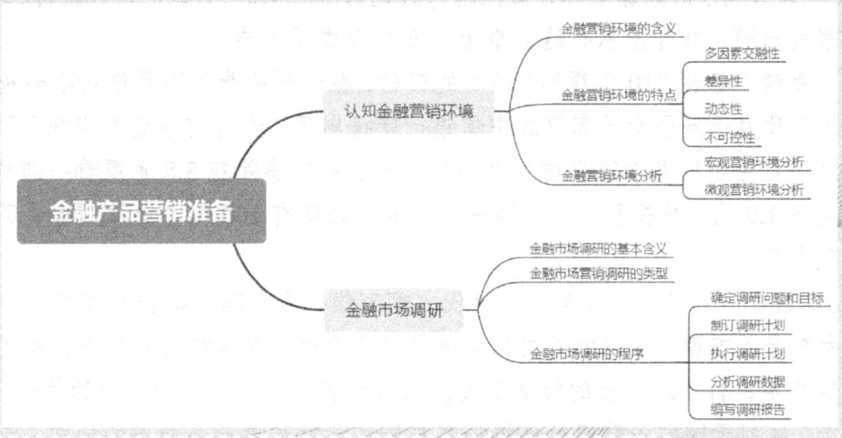

导入案例

“傍节”营销争抢客源，银行营销“无孔不入”

每年春节过后，各路商家都会在三八妇女节里“大战”几百个回合。不管是线下商超，还是天猫、京东、网易严选等“有钱任性”的网商，都推出了各类促销活动，纷纷掘金“她经济”。而这几年在营销上“无孔不入”的银行，也不会缺席这样的盛宴。不过，和前几年仅是推出女性专属理财产品的做法不同，如今的各家银行明显要让女人们“更爽”：3.8元的电影专场、理财课堂、美容美肤讲座、花艺培训、金玫瑰赠品……

是女性越来越难伺候吗？随着时代的变迁，女性在社会经济、家庭生活中扮演着越来越多的角色。羊年春晚上的“女神”和“女汉子”也成为网络热词。蚂蚁金服发布了旗下部分互联网金融应用的统计数据，还原了现代女性形象：家庭地位高、经济独立、懂得理财。正因如此，女性才更值得金融机构挖空心思去“讨好”。

1．专属理财只为“女王大人”

这几年，银行发力三八妇女节女性理财已经成为惯例，有的推出“富女理财”，有的推出“女财神计划”，还有的推出“女神节”专供理财产品，颇为热闹。民生银行就针对女性的各种理财需求推出了一系列财务解决方案。和前几年只是玩噱头的男女皆可买的三八妇女节专属理财产品不同，现在的专属理财产品提高了购买门槛，还真是“特供女王大人”。例如，某行的“丽人版专属理财”，就要求女性到柜面办理以便“验明正身”，而中信银行的“女神理财”也只提供给该行的香卡客户（女性客户）。

2．投其所好请“女神”看电影

逛街吃饭看电影，早已成为当下普遍的娱乐方式。过去，看电影是男女约会的首选，一般是男性掏钱。不过现在这已不是主流，电影院里女性结伴观影比比皆是。iiMedia Research（艾媒咨询）的数据显示，女性用户占比为59.54%。不管是独自旅行、结伴而行，还是策划家庭出游，在外出旅行这件事上，女性也成了主导。

平时一直精于营销“10元观影”活动的银行，在这样的背景下是绝对不会放弃营销机会的。这几年致力于发展女性客户的中信银行就推出了“女神有令之爱家观影”活动，管理资产达到一定金额的香卡客户均可携一位家人在指定影院花3.8元观看一部热映大片，平均一个人才1.9元。数据显示，平均每个周末嘉兴就有100位“女神”享受了中信银行提供的这项服务。

“有人说这是一个‘用脚投票’的时代，哪家银行利率高就把钱存在哪里。我并不这么看，因为在产品方面，银行的同质化竞争是很严重的。在这样的基础上，我更看重银行的服务。这几年银行在这方面的转变很大，相对而言我也更能接受银行的推介。”

事实上，区别于国内多数银行仅根据客户资产状况配置产品服务的模式，已经有银行采用客户自然属性分群及资产级别分层相结合的模式，推出女性专属银行卡，更加精准地把握女性客户的需要，体现了银行零售客户经营理念的差异化和特色化。

资料来源：http：//toutiao.manqian.cn/wz_dyInmthrPd.html

第一节 认知金融营销环境

金融企业市场营销活动的开展受到诸多环境因素的影响和制约。良好的环境能为其创造良好的机遇和发展平台；反之，恶劣的环境将会带来各种威胁。因此，金融企业应对周边环境进行全面的分析和评估，充分适应环境，趋利避害。本章主要分析金融营销环境的宏观环境因素、微观环境因素及其对金融营销带来的影响，客观评价环境威胁。

一、金融营销环境的含义

金融营销环境广义上是指所有能影响金融企业实现其经营目标的一切因素的总和。美国著名营销学家菲利普·科特勒认为“企业的营销环境是由企业营销管理职能外部的因素和力量组成的，这些因素和力量影响着营销管理者成功保持其与目标市场顾客交换的能力。”即营销环境是指与企业营销活动相关的所有外部因素与力量之和。这一定义对于金融企业也同样适用。因此，金融营销环境是指金融企业生存和发展所需的、独立于企业之外的、对企业营销绩效起着潜在影响作用并约束其行为的各种外部因素或力量的总和。

二、金融营销环境的特点

金融营销环境是金融企业的生存空间和开展营销活动的基本条件，具有多因素交融性、差异性、动态性、不可控性等特点。

（1）多因素交融性。现代企业的营销环境复杂多样，诸多环境因素共同影响和制约金融市场营销活动（如政治、经济、社会、文化、自然等）。

（2）差异性。金融企业既面对一般的市场营销环境，也面对具体的市场营销环境。无论是一般的市场营销环境，还是具体的市场营销环境，不同的金融企业将受到不同的影响，其侧重点也会有所不同；即使是同一种市场营销环境因素的变化对不同金融企业的影响也不同。

（3）动态性。企业的各种营销环境经常处于一种易变的、不稳定的状态中，会随着时间的更替和社会的发展而不断变化。

（4）不可控性。企业的外部营销环境是企业无法控制的；资源的分布状况、国家的方针政策、人们的意识形态、价值观和社会行为准则、社会风俗习惯等因素，都是会对金融营销活动产生有影响但又不可控制的外部因素。

金融营销环境是金融企业的生存空间。一个国家或地区的金融行业的市场营销战略是影响各金融企业营销环境的重要方面。金融行业的市场营销战略为整个金融企业市场营销战略明确了总体方向，为其制定自身的营销战略提供了指导。因此，金融市场营销战略的制定和实施，必须考虑到各金融企业的时空条件。金融企业要在环境多变、竞争激烈的市场上生存和发展，只有充分地了解和认识自己所处的环境，才能做到知己知彼、百战不殆。

三、金融营销环境分析

金融营销环境，可根据营销环境所受影响方式分为微观营销环境和宏观营销环境，如图 2-1 所示。前者是直接影响和作用于金融企业市场营销活动的环境因子（客户、供应商、竞争者等），后者是金融企业市场营销活动中间接产生影响与作用的环境因子。两者之间并非并列关系，而是主从关系，即微观营销环境受制于宏观营销环境。

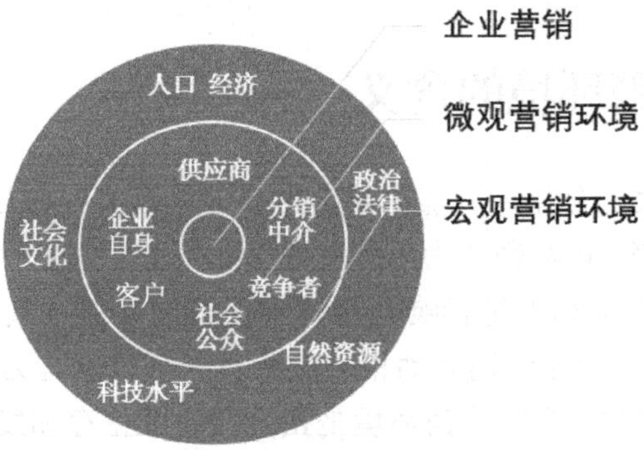

图 2-1 金融营销环境

（一）宏观营销环境分析

宏观营销环境是指包括金融企业在内的、给各个金融企业都带来影响的各种因素和力量的总和，一般由人口、经济、自然资源、政治法律、科学技术和社会文化六大因素组成。

1. 人口因素

人口是构成市场的首要因素。人口因素分析主要从数量及地理分布特点、流动特征、年龄结构、教育程度、家庭结构这 5 个方面进行。

（1）数量及地理分布特点。我国人口的分布不均，以腾冲－黑河一线为分界线，我国人口的空间分布特点是东南多、西北少。中国地势西高东低，东部地区以平原为主，有漫长的海岸线；西部地区以山地为主，大多为高原、荒漠，土地可垦殖率低。所以东部地区的人口承载能力比较高。改革开放以来，东部地区便利的交通为其发展提供了有利条件，使东部地区成为我国经济发展的重心，而经济的发展带来了人口的流动。

（2）流动特征。改革开放后，伴随着工业化、城市化程度的加深和大规模的外资进入沿海地区，大量人口进城务工，出现了一个史无前例的外来务工群体——“农民工”。根据国家统计局“2017年农民工动态监测数据”，截至2017年，全国“农民工”总量为28652万人，其中，外出“农民工”为17185万人。20世纪90年代以前，主要是“农民工”向城市季节性候鸟式流动。20世纪90年代后期，许多“农民工”不再流动，而在城市扎营，形成新的工人阶级，家庭也迁入城市。如果一个国家或地区的城市化水平超过30%，那这个国家或地区就会进入快速城市化时期，我国已经开始了城镇化进程。人口密度是金融机构选择目标市场考虑的首要因素。

（3）年龄结构。我国已经进入老龄化社会，如图2-2所示。

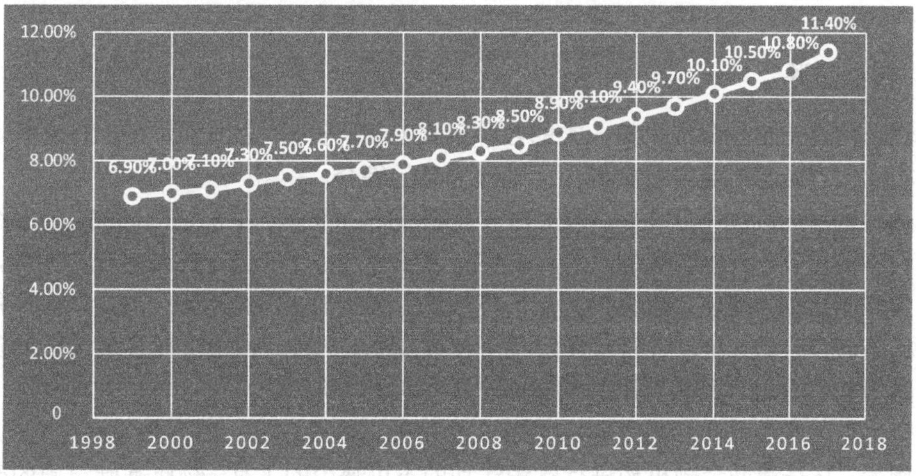

图2-2 我国65岁及以上老年人占总人口比重

（4）教育程度。国民受教育程度提高对于金融发展是有利的。国民受教育程度提高可以使人更好地理解金融现象，掌握金融技术，规避金融风险，提升人力资本，提升风险厌恶程度，提高人们对保险产品的需求，提高人们的收入预期，提高人们对储蓄理财产品的需求。

（5）家庭结构。近30年来，中国传统大家庭的模式逐步消失，家庭规模逐步缩小。变化的主要趋势是家庭结构小型化、核心化。空巢家庭增多，家庭养老功能弱化。越来越多的女性参加工作，尤其服务行业以女性为主。

2. 经济环境

经济环境是重要的金融生态环境之一。经济决定金融，金融意识和金融制度的发育往往要受到经济基础的制约。经济基础差的地区，金融生存的空间也会很小。

经济环境是金融市场营销活动所面临的外部社会条件，即一定范围的社会经济状况。经济环境包括经济增长速度、发展周期、市场状况和潜力、物价水平、投资和消费趋向、进出口贸易及政府的各项经济政策、产业政策等。经济环境是对金融企业市场营销影响最大的环境因素，是其整个经营活动的基础。

（1）经济发展水平。金融市场营销活动要受到一个国家或地区的整个经济发展水平的制约。在不同阶段，经济发展水平不同，居民的收入不同，人们对未来的预期也存在差异。

因此，不同阶段、不同地区的人们通过金融企业所进行的金融投资活动的频度和规模是不一样的。经济发达国家体现为服务营销，发展中国家体现为价格营销。

（2）城市化程度。相对于农村而言，城市是该地区的政治、经济、文化中心，交通发达、人口密集、交易频繁。城乡之间存在的某种程度的经济和文化上的差别，导致居民之间的投资行为、储蓄行为、消费行为存在明显的不同。一个地区的城市化程度越高，对金融企业的营销活动的开展要求也越高，需求也更为迫切。

（3）居民收入水平和结构的变化。它们会直接影响到居民的消费、投资和储蓄水平。例如，在短缺经济的条件下，消费信贷业务就开展不起来。

3. 自然资源

自然环境是指自然界提供给人类的各种形式的物质资料，如阳光、空气、水等。自然环境分析的内容是影响金融营销的自然地理因素的综合。

金融机构所面临的不同自然环境，对其营销战略决策会产生一定的影响。随着经济的发展和科学的进步，许多国家的政府对自然资源管理加强了干预。在金融机构层面，通过绿色信贷限制措施，促使金融机构改正环境违法行为，加快污染治理，淘汰落后产能，倒逼金融机构转型升级，推动经济实现绿色可持续发展。另外，由于世界各国的自然资源不同，金融机构的金融产品和金融营销策略也不尽相同。

各个地区的物质基础设施是指人类发展的物质文化的成果，如公共设施、交通网络、通信设施等，它是帮助金融机构进行营销活动的不可缺少的工具。物质基础设施的改进使金融营销更加现代化、信息化，也使营销手段也更加多元化，如互联网金融的发展能够促进商业银行转变经营理念，进一步拓宽其营销渠道。

4. 政治法律环境

（1）国内政治法律环境：了解、研究、分析法律法规、国家政策。

（2）国际政治法律环境：首先是了解整个国际政治形势及其变化趋势，其次是了解国际法及国际经济惯例。

政局稳定，人民安居乐业，金融市场才会稳定；政局动荡，社会矛盾尖锐，金融市场会秩序混乱。

知识链接

世界部分主要法律制度如下所示。

（1）英美法系：判例法，如英国、美国、澳大利亚等。全世界约有 26 个国家属于英美法系。

（2）大陆法系：成文法，起源于古罗马。全世界约有 70 多个国家属于大陆法系。

（3）伊斯兰教法系：伊斯兰教法区别于其他人为法律的地方在于它的立法来源，即安拉的《古兰经》与先知的圣训。每一位致力于剖析教法论断的创制者，都必须依靠这两种源泉。所有从这两个源泉中分支出现的律例、原则也都依照这两个源泉。

5．科学技术环境

科学技术环境是指技术的变革、发展和应用状况。科学技术环境不仅直接影响金融企业的经营，而且还和其他环境因素相互依赖，共同影响金融企业的营销活动。这主要表现在以下几方面。

（1）科技的发展不仅提高了生产效率，也提高了交换效率，给金融营销工作提供了突破性机会。例如，自动取款、电子汇兑和网络银行等的出现不仅极大地提高了金融服务效率，改变了传统银行在人们心目中的形象，也使金融企业能更准确、更快捷、高质量、大容量地为客户提供新的金融产品和服务。同时，金融企业通过无线电广播、电视、计算机信息网络等进行宣传，提高了营销力度，降低了营销成本。

（2）科技的发展，改变了人们的生活观念和生活方式，给金融企业带来了新的营销机会。例如，人们逐渐接受了“工作在城市、居住在乡村（市郊）”及“用明天的钱圆今天的梦”的观念，推动了消费信贷的发展。

（3）科技的发展及其在金融领域的运用，直接或间接影响着金融企业的营销策略。科技的发展推动了金融创新，金融新业务、新品种不断地推向社会，这在极大方便社会公众的同时，也对金融营销工作提出了新的要求。

6．社会文化环境

社会化环境是指一定社会形态下的民族特征、人口分布与构成、受教育程度、风俗习惯、道德信仰、价值观念、消费模式和习惯等被社会公认的各种行为规范。

（1）受教育程度。教育水平的高低影响着金融营销策略的选取，决定着营销方式和手段的选择。例如，教育水平较低的地区采取直观形式的广告宣传（电视、广播方式）比文字性的广告宣传要好得多。同时，处于不同教育水平的国家或地区的居民，对金融商品和服务的需求也会存在较大差别，金融企业要对他们采取不同的营销方式和手段。

（2）价值观念。价值观念是指人们对社会生活中各种事物的态度、评价和看法。在不同的社会生活环境下，人们的价值观念是不同的。例如，在美国，人们崇尚生活上的舒适和享受，追求超前消费；而在我国，人们普遍遵循勤俭节约、量入为出的生活准则，因而美国和中国的消费贷款的规模和质量都不同。同样，不同价值观念的人群对金融企业所提供的商品和服务的要求也是千差万别的，这就要求金融市场上的营销人员针对不同的客户采取差异营销策略，提高营销效率。例如，面对价值观念较前卫的年轻一代，金融营销的重点要突出商品和服务的新颖性和目前的获利性或享受效果；面对观念较保守的中老年顾客，因其讲求实惠，对未来和长远考虑较多，金融营销的重点要突出商品和服务的安全稳定性及长远的获利性。

（3）风俗习惯。风俗习惯是人们根据自己的生活内容、生活方式和自然环境，世代相袭、固化而成的一种风尚和行为方式。不同的国家、不同的民族有着不同的风俗习惯，而不同的风俗习惯对人们的投资行为和消费行为有很大的影响。金融企业在开展金融营销时，应研究客户所属群体及地区的风俗习惯，了解目标市场客户的禁忌、习俗、避讳、信仰、伦理等，做到“入境随俗”，设计和推广适合特定客户需求的金融商品和服务，做好宣传工作，以获取最大的社会效益和经济效益。

（二）微观营销环境分析

微观环境要素是指由金融企业本身的市场营销活动所引起的与金融市场紧密相关、直接影响其市场营销能力的各种要素，决定了金融企业生存和发展的基本环境。微观环境要素主要包括客户环境、竞争者环境、社会公众等。

1. 客户环境

客户环境对市场营销的影响表现在以下 3 个方面。

（1）客户的需求。对金融企业而言，客户的需求在不同的时间和地点条件下是不一样的，不同类型或层次的客户的需求也存在着差异。因此金融企业需要实施差异营销策略。

（2）客户的效益或收益。客户的经济实力的雄厚与否关系到金融企业的生存基础。

（3）客户的信誉度。讲究信誉、遵纪守法的优质客户群会有利于金融企业各项业务的顺利开展，能够有效降低经营风险。

客户环境分析主要包括以下几个方面。

（1）客户意愿分析，即充分了解并最大限度地满足客户的需求，如表 2-1 所示。

表 2-1 客户意愿调查内容

1.在何种情况下客户会使用你们的产品或服务？
2.选择你们的服务，客户可以得到哪些基本的益处？
3.你们的服务或产品能让客户获得哪些附加的益处？
4.客户最喜欢你们的哪些产品或服务？
5.你们的服务或产品满足了市场必不可少的功能吗？
6.你们的产品是否有些功能是客户不需要的、可否简化？
7.哪些改进功能使你们的产品增值？
8.你们的哪些产品或网点需要改进？
9.哪些改进措施能使客户获得更大的好处？
10.如果你是客户，你愿意选择你们的产品或服务吗？
11.为什么要从客户角度看市场上最理想的产品或服务是什么？
12.是否有其他金融企业以更低的价格，提供同功能、同质量的产品或服务？

（2）客户信息分析，就是对金融企业的现有客户和潜在客户的有关资料进行分析，从中了解客户结构、客户的消费习惯及客户对企业的贡献度等，从而有针对性地制定相应的市场细分战略和产品战略，争取用最低的成本取得最好的效益。

【案例 1】

招商银行的“因您而变”

在中资银行中，在全行上下有系统地开展市场营销战略的，并不多见，而招商银行则是业界公认的营销明星企业。

招商银行已申请专利的“一网通”产品，其品牌的创立和维护过程都堪称中国银行行业的经典。而招商银行针对个人高端客户推出的“金葵花理财品牌及服务体系营销案例”，已成功入围2003年“中国首届杰出营销奖”评选活动总决赛并获银奖。招商银行是唯一进入该次决赛的国内金融企业。

招商银行有一句电视广告词——“因您而变”，反映了招商银行营销理念的精髓。

先分解一下“因您而变”这4个字。

“您”，客户也。“因您而变”，突显招商银行以客户为中心，顺应客户需求开拓市场的一贯经营理念。

“变”，变化也。“变”更加突出招商银行的危机感和创新意识。对此，招商银行行长马蔚华有番“盛世危言”：“形势的变化已经把我们推到了‘变也得变，不变也得变’的境地，也就是势在必变。我们必须使全体员工真正懂得‘满足于今天过得去，明天就过不去’的道理，真正增强‘变则兴、不变则亡’的紧迫感和危机感。”

正是在这种“因您而变”的理念下，招商银行在政策红灯亮起前，率先与招商基金携手推出理财基金。招商银行变化之快，从其市场定位的演变史中，可略见一斑。

2. 竞争者环境

所谓竞争者是指与金融企业生产相同产品或提供类似服务的企业或个人。金融市场竞争者环境分析主要包括竞争者数量分析、竞争者市场份额分析和竞争者营销活动分析。竞争者调查内容如表2-2所示。

表2-2　竞争者调查内容

1．哪些单位是我们强有力的竞争者？
2．谁是这些竞争者的主要客户？
3．竞争者在推销产品时通过什么理由说服客户？
4．竞争者的产品或他们的效率优势何在？
5．为什么客户在大多数情况下会在竞争者那里购买产品？
6．在过去的一段时间里，我方哪些主要业务被竞争者夺走？
7．竞争者所提供产品的价格和服务手段？
8．竞争中我方在哪几点上占优势？
9．我方可以从竞争者那里争夺哪些业务，为什么？
10．竞争者都开展了哪些营销活动？
11．在市场上所能看到的产品或服务？

（1）竞争者数量分析。竞争者数量包括现实数量和动态数量。通过竞争者数量分析，金融机构可以明确自身的发展现状和前景，面对竞争者林立的市场，进一步做大做强，创出品牌，创出特色。

（2）竞争者市场份额分析。衡量市场份额大小的指标主要是市场占有率和市场集中度。拥有市场份额的大小对单个金融企业的重要性在于，其不仅反映了该金融企业的发展现状及其与同行的差距，还反映了该金融企业今后的发展前景和潜力。市场份额的大小也与金融企业所处的生命周期阶段有关。为了维持较高的市场占有率，许多金融企业一方面加大营销力度，扩大企业的影响力，树立良好的形象以吸引顾客；另一方面，通过业务创新、提供新的服务项目和产品来争取顾客、扩大市场份额。此外，金融企业也可通过金融企业之间的兼并重组，实现业务上的优势互补来扩大市场份额。

（3）竞争者营销活动分析。竞争者营销活动分析主要分析竞争者的营销组合策略，如定价策略、产品策略、促销策略和网点设置的分布策略。

3. 社会公众

社会公众是指对企业实现营销目标的能力具有实际或潜在利害关系和影响力的团体或个人，如图 2-3 所示。公众对企业的感觉和与企业的关系对企业的市场营销活动有着很大的影响。所有企业都必须采取积极措施，保持和主要公众之间的良好关系。

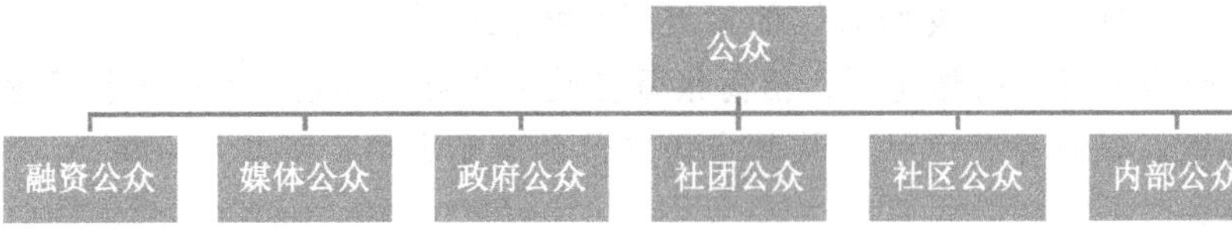

图 2-3　社会公众分类

（1）融资公众。融资公众是指影响企业融资能力的金融机构，如银行、保险公司等。金融企业应稳健地运用资金，在融资公众中树立信誉。

（2）媒介公众。媒介公众主要指报纸、杂志、广播、电视等大众传播媒体。金融企业应与媒介公众建立友善关系，争取有更多、更好的有利于本企业的新闻、特写及社会舆论，即使遇到突发的危机事件，企业也能从容地进行危机公关，以渡过危机。

（3）政府公众。政府公众是指负责管理金融业务的有关政府机构。金融企业的发展战略和营销计划，必须同政府主管部门的行业发展计划、产业政策、法律规定相一致，在其具体的市场营销活动中，也应注意要在法律许可的范围之内进行，尽量取得政府支持。

（4）社团公众。社团公众包括保护消费者权益组织、环保组织及其他群众团体等。金融企业的营销活动关系到社会各方面的切身利益，比金融企业必须密切注意来自社团公众的批评和意见。

（5）社区公众。社区公众是指企业所在地附近的居民和社区组织。金融企业必须注重保持与当地公众的良好关系，积极支持社区的重大活动，为社区发展贡献力量，争取让社区公众理解和支持企业的营销活动。

（6）内部公众。内部公众指金融企业的员工，包括高层管理人员和一般职工。金融企业所有的营销计划，都需要企业内部全体员工的充分理解、支持和具体执行。因而，企业应经常向员工通报有关情况，介绍企业发展计划，发动员工进行产品营销。

（7）一般公众。一般公众是指除上述各公众外的社会公众。一般公众虽没有有组织地对金融企业采取行动，但金融企业的企业形象直接影响到他们的惠顾。

第二节 金融市场调研

一、金融市场调研的基本含义

金融市场调研是指金融企业有目的、系统地收集与企业经营活动相关的信息资料，并运用科学方法对其进行分析研究，从而得出有效结论的一种营销活动。也可以说，金融市场调研是运用科学方法，对于金融产品和服务由金融企业转移到客户过程的全部经营活动的相关资料，进行系统的收集、整理、分析和评估，为企业决策提供客观依据的一种活动，目的是满足金融市场和客户的需要。

金融营销活动是在一定的社会政治、经济、文化环境中进行的，既受到环境的影响，又会对环境产生一定的反作用。就像人类处于一个动态的生态系统中一样，金融机构会不断受到由环境变化带来的挑战，成功或失败取决于金融机构对于环境的认识和分析。因此，只有了解营销环境的特点才能更好地认识到环境对金融机构的作用，并以此作为依据，分析这些作用如何影响金融机构的营销活动。

二、金融市场营销调研的类型

（一）依据调研问题的性质和目的划分

依据调研问题的性质和目的可以将金融市场营销调研划分为探索性调研、描述性调研和因果性调研，如图 2-4 所示。

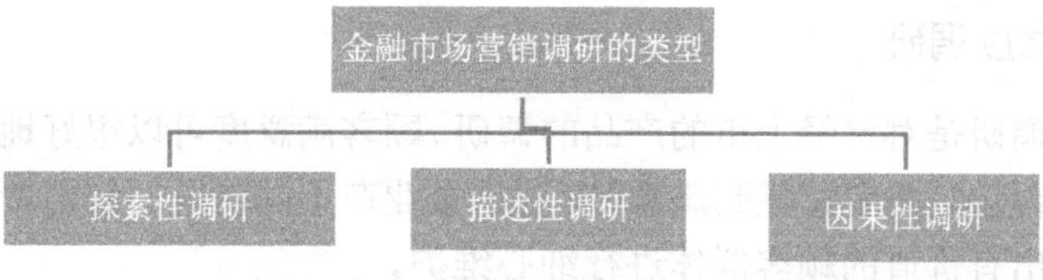

图 2-4 依据调研问题的性质和目的划分金融市场营销调研的类型

1. 探索性调研

探索性调研通常是一种非正式的定性分析，常用于企业对需要调研问题尚不十分清楚，从而无法确定应调查哪些内容的情况。探索性调研的主要目的是快速、间接地从各种信息源中收集有关信息，以启发思路，找出症结所在，确定企业今后调研的目的和方向。

2. 描述性调研

描述性调研是指通过详细的调查和分析，对市场营销活动的某个特定方面进行客观的描述，以说明它的性质与特征。描述性调研是营销调研中使用较多的一种方法，与探索性调研相比，它研究的问题更加具体，数据收集的具体目标也已经明确，而且通常事先已形成了具体的研究假设，只是通过描述性调研去验证这些假设，以对研究的问题给出明确的答复。

描述性调研会在事先拟订周密的调研方案，包括准备收集的资料、收集资料的方法与步骤以及调研活动的程序、路线和进度安排。

描述性调研一般围绕 6 个方面的问题来展开，如下所述。

（1）Who——谁是被调查对象。

（2）What——希望从被调查者那里获取哪些信息。

（3）When——在什么时间展开调查

（4）Where——在什么地点开展调查。

（5）Why——为什么要进行这项调查研究。

（6）How——通过什么方式或方法进行调查。

3. 因果性调研

因果性调研的目的是证明一种变量的变化能够引起另一种变量变化。这种调研以实验为基础，因此又称实验调研。在这种调研中，研究人员成为研究过程中的积极参与者，他们会改变一些因素（自变量），观察这些因素的变化对其他因素（因变量）有什么影响。在营销调研中，因变量经常是衡量销售的一些指标，如总销售额、市场份额等，而自变量则经常是营销组合中的一些因素，如价格、广告支出、产品质量等。

（二）根据调研主题划分

依据调研主题可以将金融市场营销调研划分为顾客满意度调研、消费需求调研、竞争动态调研、市场环境调研、渠道通路调研、市场轻重调研等。

1. 顾客满意度调研

顾客满意度调研是对已经上市的产品的调研。顾客满意度可以很好地评估出企业提供的产品和服务是否让消费者感觉到满意，有利于企业在不同阶段了解消费者态度的变动趋势，进一步发掘出有价值的顾客群体进行细心维护。

2. 消费需求调研

消费需求调研是指企业对竞争者的顾客和自己的顾客进行研究，摸清消费者的消费变动趋势，挖掘潜在需求，以采取更好的服务策略。

3. 竞争动态调研

竞争动态调研是指企业对竞争者的产品和服务进行研究，摸清竞争者的一些营销战略、战术，以及营销政策、产品优劣势等。

4. 市场环境调研

市场环境调研是指对目标市场的市场环境进行充分调研，如国家政策、地方政策等，特别是物价、城管、工商、行业监管部门、传播媒体、社区管理等情况。

5. 渠道通路调研

渠道通路调研是指企业对目标市场的经销商网络、零售商网络等渠道通路进行充分调研，以确定企业自身产品的通路方向、渠道政策。

6. 市场轻重调研

市场轻重调研是指企业对目标市场进行的市场细分调研，用以确定目标市场的轻重缓急。对消费者根据其习惯、所处区域及生活形态等进行细分，是企业深层服务和延长产品生命周期的有效策略。

（三）依据资料来源划分

1.案头调研

案头调研也称二手资料调研。二手资料也称现有资料，是指间接取得的由别人收集与整理过的内外部资料。这种方法是对既存的资料进行收集、分析的方法。一般来讲，案头调研花费的时间短、成本低，适用于对目标市场的宏观环境调研。但是，案头调研的弊端是过于依赖市场上的二手资料。二手资料常常表现出以下 3 个缺点。

（1）许多市场缺乏详细资料。

（2）现有资料的可靠程度不稳定。

（3）现有资料的可比性和通用性不易把握等。

这使得案头调研在支持市场营销决策的力度上受到影响。

二手资料来源主要有两个。一是本企业营销信息系统中已贮存的各种数据，即内部资料；二是外部资料，主要是政府的各种出版物、公开出版的各种书籍、报刊及咨询、信息部门提供的各种信息和数据。现有资料较易取得，但不够全面、准确，有些可能已过时。因而，二手资料只能作为调研初期的参考资料，主要用于明确营销中存在的问题，确定调研目标。

2. 实地调研

实地调研可通过实地观察法、询问调查法、实验法进行，如图 2-5 所示。

（1）实地观察法。实地观察法是指由调研人员直接到现场，通过肉眼观察或通过工具、仪器等观察被调查者的行动和表情、收集原始资料，具体可通过录音、录像或直接观察等方式进行。实地观察法适用于顾客行为观察、客流量观察，以及在展览会、展销会、订货会上进行观察等，从而获得相关资料。这种方法能直接反映客观现实情况。但是，这种方法的缺点是不能调查出顾客的心理活动，如动机、看法和计划等。

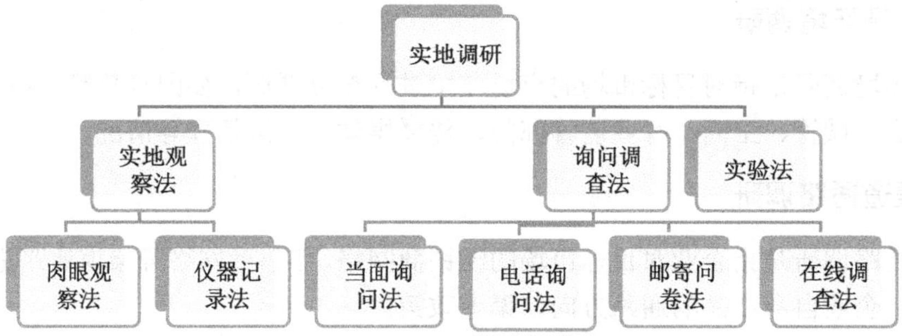

图 2-5　实地调研方法

（2）询问调查法。询问调查法是指采取访问的方式向具有代表性的被调查者了解情况，从而获取原始信息资料的一种方法。这种方法的特点是通过直接或间接的访问方式来了解被调查者的看法和意见。询问法根据询问方式的不同，又可分为当面询问法、电话询问法、邮寄问卷法和在线调查法（或称计算机问卷）4 种形式。

表 2-3　四种询问调查法的优缺点比较

调 查 内 容	当面询问法	电话询问法	邮寄问卷法	在线调查法
1.答案收集速度	快	快	慢	快
2.费用	高	较低	很低	低
3.答案回收率	高	高	很低	一般
4.调查的地理范围	窄	一般	广	受限制
5.调查者监控程度	高	一般	不能监控	不能监控
6.被调查者的保密性	不好	好	好	好
7.质量	高	一般	低	一般

（3）实验法。实验法是指在一定的小范围市场（样本空间）内，对某一购买行为进行实验性、统计性的观察，从而了解其因果关系的一种重要方法。例如，从影响销售量变动的几个因素中，选择价格因素进行实验，在其他因素不变的情况下，通过销售量的变动情况便可发现价格的影响作用。

实验法在市场调查中的应用范围很广，大多数商品改变品种、包装、设计、价格、广告、陈列方法等因素时，都可以采用这种方法。常用的实验法有事前事后实验法、有控制组的事后实验法、有控制组的事前事后实验法等。实验法的优点主要是方法科学，在市场上进行客观的现场实验，可有控制地分析市场变量的因果关系，从而可获得较正确的原始资料；缺点是不易选择社会经济因素相类似的实验市场，干扰因素多，成本较高。

三、金融市场调研的程序

金融市场调查只有遵循一定的程序、采用科学的方法和手段，才能使调查工作获得应有的成果，达到预期的要求。金融市场调查的具体程序为确定调研问题和目标、制订调研计划、执行调研计划、分析调研数据、编写调研报告，如图 2-6 所示。

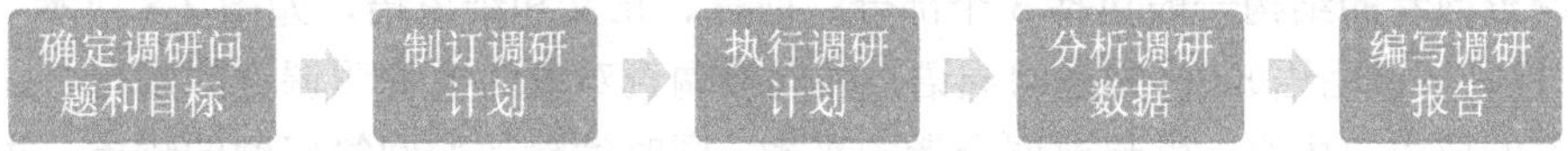

图 2-6　金融市场调研程序

（一）确定调研问题和目标

影响金融企业的营销活动的因素很多，各种因素在不同时期的作用不一样，在同一时期各种因素之间也是相互影响、相互制约的。在企业出现营销问题之后，营销人员必须首先找出造成该问题的真正原因，这就是要调研的问题。问题明确了，调研的目标也就可以确定了。

（二）制订调研计划

在明确了调研问题及调研目标之后，就要制订一个完善的调研计划，以提高调研活动的效率和针对性，如图 2-7 所示。调研计划是对营销调研工作的事先、全面的安排，也就是对调研工作的组织领导、项目、范围、人员配备、完成时间与进度、费用预算，以及考核等方面所做的预先安排，用以保障调研工作的顺利进行。

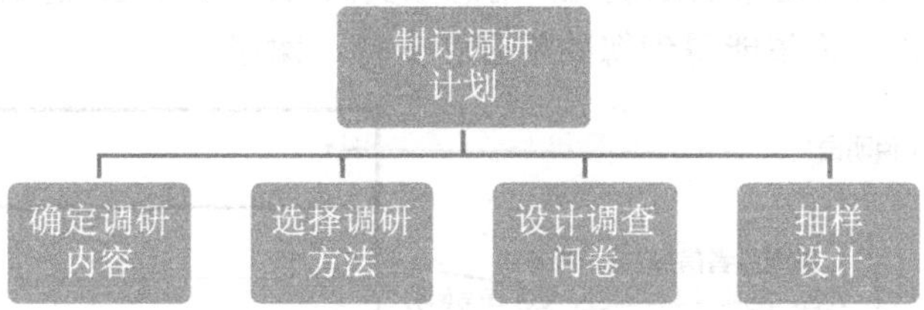

图 2-7　调研计划

1. 确定调研内容

调研内容就是根据调研的目标、调研的范围及信息资料的来源确定所需信息资料的内容和数量。例如，是调查企业营销的宏观经济环境，还是调查企业的市场营销手段；是一般性调查，还是深度调查等。

2. 选择调研方法

市场调研的方法主要有三大类：询问法、观察法和实验法。每类方法的适用面不同，究竟采用何种调研方法，要依据调研的目的、性质及研究经费的多少而定。

3. 设计调查问卷

调查问卷又称市场调查表，是指记录调查内容及被调查者意见的问卷。调查问卷关系到问题的提出和答案，影响调研的结果，因此调查问卷设计非常重要。

（1）调查问卷的构成。调研问卷要有一个醒目的标题，能让被调查者很快明白调查的意图。调查问卷的结构一般包括3个部分：前言、正文和结束语，如图2-8所示。

① 前言（说明语）。首先是问候语，并向被调查对象简要说明调查的宗旨、目的和对问题回答的要求等内容，引起被调查者的兴趣，同时消除他们回答问题的顾虑，并请求当事人予以协助。（如果是留滞调查，还应注明收回的时间。）

例如，您好，谢谢您参加我们的调查!本次调查只需要占用您两分钟的时间。对于您能在百忙之中填写此问卷再次表示感谢！

② 正文。该部分是问卷的主体部分，主要包括被调查者信息、调查项目、调查者信息3个部分。被调查者信息，主要是了解被调查者的相关资料，以便对被调查者进行分类。被调查者信息一般包括被调查者的姓名、性别、年龄、职业、受教育程度等。这些内容可以帮助调查人员了解不同年龄阶段、不同性别、不同文化程度的个体对待被调查事物的态度差异，在调查分析时有重要的参考作用。调查项目，是调查问卷的核心内容，组织单位会将其所要调查了解的内容具体化为一些问题和备选答案。调查者信息，用来证明调查作业的执行、完成，以及调查人员的责任等情况，便于日后复查和修正。调查者信息一般包括调查者的姓名、电话和调查时间、地点，以及被调查者当时的合作情况等。

③ 结束语。在调查问卷最后，简短地向被调查者强调本次调查活动的重要性，以及再次表达谢意。

例如，为了保证调查结果的准确性，请您如实回答所有问题。您的回答对于我们得出正确的结论非常重要，希望能得到您的配合和支持，谢谢!

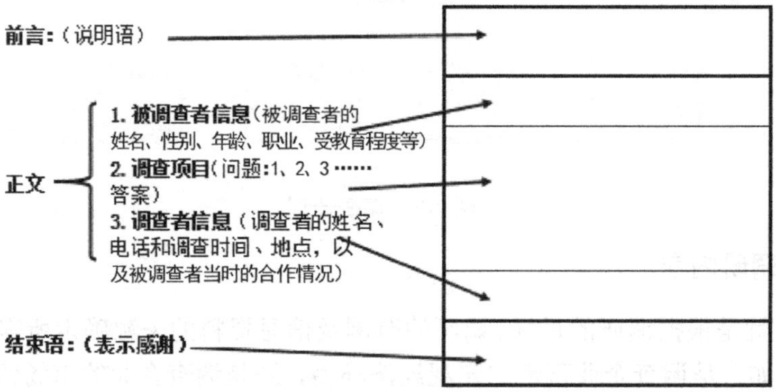

图2-8 调查问卷的结构

（2）提问及答案类型。

① 提问类型。

a．开放式（自由回答）问题。开放式问题是指仅提出问题而不拟定可选择的答案，被调查者可自由回答。

b．封闭式问题。封闭式问题是指提出问题并提供可选择的答案，被调查者只能从中选择一个或一个以上的答案。

② 答案类型。

a．单项选择式答案。例如，你开户了吗？答案：有、没有。

b．多项选择式答案。例如，你购买理财产品时考虑的三大主要因素是（　　）？答案：价格、收益、售后服务、银行形象。

c．量表式答案。例如，你对××品牌的满意吗？（　　）答案：很满意、满意、还可以、不满意、极不满意。

d．顺位式答案。例如，按顺序给出你所喜欢的品牌。

（3）调查问卷设计应遵循的原则。

① 提出的问题的难易程度要符合被调查者的受教育程度和职业，避免使用专业性太强的术语。

② 语气婉转、流畅，使被调查者感到亲切、自然，愿意配合。

③ 提出的问题要简短、明了、概括性强。

④ 设计问题顺序时要由表及里、由浅入深、循序渐进。

⑤ 所给答案要清楚，避免模棱两可、含糊不清。

⑥ 对个人隐私要巧妙处理。例如，对女士的年龄提问时，尽可能回避让被调查者写出具体的年龄。可以给出年龄段，如 18 岁以下、18～25 岁、26～35 岁、36～50 岁、50 岁以上等，供人选择。对于个人收入的提问同样如此。

4．抽样设计

（1）抽样的特点。抽样调查是一种非全面调查，根据随机的原则从总体中抽取部分实际数据进行调查，并运用概率估计方法，根据样本数据推算总体相应的数量指标的一种统计分析方法。抽样调查虽然是非全面调查，但它的目的是取得反映总体情况的信息资料，因而，抽样调查也可起到全面调查的作用。

抽样调查数据之所以能用来代表和推算总体，主要是因为抽样调查本身具有其他非全面调查所不具备的特点，如下所述。

① 调查样本是按随机的原则抽取的，在总体中每一个单位被抽取的机会是均等的，因此，能够保证被抽中的单位在总体中的均匀分布，不致出现倾向性误差，代表性强。

② 抽样调查是以抽取的全部样本单位作为一个“代表团”，用整个“代表团”来代表总体，而不是用随意挑选的个别单位代表总体。

③ 抽样调查所抽选的调查样本数量，是根据调查误差的要求，经过科学的计算确定的，在调查样本的数量上有可靠的保证。

④ 抽样调查的误差，是在调查前就可以根据调查样本数量和总体中各单位之间的差异程度进行计算的，并控制在允许范围之内，调查结果的准确程度较高。

基于以上特点，目前抽样调查被公认为非全面调查方法中用来推算和代表总体的最完善、最有科学根据的调查方法。

（2）抽样的几个基本概念。

① 总体：也称母体，是指具有某种统计特征的一类事物的全部个体。

② 个体：也称个案，是指组成总体的每个元素。

③ 样本：也称抽样总体或样本总体，是指从总体中抽取一部分代表进行研究分析时，这一部分被抽中的个体所组成的群体。

④ 样本的统计值：是指在实际研究中直接用样本计算得到的各种参数。

⑤ 总体的参数值：是指那些用已知统计值进行推论得到的各种量数。

⑥ 统计推论：是指用样本的统计值推论总体的参数值的统计方法。

（3）抽样的步骤。抽样设计的程序包括如下 6 个步骤。

第一步，定义同质总体及样本单位（即调研总体），总体中的所有项目都应该具有相同的特征。

第二步，选择抽样框，是指对可以选择作为样本的总体单位列出名册或排序编号，以确定总体的抽样范围和结构。选择抽样框后，便可采用抽签的方式或按照随机数表来抽选必要的单位数。若没有抽样框，则不能计算样本单位的概率，从而也就无法进行概率选样。

第三步，详细制定抽样规则。例如，本抽检规则制定的依据是“GB/T-2828”，逐批检查计数调整型抽样程序及抽样表。

第四步，决定样本量（n）。具体确定样本量需要采用相应的统计学公式，不同的抽样方法对应不同的公式。样本量的大小不取决于总体的多少，而取决于以下 3 点。

① 研究对象的变化程度；

② 所要求或允许的误差大小（即精度要求）；

③ 要求推断的置信程度。

$$n=C^2\sigma^2/p^2$$

第五步，选择具体抽样方法，主要有简单随机抽样、等距抽样、类型抽样，以及整群抽样 4 种抽样方式。

第六步，执行抽样方案，完成抽样。

抽样设计的步骤如图 2-9 所示。

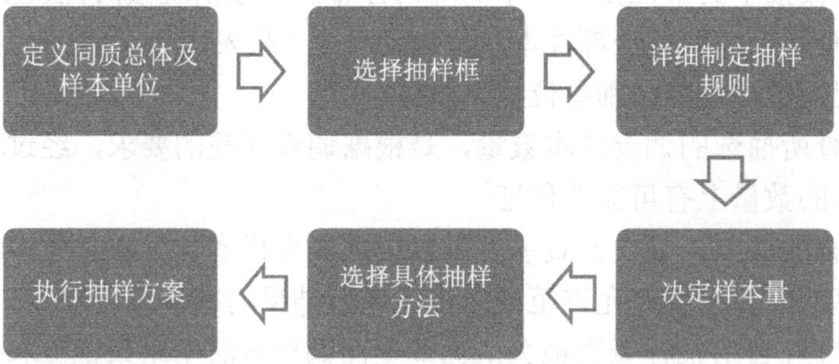

图 2-9　抽样设计的步骤

（三）执行调研计划

调研计划制订以后，最重要的一步就是执行调研计划。这一步实际上是整个调研活动中花费时间和精力最多的阶段，也是企业能否获得所需数据和资料、完成调研目标要求的关键。参加调研的有关人员必须具备基本的素质，因此在调研活动开始前，必须对有关人员进行选拔和培训，使他们熟悉调研的内容及相关的要求。此外，为了保证调研活动的顺利进行和获取的资料有质量保证，还要对调研人员进行严格的监督与管理，如对回收的问卷进行审查、核实，以免资料失真，使整个调研结果失去应有的价值。

（四）分析调研数据

1．问卷整理

（1）审核。问卷的审核主要采用两种方式。第一种是实地审核，即复查和回访检验数据的准确性、可信度；第二种是资料审核，主要审核资料的完备性、完整性、正确性、时效性及真伪性。

① 完备性。完备性是指收回的调查表或问卷的份数是否齐全，是否达到了调查方案设计的样本量的要求。如果调查表或问卷份数不够，应查明原因，采取补救措施，如重新拜访或更换调查对象。

② 完整性。完整性是指审核调查表或问卷填答的项目是否完整。不完整的问卷包括3种情形。第一种是大面积的无回答，或者相当多的问题无回答，对此应做废弃处理。第二种是个别问题无回答，应视为有效调查问卷，所留空白待后续工作采取补救措施，或将其直接归入“暂未决定”“其他答案”的类别中。第三种是有相当多的调查问卷对同一问题无回答，仍作为有效调查问卷，对此项提问可做删除处理。

③ 准确性。准确性是指调查表或问卷中的项目是否存在填答错误，一般也包括3种情形。第一种是逻辑性错误，表现为某些答案明显地不符合事实，或者前后不一致。对于这类错误，能够用电话核实的可进行更正，无法核实的按“不详值”对待。第二种是答非所问的错误，一旦发现，应通过电话询问进行纠正，或按“不详值”对待。第三种是乏兴回答的错误，如所有问题都选择同一固定编号答案，或者一笔带过若干个问题。如果这种乏兴回答仅属个别问卷，则应彻底抛弃；如这类回答的问卷有一定的数量，且集中出现在同一类问题上，则应把这些问卷作为一个独立的子样本看待，在资料分析时给予适当的注意。

④ 时效性。时效性主要是对调查表或问卷的访问时间、有关数据的时间属性进行检查，以评价调查数据是否符合时效性的要求。一般情况下，访问员应在规定的时间内完成所有样本单位的访问，如延迟了访问，则应针对不同情况做出处理；如延迟访问对调查结果没有什么影响，则问卷仍是合格的；如延迟访问影响到数据的时间属性，则应废弃这样的调查表或问卷。

⑤ 真伪性。真伪性是指对调查表或问卷的真实性进行检验，评价访问员是否存在伪造调查表或问卷的行为。一般采用抽样检查的方法进行核实，即从回收的全部调查表或问卷中随机抽取一部分，然后用电话或派人上门与被调查者联系，核实访问员是否到访，以

及访问的时间、地点等。如果发现调查表或问卷是伪造的，应做废弃处理，并派人员重访。

【案例 2】

错误的数据不如没有数据

国内一家知名的电视机生产企业，2004 年初设立了有 20 多人的市场研究部门，使用了同样的调研问卷，并进行了结构完全相同的两组抽样调查，但两组数据结论却差异巨大。正是因为这次调查，该部门被注销、该部门的人员被全部裁减。

该调研问卷的问题之一是“列举您会选择的电视机品牌。”

其中一组的结论是有 15%的消费者选择了本企业的电视机；另一组得出的结论却是36%的消费者表示本企业的产品将成为其购买的首选。两组结论之间巨大的差异让企业高层非常恼火，为什么完全相同的调查抽样，会有如此矛盾的结果呢？企业决定聘请专业的调研公司来进行调研诊断，找出问题的真相。

普瑞辛格的执行小组受聘和参与调查执行的访问员进行交流，并很快提交了简短的诊断结论：第二组在进行调查的过程中存在误导行为。调研期间，第二组的成员佩带了企业统一发放的领带，而在领带上有本企业的标志，其标志足以让被访问者猜测出调研的主办方；其次，第二组在调研过程中，把选项的记录板（无提示问题）向被访问者出示，而本企业的名字处于候选题板的第一位。以上两个细节，向被访问者泄露了调研的主办方信息，影响了被访问者的客观选择。

这家企业的老总训斥了该市场研究部门的主管：“如果按照你的数据，我要增加一倍的生产计划，最后的损失恐怕不止千万元。”

（2）分组。

① 文字资料分组。对于调研问卷中的开放式问题，很多回答都是文字资料，对于这些文字资料，我们需要根据其资料的性质、内容或特征把相异的资料挑出来，把相同或相近的资料归为一类，然后进行后期的数据分析。

文字资料分组把握两个原则。一是穷举原则。穷举即不遗漏，也就是说分类时每一条资料都要有归属。分类的结果必须将所有的分类全部包括进去，没有遗漏。二是相斥原则。相斥即不重复，也就是说在一种分组中每一条资料只能归为一类，而不能既归于这类又归于那类，以至于在不同类别中重复出现，即类与类要相互排斥。

② 数字资料分组。数字资料有在问卷设计的时候就分组的，也有在调查结束后分组的。但不管怎样，数字资料分组的原理都是一样的，我们都需要按照一定的步骤进行，如下所述。

第一步：选择分组标志。

数字资料分组的关键是选择分组标志。分组标志是说明总体特征的名称，可以分为品质标志和数量标志。

品质标志表示事物的质的特征，是不能用数值直接表示的属性，如人的性别、民族等。

数量标志表示事物的量的特征，是可以用数值直接表示的属性，如人的年龄、收入等。

分组标志就是分组的依据或标准，分组标志一经选定，各组的性质界限和数量界限也就确定了。

第二步：确定组数和组距。

当全距确定时，组距大则组数小，组距小则组数多。如果分组过多，组距必小，则不易观察数列分布的规律性。如果分组过少，组距必大，则会使组中值缺乏代表性。各组组中值应对本组有良好的代表性。组距的确定一般可以请专家或以经验法确定。组数一般为10～15组。

调查的数字资料最大值减去最小值，就是全距。组距的计算公式为

组距=全距/组数

（3）编码。关于数据的录入及编码，我们以 SPSS 软件为例，如图 2-10 所示。SPSS 是 Statistical Program for Social Sciences 的简称，即社会科学统计程序，由美国 SPSS 公司推出，迄今已有约 50 年的历史，是国际著名三大社会科学统计软件包之一（SAS、SPSS、Statis）。

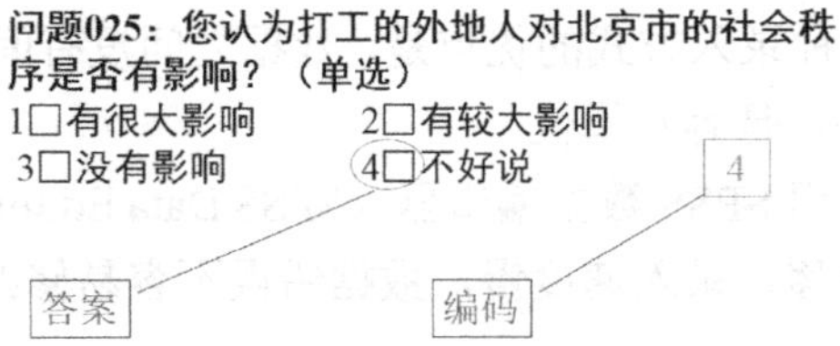

图 2-10　数据的录入及编码

编码的概念：根据一定的规则将研究资料转换为可进行统计分析的数码资料的过程。

编码的步骤：

① 确定变量。变量用来反映文意概念的量化形式，在统计中往往是指最小的分析单位。编码就是对变量进行编码。变量由变量名和变量值两个部分构成。要注意区分何为变量，何为变量值。在调查问卷中还要注意区分问题和变量。

② 编制编码表，如表 2-4 所示。

表 2-4　编制编码表

变量名	码位	码数	尺度	编码	不适用	不知道	未回答	缺失值	备注
num	1～4	4	Interval	Direct					
W01	5	1	Category	D			9	9	
W01a	6～7	2	I	D			99	99	
W02	8	1	C	D			9	9	
W03	9	1	Ordinal	D			9	9	
W04	10	1	O	D	9				
W05.1	11	1	C	0-1			9	9	
W05.2	12	1	C	0-1			9	9	
W05.3	13	1	C	0-1			9	9	
W05.4	14	1	C	0-1			9	9	
W05.5	15	1	C	0-1			9	9	

续表

变量名	码位	码数	尺度	编码	不适用	不知道	未回答	缺失值	备注
W05.6	16	1	C	0-1			9	9	
W05.7	17	1	C	0-1			9	9	
W06	18	1	C	D			9	9	
W07	19	1	C	D	7		9		
W08.1	20～21	2	I	D	97	98	99	99	
W08.2	22～23	2	I	D	97	98	99	99	
W08.3	24～25	2	I	D	97	98	99	99	

③ 根据编码表对问卷进行编码，而后将编码结果记录在问卷上或编码纸上。

2. 问卷录入

（1）外部式录入，采用 DOS、WPS、CCED 等软件，按 ASCII 码方式录入，形成文本文件（*.dat；*.txt）。这种录入方式的优点是，数据之间没有间隔，录完一个数码后自动后移，录入速度较快。缺点是容易错位。

（2）内部式录入：采用 SPSS 数据编辑器（SPSS Data Editor）录入。其优点是不容易错位；缺点是不能自动后移，录入速度慢，数据错误不容易修改。

3. 问卷分析

（1）数字资料的分析。通过频数分布、表列、图表对整理后的调查资料进行一些基本的数据分析，使之能清晰明了地反映调查总体属性的分布态势和相互关系，有助于后续分析和预测。

（2）非数字资料的定性分析。定性分析是对不能量化的现象进行系统化、理性认识的分析，理论依据是哲学观点、逻辑判断及推理，其结论是对事物的本质、趋势和规律等性质方面的认识。

（五）编写调查报告

编写调查报告是营销调研的最后一步。调查报告既是对问题的集中分析和总结，也是调研成果的最终反映。在编写调查报告时，既要紧扣主题、突出重点，又要文字精练、真实客观，还应分析透彻、结论明确。

调研报告的主要内容如下所述。

（1）引言，即营销调研的基本目的。

（2）营销调研的简要过程。

（3）正文，即调研结果的归类分析，包括调研方法、取样方法、关键图表和数据。

（4）调研的结论及建议。

（5）附录，包括附属图表、测算公式、附属资料等。

课后习题

一、本校大学生消费情况调研

练习要求：

1．全班分为5个组，每组10～11人，分别推选出组长，组长将本组组员名单及联系方式上交老师。

2．各组组长组织本组同学讨论调查方案、调查问卷的设计，然后制订调查计划。

3．设计并发布调查问卷。

4．对回收的调查问卷进行整理、统计。

5．撰写调查报告。

6．本项目完成后，以组为单位上交一份本组组员共同完成的调研报告及原始的问卷调查表。如果采取的是线上调研问卷，那么请附上问卷链接。

二、案例分析题

泰国水上银行

泰国水上银行的目标用户主要是湄南河和运河沿岸做小生意的普通市民及当地居民，客户的存取款数额并不大，但很多家庭的全部家庭成员均为该行的忠实客户，对该行的忠诚度及依赖性极高。

泰国位于中南半岛，属于热带季风气候，降水集中，河网密布，水上市场繁荣。泰国的人口城市主要分布在河流沿岸及河口三角洲附近，人们靠河而生，水上交通更加发达，客户生活在水边，到陆上银行去要排队，并且比较麻烦。泰国储蓄银行在意识到本地地理环境的特殊性后，为了向湄南河及运河沿岸居民提供方便的服务，鼓励他们参加储蓄，更好地满足水上居民对银行服务的需要，推出了水上分行的服务，方便人们开展银行业务。通过水上银行，人们只要在码头上插上储蓄银行的旗子，在家里事先填好存款单或取款单，在家门口就可以得到他们所需要的银行服务。随着泰国陆路交通的发展，大多数的水上银行被取消，但储蓄银行仍保留着水上银行，以人为本，为当地人民提供个性化的服务。

1．工作要求：设想自己是银行的一名产品营销人员，在向客户营销产品时，应了解金融市场环境对产品营销的影响，分析泰国水上银行的目标客户主要有哪些？说明泰国水上银行的经营策略给中国中小银行的启示有哪些？

2．任务分析：泰国水上银行为什么能获得成功？

3．任务实施：运用合作学习法，学生按6人分小组进行讨论，每组派一名学生进行发言，其他小组成员给予点评。

三、填写调查问卷

××理财产品调查问卷

您好:

我是××银行的调查员，为了更好地服务于民，我行正在举办一个“金融理财，百富相伴”的调查活动，旨在了解我行产品的现有情况，以分析优劣，并加以改进。您的回答无所谓对错，只要能真正反映您的想法就达到了我这次的调查目的。希望您能够积极参与，我将对您的回答完全保密。调查会耽误您一点时间，请您谅解。谢谢您的支持与参与!

1．您的年龄?（　　）

A．20 岁以下　　B．20～30 岁　　C．31～40 岁

D．41～50 岁　　E．50 岁以上

2．您的性别?（　　）

A．男　　B．女

3．您从事哪方面工作?（　　）

A．学生　　B．职工　　C．文化教育

D．金融行业　　E．IT 行业　　F．其他__________

4．您对金融理财产品的兴趣?（　　）

A．很有兴趣，希望购买　　B．还好，可以购买

C．想再多了解了解说　　D．没有兴趣，不愿购买

5．您对我行发行的百富理财产品放心吗?（　　）

A．很放心　　B．放心　　C．一般　　D．不放心

6．您对理财产品的投资方向是否关注?（　　）

A．很关注　　B．一般　　C．不关注

7．您在考虑购买理财产品时，是否对其做了详细的了解?（　　）

A．详细了解　　B．了解一点　　C．不了解　　D．没兴趣了解

8．您对现阶段我行百富理财产品的满意程度?（　　）

A．很满意　　B．较满意　　C．一般　　D．不满意

9．您对我行理财产品实现预期收益率的期望值?（　　）

A．很有信心　　B．半信半疑　　C．没信心　　D．不在乎

10．您是否常去我行办理业务?（　　）

A．经常去　　B．不常去　　C．基本不去　　D．没去过

11．您去我行通常办理什么业务?（　　）

A．存款　　B．取款　　C．缴费

D．理财业务　　E．其他__________

12．您一般选择何种方式办理我行业务?（　　）

A．窗口（柜台）　　B．ATM　　C．电话　　D．网上银行

13．您对我行的服务态度是否满意？（　　）

A．很满意　　B．满意　　C．一般　　D．不满意

14．您对我行的百富理财产品了解吗？（　　）

A．很了解　　B．了解　　C．一般　　D．不了解

15．您是通过何种方式了解我行理财产品的？（　　）

A．亲戚朋友　　B．报纸杂志　　C．网络

D．电视广告　　E．银行工作人员或其他金融机构

16．您认为对理财产品影响最重要的因素是什么？（　　）

A．期限　　B．收益　　C．风险

D．灵活性　　E．其他________

17．您的收入状况（月收入）？（　　）

A．1000 元以下　　B．1000～2000 元（含）

C．2000～4000 元（含）　　D．4000～8000 元

E．8000 元以上

18．您一年愿意花多少钱在理财产品上？（　　）

A．5000 元以下　　B．5000～10000 元（含）

C．10000～30000 元　　D．30000 元以上

19．您会选择怎样的投资渠道购买理财产品？（　　）

A．银行　　B．基金公司　　C．保险公司

D．证券公司　　E．期货公司

20．您认为理财的最佳项目是什么？（　　）

A．基金　　B．股票　　C．外汇

D．债券　　E．保险　　F．贵金属

21．您觉得哪个银行的理财产品可能是您的选择？（　　）

A．农业银行　　B．工商银行　　C．建设银行

D．交通银行　　E．其他__________

22．您理想中的理财产品是什么样子的？

____

____

____

对于您所提供的协助，我表示诚挚的感谢！为了保证资料的完整与翔实，请您再花一分钟浏览一下自己填过的问卷，看看是否有填错、遗漏的地方。谢谢！

调查人 ________　调查时间 ________　调查地点 ________　问卷编号 ________

第三章 金融产品营销策略

学习目标

【知识目标】

- 掌握金融产品定位的方法；
- 掌握金融产品定价的一般方法；
- 掌握金融产品营销渠道的拓展与营销策略；
- 掌握金融产品促销策略。

【能力目标】

- 能正确区分各类金融产品，对其特点增强感性认识；
- 能灵活运用金融产品促销策略。

【知识网络】

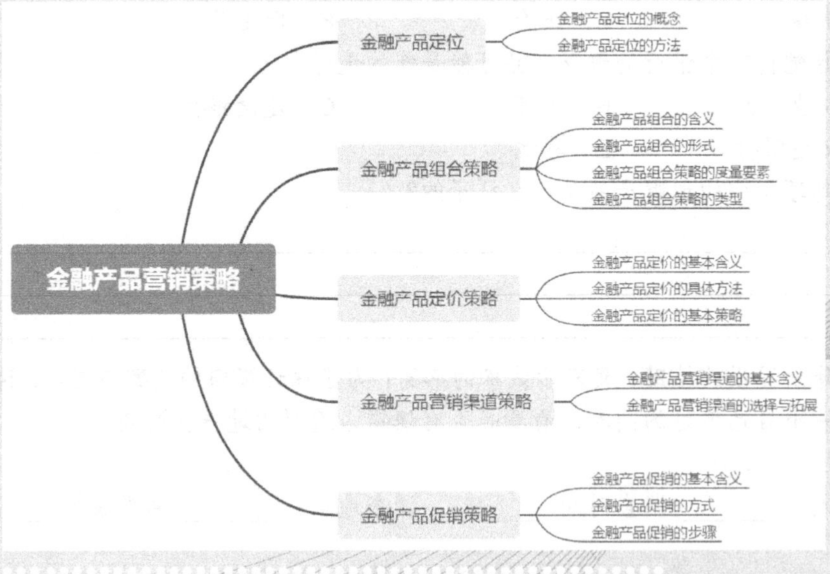

导入案例

大学生理财之友

张伟是一名大一新生，进入大学一个月后，他申请加入“X基金大学生理财社团”。通过适当的了解，他知道这个社团是由X基金公司赞助的。社团的工作人员告诉他，马上就会有X基金公司组织的财富讲座，以及一个由X基金公司赞助的理财大赛举行。

回到寝室后，张伟上网搜索了X基金公司，通过“这些大学生理财专区”，对这个公司有了更多的了解，也更有兴趣了。他每隔一段时间便会去观察一下“这些大学生理财专区”，逐渐养成了关心基金相关新闻的习惯。

张伟通过一段时间的观察，开始尝试购买X基金，由于他的资金量比较小，而且有时要取出来使用，因此，他选择了货币基金作为投资对象。X货币基金的购买方式非常简单，相较于第三方渠道，“网上直销”的手续费也比较低，更适合像张伟这样的大学生群体。

张伟用每个月的生活结余购买基金份额，过一段时间后，他发现自己的财富确确实实有所增加，自己闲置资金的投资需求得到了满足，同时他也积累了这方面的理财经验。

第一节 金融产品定位

金融产品是随着金融业、金融市场的发展而产生和发展的。它属于商品的一种，但又不是一般意义上的商品或服务，具有特殊的含义和特性。

一、金融产品定位的概念

金融产品定位是指金融企业的营销人员在目标市场上为企业的金融产品确定一个恰当的位置，用以标识自己的产品，以区别于竞争者的产品。

金融产品定位有两层基本含义。一是产品必须能满足消费者的需求，即与企业的目标市场相吻合；二是企业的产品和竞争者的产品必须有所区别，即企业的产品要有自己独特的卖点。即使金融产品存在着较强的同质性，各个金融企业依然可以根据自身优势进行产品定位。例如，交通银行利用其在外汇业务上的优势开发出了“外汇宝”，招商银行利用自己在网络方面的优势推出了“一卡通”，中国太平洋保险公司推出了“神行车保”汽车保险等。

二、金融产品定位的方法

产品定位的方法有很多，涉及的范围也很广，如产品质量定位、产品功能定位、产品价格定位、产品造型定位等。具体到金融产品，可以有以下几种方法。

（一）产品差异定位法

金融企业应经常审视自己所销售的金融产品有什么显著的差异性及独特的产品特征。金融企业推出的金融产品除具备一些标准的基本功能外，还要根据客户的不同需要，分别赋予金融产品不同的功能。产品差异性有时很容易被模仿，但如果产品特征是产品本来就有的特征，就不容易被模仿了。金融企业可以通过调查、采访的方式，了解、认识客户的需求差异，在分析、评价的基础上做出产品特征的定位决策。例如，为吸引、方便客户，各个银行想方设法地推出一些新的业务品种，如信用卡、转账卡、提款卡、联名卡等。通过这些新品种，人们更深刻地认识和区分了各银行。一提“金穗卡”，人们的脑海中就会显现出农业银行的字样；一提“牡丹卡”，人们就会想到工商银行；一提“太平洋卡”，交通银行仿佛就会浮现在人们眼前。

（二）产品属性/利益定位法

金融企业根据金融产品所提供的利益和客户所需解决的问题，进行金融产品属性/利益定位。金融产品本身的属性及由此所获得的利益、解决问题的方法和需求满足的程度，都能使客户感受到它的定位。金融企业应经常审视本企业的产品提供的利益是否能被目标市场所认可。例如，有一家银行针对客户所做的初级研究中，发现尊重个人隐私是客户认为非常重要的利益点，但是当时没有一家竞争者强调这一观点。这家银行通过设立独立取款室等措施保护了客户的隐私，从而获得了客户的信任。又如，为方便客户购房，天津交通银行率先在天津市开办写字楼按揭业务，使广大房屋需求者通过这项新业务进一步了解了天津交通银行，并将“要住房，找交行”的想法根植于客户的脑海。

（三）产品使用者定位法

找出金融产品的正确使用者/购买者，会使其定位在目标市场上显得更突出，在此目标组群中，为它们的地点、产品、服务等塑造一种特别的形象。例如，一家纺织品连锁店将自己定位为以其过人的创意为缝纫从业者服务的零售店，即为喜爱缝纫的人提供“更多构想的商店”。一家企业曾以产品使用者定位法来定位，专门销售热水器给企业的行政人员冲泡即溶咖啡，以取代需要酿煮的咖啡。在此例中，该企业针对目标群体，直接将产品定位为“在办公室中泡咖啡的人，向烦人的酿煮咖啡说再见吧!”对于在办公室负责准备咖啡者的个人名单（或职称），直接在信函上以“办公室咖啡准备者”称呼，此时的定位，则直接针对使用者及办公室行政人员。

（四）分类定位法

这是一种非常普遍的定位法。产品的生产并不是要和某一事实上的竞争者竞争，而是要和同类产品互相竞争。当产品在市场上是属于新产品时，此法特别有效——不论是开发新市场，还是为既有产品进行市场深耕。淡啤酒和一般高热量啤酒之间的竞争，就是这种定位的典型例子，此法塑造了一种全新的淡啤酒，不愧为成功的定位法。由于淡啤酒的市场大幅成长，使得米勒淡啤酒重新定位为优先选购的领导品牌，以防止被其他淡啤酒影响市场地位——“只有一种淡啤酒……那就是米勒淡啤酒”。

（五）竞争定位法

这种定位法针对的是某一特定竞争者，而不是某一金融企业产品类别。使用挑战某一特定竞争者的定位法，虽然可以获得成功，但在挑战强有力的市场领袖时要特别小心。如美国花旗银行无论是硬实力还是软实力都处于世界领先的地位，若其他银行要以竞争者的姿态去挑战其成熟的产品定位，可能会以失败告终。

（六）关系定位法

当金融产品没有明显差异，或竞争者的定位和本企业的金融产品有关时，关系定位法会非常有效。利用形象及感性的广告手法，可以成功地为这种产品定位。

【案例 1】

美国威斯康星州麦迪逊（Madison）市 Randall 州立银行，就曾经采用这种关系定位法。这家银行并不大，所拥有的资源也很有限，但却试图以分行遍布各地及提供更多服务项目的相对优势，与大规模的金融机构竞争。于是这家小规模的银行，抓住当地人对城市历史引以为豪的心情大做文章。在 1970 年初期，这家银行将自己定位为“社会古迹的守护者”，从而与目标顾客建立了一种特定的关系。该银行的标志也修改为与“社会古迹的守护者”相匹配的标志，以特别强调这种定位。该银行原来了无生气的墙壁，也装上了当地巨幅的历史照片。这家银行还制作了歌颂该城市历史的系列电视广告，并确立了“关心 Madison，也关怀 Randall 州立银行”的主题，结果大获成功。在这个新定位执行的第一年，Randall 州立银行原本年年衰退的存款，便开始大幅增长。更值得一提的是，对于存款金额及占有率的增长，Randall 州立银行并没有投入太多经费。

（七）“另辟蹊径式”定位法

“另辟蹊径式”定位法是指各金融企业根据自己的条件另辟蹊径，以取得相对竞争优势。如 1996 年 1 月 12 日成立的中国民生银行，就是以“民”为本。其九成贷款投向民营企业，体现了民营企业入股为民营企业服务的特色。又如美国硅谷银行的做法也十分有借鉴意义。美国硅谷在 20 世纪 80 年代以其密集的计算机企业而闻名于世。当时有 350 多家银行在为硅谷的这些企业提供金融服务，如美洲银行、巴黎国民银行等大银行的分支机构。

它们主要面向大型计算机企业，而对中小型企业的兴趣不大。面对当时硅谷的情况，美国硅谷银行决定避开大银行的目标市场，选择那些新的、发展速度较快的、其他银行认为风险太大而不愿意服务的中小型企业作为目标市场。确定了目标市场后，硅谷银行便集中精力，采取一系列营销活动来实现其经营目标和满足客户需求。仅就高新技术企业的银行业务量而言，它就已经在硅谷 350 多家银行中名列第三。

第二节 金融产品组合策略

一、金融产品组合的含义

金融产品组合具有两个方面的含义。一方面与金融工程有关，是指将基本金融产品组合成具有特定属性的新的金融产品；另一方面是指金融机构所提供的所有金融产品和服务的组合方式。金融产品组合是金融行业不断创新、提高自身效率的必然结果，来自金融实践，并应用于金融实践。

金融产品组合主要应用于三大领域。一是新型金融工具的设计与开发；二是新型金融手段和设施的开发，其目的是降低交易成本，提高运作效率，挖掘盈利潜力和规避金融管制；三是为了解决某些金融问题，或实现特定的经营目标而制定出创造性的解决方案。金融产品组合的构建基础是各种现有的金融工具和金融手段。如果把传统的金融产品（如存款、贷款、股票、债券、基金、保险）及其衍生金融工具（如远期、期货、调期、期权等）比作建筑房屋的基础材料的话，那么各种新型金融产品组合就是这些基础材料组建的楼房和大厦。不同的结构组合形成造型不同的高楼大厦，丰富了金融机构的业务品种，增强了金融产品的竞争能力。

本书所谈的金融产品组合是指金融机构所经营的全部产品线和产品项目的组合或搭配。其中，产品线是指金融机构提供的具有同种功能或服务的一组产品。如商业银行的储蓄存单就是一组产品线，包含了活期存单、一年期存单、三年期存单、大额可转让存单等产品。而产品项目则是金融产品线内各种不同品种、规格、质量和价格的特定产品，如大额可转让存单就是储蓄存单产品线内的产品项目，又包括不同起存金额或不同存款期限的具体存单品种。

二、金融产品组合的形式

金融机构大多数是多产品或多品种经营者，其提供的产品在安全性、流动性和营利性上存在差异。为了能够降低风险、减少成本和亏损、满足客户的需要、扩展金融机构的业务范围等，金融机构必须能向客户提供不同组合的金融产品。

金融产品组合的设计取决于目标市场的需要和金融机构自身的营销目标与营销能力。金融机构对金融产品组合的选择必须从实际出发，既要考虑目标市场的需要，又要以金融机构的营销目标和营销能力为依据。金融机构应在扩大市场和提高效益的前提下，根据市场需求、竞争者、自身条件和经营能力等各方面因素进行合理选择，并不存在统一、固定的模式。

（一）金融产品横向组合和金融产品纵向组合

1. 金融产品横向组合

金融产品横向组合是指金融机构在基本产品上附加其他关联产品，使其流动性、安全性或收益性等方面得到改善，以更好地适应市场需求，达到扩大市场占有率、增加收益的目的。例如，商业银行可以融保险、证券等金融产品为一体，增加产品品种，拓大经营范围，寻找新的利润增长点。具体来说，商业银行可以与各家保险公司签订相关协议，将储蓄品种与保险条款相结合，使客户在资金保值增值的同时享受到家庭财产保险、人身意外伤害保险等服务。银证合作也是商业银行拓展业务、扩大市场的有效途径，通过与证券公司的全面合作、优势互补，商业银行可以进一步增强自己的竞争能力。通过这些组合，金融机构可以实现为客户提供存/贷款、现金管理、证券投资（股票、债券、基金等）、外汇买卖、纳税策划、遗产策划、保险信托、退休保障等多种金融产品组合，从而满足客户投资、储蓄、防范风险、保值增值等多方面的需要。

2. 金融产品纵向组合

金融产品纵向组合是指金融机构根据目标市场的变化和市场竞争态势对自己的各种金融产品实施有效组合，以实现充分利用金融资源、提高经济效益的目的。例如，银行在推行社区金融服务的过程中，在强化产品管理的基础上，可以将个人银行业务、中间业务、房地产信贷业务、银行卡业务、电子银行业务等有关个人银行业务的产品，依据产品管理、考核和客户需求进行产品打包，并按满足不同社区类型及不同客户群体的金融需求进行产品组合。营销人员再根据社区类型、客户群体的不同，将产品组合划分为不同类型。

（1）按照社区类型的不同，将产品组合划分为科教文化社区产品组合、行政事业社区产品组合、工业企业社区产品组合、商业服务社区产品组合、综合商务社区产品组合、一般居民社区产品组合、物业管理小区产品组合等。

（2）按照客户群体的不同，将产品组合划分为文化人产品组合、大学生产品组合、工薪一族产品组合、供楼人士产品组合、商务人白领阶层产品组合、个体经营者产品组合、家庭主妇产品组合等。

（二）金融产品销售组合和金融产品生产组合

1. 金融产品销售组合

金融产品销售组合是指在产品销售过程中，把与主导产品有直接关系或间接关系的产品组合在一起销售，以方便客户购买、促进销售。从方便客户购买的角度出发，考虑得越周到越受欢迎。在产品性能相同的情况下，根据客户的不同需要，组成不同的产品销售组合方案，尽量满足客户在同一地点、同一时间享受完整的金融服务的需要，以吸引更多的客户，使金融机构在激烈的市场竞争中扩大市场份额，提高市场竞争力。例如，有的银行推出个人消费信贷套餐，只要客户选择其中任何一个项目，便可以优先得到其他项目的配套服务，深受客户的欢迎。

2. 金融产品生产组合

金融产品生产组合是指商业银行、证券公司、保险公司等金融机构适应现代科技和网络社会的发展，运用先进的科学技术创新金融产品和服务的组合。例如，商业银行当前除建立和完善了 ATM 网络、C 卡、自助银行、电话银行等系统外，还积极拓展接触面广、便利性强的网络银行、手机银行等新兴业务。银行应立足市场，根据客户需求对产品进行创意、设计和构思，不断推出有个性、有特点的项目，并且可以充分利用互联网的普及，为客户提供更加全面、快捷、安全的贴身服务。

综上所述，金融机构可以在经营过程中采取产品垂直多样化、水平多样化等产品组合形式，拓展面向个人、企业及国际市场的金融服务领域，达到提高竞争力的目的。

三、金融产品组合策略的度量要素

金融产品组合策略通常包括产品组合的广度、产品组合的深度、产品组合的关联性 3 个度量要素，确定产品组合就要有效地选择其深度、广度和关联性。

（一）产品组合的广度

产品组合的广度是指金融机构提供的产品线的数量，即产品大类的数量和服务的种类，如商业银行有价证券类业务、中间类业务和信贷类业务等产品类别。产品线数量越多，其产品组合的广度就越宽广。

（二）产品组合的深度

产品组合的深度是指金融机构经营的每条产品线内所包含的产品项目的数量。例如，商业银行中间类业务产品包含 10 种业务，则其产品线的深度就是 10。每条产品线拥有的产品项目越多，其产品组合的深度就越深。

（三）产品组合的关联性

产品组合的关联性是指金融机构所有产品线在产品的功能、类别、服务方式、服务对象及营销方面的相关性、接近性和差异性。对金融机构来说，产品线之间一般都有着密切的联系，故其关联性较大。

一般来说，金融机构的产品组合的广度越广、深度越深、关联性越大，对其发展越有利。如果金融机构合理地扩大其产品组合广度、增加产品系列，就可以使其在更大的市场领域内发挥作用，有利于分散风险、增强活力、提高利润。如果挖深产品组合的深度，围绕某一金融产品去开发更多的品种，就可以满足不同的需求，占领更多的市场份额，吸引更多的客户，还可以利用规模效应，降低成本。如果产品组合的关联性大，就可以使金融机构有更强的营销力量去占领市场，巩固和增强金融机构的市场地位。

四、金融产品组合策略的类型

金融产品组合策略是指金融机构根据市场需要和自身的经营实力对产品组合的广度、深度、关联性进行合理选取的策略。实际上，金融机构对产品组合策略的选取，不仅受到相关金融法律法规的限制，还受到金融机构自身经营规模、竞争力、经营管理的能力及市场前景和市场发展方向的限制。因此，金融机构需要考虑各方面的影响因素，并结合自身的实力、目标和条件等具体情况，来选择产品组合策略。

一般来说，金融机构可以选择的产品组合策略主要包括以下几种类型。

（一）全线全面型产品组合策略

全线全面型产品组合策略是指金融机构尽量向所有的细分市场提供其所需的一切产品或服务，不断扩大产品组合的广度和深度（一般不考虑产品的关联性）。采取该策略的金融机构必须有能力照顾整个市场的需要。例如，混业经营的商业银行向客户提供包括存贷、融资、保险、租赁、咨询、房地产、证券及外汇买卖等全方位的金融业务时，采用的就是这种策略。

（二）市场专业型产品组合策略

市场专业型产品组合策略是指金融机构着眼于某专业市场，为其提供其所需的各种产品。该策略强调的是产品组合的广度和关联性，产品组合的深度一般不深。

（三）产品专业型产品组合策略

产品专业型产品组合策略是指金融机构只提供同一种类的不同品种产品来满足市场需求。例如，贷款公司专门经营信贷业务，并围绕信贷类业务提供多种信贷产品。这种策略强调的是产品的深度和关联性，产品组合的广度较小。

（四）特殊产品专业型产品组合策略

特殊产品专业型产品组合策略是指金融机构根据自身具备的特殊资源条件和技术专长发展有竞争能力的产品，或根据客户的特殊需要提供产品。这种策略的广度极小，深度不深。如专门为农户提供的小额贷款业务。

（五）产品线填补型产品组合策略

产品线填补型产品组合策略是指金融机构以原有产品线为基础，增加新的产品线和产品项目。这种策略主要是利用金融机构原有技术、资源或市场来进一步扩大业务范围，增加盈利。例如，保险公司在基本险种的保障责任上附加一些险种，以扩充保险责任范围。

（六）产品线剔除型产品组合策略

产品线剔除型产品组合策略是指金融机构根据市场环境的变化，适当剔除某些技术手段落后、获利较小且无发展前途的产品，保留并集中于获利较大、市场占有率较高的产品的策略。例如，商业银行对电报电汇等技术手段落后的产品项目予以剔除，保留电子汇兑等技术先进的产品。

第三节 金融产品定价策略

一、金融产品定价的基本含义

（一）金融产品定价的概念

金融产品定价是指金融机构在某个时刻将金融产品对于客户的价值及时地用货币表现出来。金融产品的定价将直接关系到产品的销售成败与金融机构的利润高低。

（二）金融产品定价的基本原理

金融产品的价格是企业制定营销战略时最有力的武器之一，也是金融产品组合中最活跃的因素，直接关系到金融产品的兴衰和企业的发展。因此，管理者在制定定价政策时必须考虑竞争者、企业参与竞争的细分市场、消费者的价值感受、成本因素及整体营销计划。金融产品的定价原则主要有两个，即目标组合优选原则和成本效益化优化原则。

1. 目标组合优先原则

金融产品定价首先要确定目标，而目标往往有多个。每一个业务可能会有一个或一个以上的定价目标。金融机构经常考虑的定价目标如下。

（1）生产目标。在市场条件不利的情况下，舍弃期望利润，只为确保生存而定价。

（2）利润最大化目标。为保证一定时期内的最大利润水平而定价。

（3）市场份额最大化目标。为占领最大的市场份额而定价。

（4）信誉目标。通过定价来确立金融机构的信誉。

（5）投资回报目标。基于实现所期望的投资回报而定价。

2. 成本效益化原则

成本效益化原则的实质是在平衡好效益与成本的合理关系的前提下，尽可能地提高效益、降低成本。定价要综合考虑多种因素。例如，银行给贷款定价时，就考虑放款的各种条件、发放贷款的预期收入、给借款者提供资金的成本、收贷费用、借款者的信用评级和风险等级、顾客关系及市场营销等方面的情况，以实现银行产权的目标收益率。金融机构的经营成本主要包括以下几种。

（1）直接生产成本。直接生产成本即可以直接分摊到各个职能部门或各种产品上的费用支出，如员工工资、津贴、福利待遇、加班费、办公费、资金占用费、顾问费、设备费、各种保险费等。

（2）销售成本。销售成本即市场营销发生的各种费用，如客户经理薪酬、广告费、样品费、差旅费、招待费等。

（3）管理成本。管理成本是近年来相对财务成本（实际成本）提出来的一个概念，是对企业内部经营管理的各种成本的总称。

（4）利息成本。利息成本是指银行按约定的存款利率，以货币形式的报酬付给存款人的开支，是银行存款成本的重要组成部分。

（三）金融产品定价的主要因素

1. 金融产品的经营成本

金融机构对产品定价的终极目标是弥补成本支出，提高销售量，达到预定的利润与销售目标。因此，金融产品的经营成本是影响产品定价的一个重要因素，包括利息成本、直接生产成本、销售成本、管理成本等。

2. 消费者的价值判断及各种价格预期

金融机构在进行产品和服务定价时必须考虑消费者的价值判断和价值取向。消费者的收入水平、受教育水平、个性心理不同，导致其对金融产品的偏好与取向不同。同时，客户的心理预期等因素，也会潜移默化地影响他们对于金融产品的选择。

3. 同类金融产品和业务的竞争状况

处于不同竞争地位的金融机构可以采用不同的价格策略。如果某金融机构在金融业处于领先地位，则其可以发动价格战；如果某金融机构在金融业处于追随者地位，则其可以采取追随策略。

4. 政府金融法规的制约和风险防范要求

金融机构在制定价格时要考虑相关金融法律法规的规定，金融机构必须在符合国家有关金融法律法规的前提下进行定价。同时，中央银行或者金融监管机构出于风险防范的考虑，会对金融机构的风险防范做出制度上的要求。例如，提高存/贷款利率、提高存款准备金率、加强对理财产品收益率的监控等，各金融机构必须以此为参照，严格执行。

（四）金融产品定价的主要目标

在进行金融产品定价之前，金融企业必须有明确的定价目标。定价目标是指金融企业通过制定特定的产品价格，凭借其产生的效用所要达到的预期目标。如果金融企业已选定了产品或服务的目标市场，并进行了市场定位，那么产品价格就相应得到了明确。金融产品定价的主要目标如下。

1. 利润最大化

金融企业一般以在一定时期内获取最大利润作为其营销活动中对金融产品定价的主要目标。企业维持其经营的前提之一就是不断地获取利润，而产品价格是影响企业利润的重要因素之一。除了产品价格，企业还要考虑金融产品的销售规模、营销成本及其他诸多因素。利润最大化具体包括长期利润最大化与短期利润最大化。少数金融企业以短期利润最大化作为产品定价目标，强调短期财务绩效，从而制定较高的产品价格。然而，随着市场不断变化，竞争日益激烈，任何企业都不可能长期地保持产品高价，况且金融产品不具有专利性，不存在垄断价格，因此金融企业应以长期利润最大化作为其终极目标。在金融营销活动中，金融企业可以在确定长期目标的同时，选择特定的短期目标作为其制定产品价格的依据，从而推动长期目标的实现。

2. 提高投资收益率

金融企业投入资金后，总是希望能有较高的投资收益，即在一定时期内能够收回全部投资，并且能有较高的收益率。为了实现提高投资收益率的目标，金融企业可以在预计营销开支与预期利润的基础上制定金融产品的价格。投资收益率有长期投资收益率与短期投资收益率之分，企业应更加注重长期投资收益率，并以此作为产品定价的基础。

3. 扩大市场份额

市场份额是衡量金融企业经营状况与竞争能力的重要指标之一。为了保证金融产品有较高的销售数量，实现盈利水平的不断增长，金融企业把扩大市场份额作为金融产品定价的一个重要目标。随着金融产品的日益丰富，金融企业之间的竞争更加激烈。如何在众多的竞争者中脱颖而出，占据一定的市场份额就显得尤为关键。因此，金融企业为了扩大市场份额，会选择降低产品价格以拓展市场。

4. 适应价格竞争

在市场竞争中，价格竞争是其中很重要的一种竞争，金融企业可以充分运用价格手段以应对激烈的市场竞争，例如，通过降低价格以扩大金融产品销路，或通过提高价格以树立企业声望。金融企业可以以市场主导价格为基础制定其金融产品的价格，从而避免陷入价格战误区。因此，如何适应价格竞争也是金融企业需要考虑的定价目标之一。

5. 优化金融服务

金融企业所提供的产品大多数属于服务性产品，金融客户正是通过购买以某项服务为核心的一系列产品，从而满足自己的需求的。为了优化金融服务质量，金融企业必须从客户的角度出发，不断设计、开发出新的金融工具，为客户提供便捷、高效、安全的服务项目。如果金融企业能够提供更多、更好的服务，那么金融客户在使用该产品时便会愿意支付更高的价格，从而使企业盈利增加。因此，优化金融服务应成为金融企业在其产品定价过程中不可忽视的一个重要目标。

6. 树立企业形象

企业形象是金融企业的无形资产，具有良好形象的企业更易赢得客户的信赖，从而维系老客户并吸引新客户，大大提高企业的盈利水平。因此，许多企业都以树立良好的企业形象作为其重要的定价目标。为此，金融企业在实施产品定价时必须考虑金融产品的价格水平是否适应市场的需求，是否有利于其营销战略的实施，同时金融企业也要遵守社会公德与行业道德规范，顾及其他合作者的经济利益。当然，企业良好形象的树立需要经过长期的积累与时间的考验。

二、金融产品定价的具体方法

（一）成本导向定价法

成本导向定价法是指金融机构将如何补偿和收回成本作为产品定价的主要依据。采用成本导向定价法是因为金融机构的成本费用是金融产品定价中影响最大的因素。同时，由于金融产品和业务具有同质性和易于效仿性等特点，金融产品和业务的成本价格相对稳定，并易于计算。

因此，成本导向定价法对金融机构而言，具有以下较为明显的优点。

① 比较容易被接受和实行。

② 当竞争者都采用这种定价方法时，其价格易于趋向一致，从而减缓竞争的激烈程度。

③ 固定的加成，尤其是固定的目标利润加成，可以使销售者获得一份比较稳定的收益。

④ 有利于界定和明确金融机构在一定时期内要实现的利润目标。

其缺点是不能及时反映金融产品市场供求的变化情况和市场的竞争情况。因此，对需求较为多变、竞争较为激烈的金融产品而言，其市场灵活性和适应性较差。

成本导向定价法主要包括成本加成定价法、经验曲线定价法、目标利润定价法 3 种形式。

1. 成本加成定价法

成本加成定价法主要考虑产品的成本和产品的预期利润，也称成本加利润定价方法。其一般公式为

$$单位产品价格=单位产品成本+单位产品预期利润$$

如商业银行在制定贷款利率时，就可以使用这种方法，即

$$贷款利率=借入资金成本率+目标利润率$$

其中，借入资金成本率=借入资金总成本/贷款数额，目标利润率=目标利润/贷款数额。这里的借入资金总成本，不仅包括商业银行的存款资金的利息成本及其他借入资金（非存款资金）的利息成本，还包括各种借入资金业务的经营成本、为弥补有关损失而付出的补偿成本等。目标收益是指银行期望获得的收益。

2. 经验曲线定价法

经验曲线定价法是成本加成定价法的变化形式，主要适用于迅速成长中的金融机构。这种方法下作为定价基础的单位产品成本是预测的未来单位产品的成本。经验曲线定价法假设随着金融机构营销经验的积累，成本会降低。因此，金融机构制定出的价格与其未来出售产品时的成本有关，而不是与其制定服务战略时的实际成本有关。

3. 目标利润定价法

目标利润定价法，即根据预计销售量、总成本、目标利润进行分析，确定单位产品价格。其一般公式为

目标利润=预计销售量×单位产品价格-总成本

单位产品价格=目标利润+总成本/预计销售量

使用这种方法定价时，金融机构对产品销售量的估计及对预期利润的确定要考虑各方面的影响，只有在预计销售量和目标利润比较准确的情况下，制定出来的价格才比较可行。此外，这种方法和前面两种方法一样，都忽视了竞争者的价格和市场需求状况。

（二）需求导向价格策略

需求导向价格策略是指金融机构以市场或消费者对金融产品和业务的需求状况、接受程度等作为其产品定价的主要依据。这种策略的优点是能够充分地考虑市场消费的变化和客户的不同承受能力，使得金融产品能够符合市场的要求和客户的需求情况，从而有利于金融机构扩大金融产品的销售量和市场份额，并获得长期的利润。其缺点是，由于影响金融产品需求的因素很多，金融机构很难准确把握并确定其影响程度，因此这种方法在具体实施中存在一定的困难，并且需要一定的实行条件。例如，金融产品的市场必须是可以细分的，且这些细分市场具有不同的需求要求；差异化定价应该符合顾客的心理需求，遵守国家金融法律法规的规定等。

需求导向价格策略主要包括以下两个方面。

1. 根据市场对金融产品的需求状况来确定产品价格

不同的市场对金融产品的需求状况不同，金融机构应根据市场对金融产品的需求状况来确定产品价格。例如，金融机构可以将金融产品的需求价格弹性作为定价的依据。当某种金融产品的需求价格弹性较大时，金融机构对它的定价策略应是稳中有降，否则价格上升反而会减少总收益。当某种金融产品的需求价格弹性较小时，金融机构对它的定价策略应是略微提价，因为此时价格的上升会增加总收益。当某种金融产品的需求价格弹性很大

时，则说明该种金融产品的市场状况为供大于求，金融机构对它的定价策略应是在保本的前提下降价，并寻找机会开发其他新金融产品。

2．根据消费者对金融产品的需求状况和接受程度来确定产品价格

不同的消费者对同一金融产品的需求状况是有差异的，对产品价格的接受程度也是不同的。首先，由于客户、地点、时间等的不同，金融机构对相同的金融产品可以实行不同的价格。例如，商业银行对于存款量大小不同的存款客户，可以在提供不同服务类型的同时，实行不同的存款利率。其次，对于不同形式的同一金融产品，可以根据不同使用客户的情况提供不同的服务，并制定不同的产品价格。例如，在很多商业银行推出的信用卡中，有根据数额而区别的金卡与银卡，也有根据服务类型而区别的贷记卡和借记卡；不同卡型的信用卡的价格不同，服务要求也不同。再次，同一金融产品在不同地区的销售价格可能会出现不同。典型的例子是，由于同一保险标的在不同的地点产生损失的概率不同，保险公司可能会因此采取不同的保险费率。

（三）竞争导向价格策略

竞争导向价格策略是指金融机构将同类金融产品和业务的竞争者的价格，作为本金融机构进行产品定价的主要依据。由于金融机构的产品与业务经营具有同质性、易于效仿等特点，因此，竞争导向价格策略对金融机构，尤其是规模较小、实力相对较弱的金融机构来说，是较为适用和可取的价格策略。

采用这种定价方法时，金融机构的产品价格通常并不与产品本身的成本直接挂钩，而是与竞争者的产品价格有直接的联系。也就是说，如果竞争者的产品价格没有发生变化，即使市场需求与产品成本已经发生变化，金融机构也不改变其对产品的原有定价；而如果竞争者的产品价格发生变化，即使金融机构的产品需求和成本并没有发生多大的变化，金融机构也要相应改变其产品的定价。显然，这种定价方法主要适用于作为追随者的中小型金融机构的产品定价。

当然，大型金融机构也会采用竞争导向的价格策略，但它与中小型金融机构的定价目标是不同的。大型金融机构在对本金融机构的市场定位、金融产品的市场价格等进行了科学、合理的分析后，根据市场需求状况，对相应的金融产品制定出具有竞争能力的价格，以期在激烈的市场竞争条件下谋求最大的市场份额和利润。

实行竞争导向价格策略的基本条件是金融机构能够充分、正确地认识自己在竞争激烈的金融市场中所处的地位及自身的真正实力，客观、准确地认清其金融产品在金融市场中的未来发展状况，并根据竞争者或本行业领先者的产品价格，制定本机构同类金融产品的价格，以达到占领目标市场和扩大市场份额的目的。

竞争导向价格策略具体包括以下两种方法。

1．随行就市定价法

随行就市定价法一般是指金融机构按照行业内的平均现行价格水平来定价。采用这种定价方法，既可以参照同行的经验，体现整个行业的价格水平，实现和达到金融机构的平均利润，又可以与同行“和平相处”，避免恶性竞争；并且，由于省略了定价中的各种相关计算，简单易行，风险相对较小。这种方法对实力较弱的金融机构来说是一种较好的定价方法，同时，也适用于那些对于产品成本估算及在测定与衡量竞争者、客户等对价格变化反应状况后感到困难的金融机构的产品定价。

但是，这种定价方法由于相对较少考虑金融机构本身的成本状况与收入目标，而主要出于对市场竞争方面的因素（如保护市场占有率等）的考虑，有时会带来金融机构的被迫参与和利润下降。

2. 竞争价格定价法

竞争价格定价法是指金融机构利用价格因素主动出击，通过价格上的竞争优势来盈利的定价方法。采用这种定价方法，金融机构首先需要设法了解竞争者相应产品的价格策略和定价方法，然后将本金融机构的产品与竞争者的产品进行详细对比、分析，找出本金融机构相应产品所具有的优势和特点，作为制定进攻性价格的依据，最后制定出本金融机构相应产品的竞争价格，并以此作为吸引客户、获取收益的重要工具。显然，这种方法比较适合实力较强或拥有特色鲜明的金融产品的金融机构。

用竞争价格定价法对金融产品进行定价，可以采用薄利多销的方式定价，将金融产品的价格有意识地定得较低，以便金融机构在一定时期内实现特定的业务量目标或销售目标，或者实现长期的利润最大化或扩大市场份额；也可以采用阶段性的定价方式，即根据金融产品所处的生命周期状况、金融产品的特点及不同的成本状况、市场供求关系等，在金融产品推广销售的不同阶段采用不同的定价；还可以采用对同种金融产品制定两种甚至两种以上的价格，实行差别定价方式或价格歧视政策，以便金融机构在具备不同需求特点的细分市场上，吸引不同类型的客户。

三、金融产品定价的基本策略

（一）撇脂定价策略

1. 快速撇脂策略

快速撇脂策略，即高价格、高营销支出策略。我们可以在以下两种情况下看到此种策略的运用。一是处于导入期的金融产品。当市场需求潜力大，消费者接受新金融产品的能力较强，而金融产品面临较大竞争威胁时，金融机构可以采用此营销策略。通过制定高价，金融机构可以尽快回收成本，而高营销支出将在促进销售的同时帮助金融机构建立品牌。二是高端定位的金融产品。只有高质量和高营销支出的金融产品才能产生高价。

2. 缓慢撇脂策略

缓慢撇脂策略，即高价格、低营销支出策略。这种策略适用于针对细分市场推出的金融产品。只有当金融产品已经有一定知名度，潜在竞争威胁不大而市场规模又较小时，企业才可以在营销方面尽可能地降低支出。为了在小规模的市场中获利，金融机构不得不一面提高价格，一面降低费用。而金融机构对价格的自主性源自其对细分市场的把握，降低营销支出是因为金融机构已在该细分市场获得了品牌认可。

（二）渗透定价策略

1．快速渗透策略

快速渗透策略，即低价格、高营销支出策略。采用这种策略的目的是迅速占领市场。这种策略的理念是通过扩大销售量取得规模效应。因此，只有当市场规模很大并且消费者对价格十分敏感时，金融机构才能够采取这种策略。低价的同时加大营销支出的投入会给金融机构的生存和发展带来巨大的考验，而能够经受住这种考验的金融机构将最终获得持久的利润和市场主导地位。

2．缓慢渗透策略

缓慢渗透策略，即低价格、低营销支出策略。低价格适用的市场一般是规模较大的市场。在大规模市场只进行少量的营销，一方面是因为产品有较高的知名度，另一方面是因为金融机构拥有某些稀有资源而在此市场占有绝对优势。或者，此产品与其他所有竞争产品的区别不大，没有必要提高营销支出，如银行存款。

（三）细分定价策略

细分定价策略是金融机构较普遍使用的定价方法。金融机构把客户、产品形式、地域等细分后进行区别定价，据此优化自己的客户群，以实现利润最大化。其细分的主要方法有以下 3 种。

1．客户细分定价法

客户细分定价法，即金融机构为不同的客户提供同一种服务，而不同的客户要支付不同的价格或在同一价格下享受不同的配套服务。

2．形式细分定价法

形式细分定价法，即对于同类金融产品，由于其具体形式不同，金融机构为客户所提供的服务不同，产品成本也就存在着很大差异，因而金融机构应制定不同的产品价格。例如，银行信用卡按持卡人的资信状况可以细分为金卡、银卡与普通卡，金卡一般由经济实力强、信用状况良好的个人或单位持有，其授信限额起点较高，其价格也相对较高，而银卡与普通卡的透支额度较低，其价格也相对较低。目前，这一定价策略获得了广泛的应用，对不同形式的产品确定相应的价格可以更好地适应不同客户的需求。

3．地域细分定价法

国际金融机构多采用地域细分定价法。在不同的国家和地区，由于货币市场环境的不同，固定成本和可变成本存在差异，因而跨国金融机构所提供的同一种产品的价格会有所不同，服务费用也会有很大的差异。

（四）组合定价策略

组合定价策略是指金融机构将一系列产品或服务综合考虑，根据若干种金融产品的总成本制定一个总的目标价格，以实现各种组合产品在总体上的盈利。该定价策略只核算总成本，而不核算单项产品或服务的成本，最后用成本低的产品或服务去补偿成本高的产品或服务，用收益高的产品或服务去弥补收益低的产品或服务，从而实现组合产品在总体上的盈利。具体而言，金融机构可以以价格低廉的产品与服务为纽带吸引客户，与他们建立起良好关系，从而向其促销边际收益较高的产品与服务。由于该策略有利于提高金融机构的声誉，扩大金融机构在客户中的影响，增强金融机构的竞争力，因而获得了广泛推崇。

（五）折扣定价策略

折扣定价策略是指金融机构为了调动客户的购买积极性而少收一定比例的产品货款或服务费用，从而降低客户的成本支出、提高产品的竞争力、扩大销售量的策略。折扣定价策略主要包括以下几种折扣方式。

（1）现金折扣，指金融机构对按约定日期或提前付款的客户给予一定的价格优惠。例如，对提前还贷的企业在收取利息时打些折扣。

（2）数量折扣，指金融机构对购买产品达到一定数量或金额的客户给予一定的优惠。一般购买数量或金额越大，数量折扣也就越大，用以鼓励客户增加购买量。

（3）时间折扣，指金融机构根据不同的季节时间制定不同的产品价格，从而平衡旺淡季，促进产品销售。

第四节 金融产品营销渠道策略

一、金融产品营销渠道的基本含义

金融产品营销渠道是指金融服务或服务产品从生产领域流向消费领域所经过的整个通道。更具体地说，金融产品营销渠道是指金融产品从金融机构到金融消费者转移过程中所经过的路径。

（一）金融产品营销的概念

金融产品营销是营销管理与金融产品相结合的产物，是营销管理理论在金融产品上运用的全过程，包括金融业务市场细分、选择目标市场、价值定位、开发特定产品、确定价格和营销渠道、品牌经营，以及促销推广。

（二）金融产品营销渠道的选择的影响因素

对金融产品营销渠道的选择产生影响的因素有很多，主要包括以下几种。

1. 金融产品特征

金融产品因种类不同而具备不同的特征，这对其营销渠道的选择来说是一个非常重要的影响因素。一般而言，金融产品分为便利品和特殊品。其中便利品使密集渠道和长线渠道相互联系，而特殊品在既定地区的选择性分销决定了其营销渠道的寿命较短。另外，金融产品的创新和多样化使产品质量更为标准化，从而大大促进了其营销渠道的发展。

2. 市场因素和顾客特征

市场范围大小、顾客的集中和分散、顾客人数、地理分布、购买频率和年均购买数量、不同营销方式的敏感性等因素，以及同业竞争者产品的营销渠道策略，都会影响金融产品营销渠道的选择。

3. 金融机构的规模、信息、科技等因素

金融机构的规模大小、资金能力、信用能力、销售能力、提供的服务及要求等，都会影响其金融产品营销渠道的选择。例如，信息技术的发展促使商业银行通过 ATM 和电话银行等提供金融服务，从而扩展营销渠道。

4. 营销技术

金融机构的营销技术，直接影响其金融产品的销售。对某些产品来说，广告十分重要；而某些产品则必须通过人员推销。为此，金融机构在对金融产品营销渠道进行选择时，首先要对自己的营销技术进行衡量界定，才能审时度势地进行营销渠道的决策。

5. 现有营销渠道的可用性

金融机构在选择营销渠道时，必须考虑其现有营销渠道的可用性和可用度，因为营销渠道的再选择受现有营销渠道适用性的影响。

6. 政策因素

政府对各类金融产品所采取的价格政策、税收政策等，会影响金融机构对金融产品营销渠道的选择。如允许自由购销各种金融商品，渠道必定会多样化；反之，渠道就会单一化。同时，地方政府的行为也会影响金融机构对金融产品营销渠道的选择。

二、金融产品营销渠道的选择与拓展

（一）影响金融产品营销渠道选择与拓展的因素

金融机构在选择金融产品营销渠道及其组合方式时，要考虑许多因素，如目标市场的

环境状况、自身的资源能力、金融产品的特性和种类、金融产品的生命周期、竞争者的情况等。

1．目标市场的环境状况

目标市场的环境、地域人口和心理特征是金融机构选择营销渠道的基础。一个营销渠道的成功与否，在很大程度上取决于它所在地区的地域人口状况。地域人口状况包括居民的性别、年龄的差异，以及职业和居住区域的变化等。顾客需要什么，为何需要，何时需要，以及如何购买决定了金融机构对营销渠道的选择。居民的年龄和性别不同，因此居民对金融产品及其营销渠道的需求不同。随着人口的增长和年轻夫妇组建新的家庭，金融机构在选择营销渠道时，要充分考虑年轻人的需求；受职业方面的影响，居民总希望金融产品的营销点越近越好。另外，随着经济的发展和城镇居民区的大量开发，人口会出现迁移现象，其中，最大的移迁方向是新的开发区或郊区，在这些较佳的居住环境下，选择适当的营销渠道可以扩大金融产品的销售。

2．金融机构的资源能力

金融机构的资源能力，决定了其所选择营销渠道的类型和渠道成员的关系。若金融机构的资源能力不足（包括人力、物力和财力），无力占领整个市场或几个市场，在选择营销渠道时，就要采用密集性市场策略，即把自己的力量集中在一个或少量的细分市场上，实行专业化生产和销售。

3．金融产品的特性和种类

金融产品的特性在金融机构选择营销渠道时起着重要作用。如果是差异性较小的同质性产品，主要的竞争项目是价格，则金融机构在选择营销渠道时可采用无差异性市场策略，即把整个市场看作一个大目标市场，认为所有的消费者对某种金融产品有着共同的需求，忽视他们之间实际存在的差异，如国库券交易。如果是价格差异性较大的产品，则金融机构在选择营销渠道时可采用差异性市场策略，即把整个市场分成若干个细分市场，再根据自身条件和环境状况同时在两个或更多的细分市场上从事营销活动，如贷款市场，然后随着我国利率市场化的改革，逐渐扩大到存款市场和储蓄市场。

金融产品的种类也是金融机构在选择营销渠道时应考虑的一个重要因素。如果金融机构提供的是单一的、大批量的金融产品，在选择营销渠道时，则应采取无差异性市场策略；如果金融机构提供的是小批量、多品种的金融产品，开展多种金融服务，则应采取差异性市场策略来选择营销渠道。当金融机构开发出新的金融产品时，一般采用密集性市场策略，使用强有力的推销手段，组成营销队伍直接向消费者推销，也可委托代理商协助销售。

4．金融产品的生命周期

当金融产品处于引入期和上升期时，金融机构可以采用无差异性市场策略来选择营销渠道以扩大市场占有率；而当产品进入成熟期后，则金融机构可以采用差异性市场策略来选择营销渠道以开拓新市场，也可采用密集性市场策略来选择营销渠道以保持原有的市场。

5. 竞争者的情况

金融机构的营销渠道也受竞争者所使用的营销渠道的限制。在金融市场上，有些金融机构往往采用和竞争者相同的营销渠道，而有些金融机构则避开竞争者所使用的营销渠道。此外，金融机构还要考虑竞争者的强弱，假如竞争者不强，也可不列入考虑因素。

（二）金融产品营销渠道拓展的主要方式

在竞争激烈的金融市场中，渠道通畅和覆盖面广可以提高金融机构的竞争能力和市场份额。根据金融市场发展的差异，金融机构在拓展金融产品营销渠道时可以采取不同的策略，如增加自设渠道、扩大代理渠道、兼并收购快速扩张、金融渠道互惠联盟策略等。

1. 增加自设渠道

建立由自己掌控的销售网络，包括建立分支机构和网点、远程服务网络、电子金融网络，以及扩大直销范围、增加人员推销。增加自设渠道的策略适用于市场空间大、资金实力强的金融机构。但是银行增设物理网点是受资本约束的。根据巴塞尔协议，银行的资本充足率要求达到或接近 8%。我国银行向监管机构申请新设营业网点时，资本充足率是获准的条件之一。尽管如此，这种方式仍然是银行主要的渠道扩张的方式。证券公司开展经纪业务，同样也需要自建许多营业部，形成产品和服务的销售网络。此类渠道管理属于内部管理，成本较低、风险易控。

2. 扩大代理渠道

许多金融机构发展代理渠道，用以推销便于考核的规格化产品。例如，保险公司招募大量的经纪人销售保单，同时与银行营业部合作代销保单。信用卡公司拓展更多的特约商户，扩大刷卡消费覆盖面，委托一些发卡公司、追债公司代理信用卡发卡业务，这些代理商按发卡数量提成佣金。证券经纪营业部与拥有客户资源的理财专业人士提供佣金返还，促使代理人增加客源和股票交易量。近年来，在市场竞争日益激烈的压力之下，有些银行也尝试比照券商经纪人代理的做法，将信贷员制变为客户经理制，由固定工资的内部关系变为提取佣金的代理关系。基金公司则基本没有“腿”，需要借助其他金融机构代销其产品，这种方式以支付代理费的代价节省了大量的开店所需的投资于运行管理的费用，但有时候会受代理渠道的反制。

3. 兼并收购快速扩张

兼并收购（简称并购）是现代金融企业快速扩张的常用做法，尤其在企业跨地区和跨国进入一个新市场的时候。并购按目标和行业可以分为以下 3 种类型的策略。

（1）并购代理机构的扩张策略。金融机构通过并购与代理机构形成紧密性代理关系，使其只能经营自己的产品和服务，达到稳定代理机构、使之成为忠实的营销渠道的目的。例如，信用卡公司并购代理发卡公司、信用评估公司或追债公司，保险公司并购保险代销机构，住宅银行并购地产代理公司等。

2003 年 7 月，美国信用卡发生“惊天大重组”。花旗集团以 30 亿美元收购美国的零售连锁店西尔斯的信用卡部门。西尔斯的信用卡业务大约折合为 300 亿美元，是美国第八大信用卡机构，其产品包括 3200 万张专有标签卡和 2700 万个万事达的普适联名卡账户。花旗集团的收购对象包括西尔斯信用卡金融产品业务，以及与信用卡有关的设备和 8300 名雇员。

花旗集团自身杰出的分析和管理风险的能力、低成本开发产品的专长，使其在信用卡业界长期保持领导地位。它通过收购，不仅巩固了自身在银行卡业界的领导地位，同时也获得了成为专营信用卡领域领导者的机会。西尔斯曾经是零售连锁店巨子，它的商场临近 97%的美国家庭，60%的美国家庭是它的客户，其中包括相当数量的西班牙客户群（约占总客户数的 18%）。而开发西班牙客户群正是花旗集团当时的目标，符合客户市场战略。收购完成后，花旗集团利用西尔斯遍布全美的批发零售商店与网络，更加广泛地开发低消费、高销量的客户群的促销渠道。此外，花旗集团在推销信用卡产品的同时，通过交叉营销推销其他金融产品给持卡人，如房屋贷款或个人消费贷款等，最终“将银行办到零售商店去”的概念变为现实。

（2）金融企业相互并购的扩张策略。这种并购方式已经成为金融企业扩大零售网络的主要手段，有助于增强企业实力，获得成本节约效益。例如，2001 年，我国一些实力较强的证券公司，利用连续几年牛市带来的机遇，采用并购重组的方式，收购一些弱小的经纪型证券公司营业部，以快速扩张分支机构和经纪业务规模，增强竞争能力，提高市场占有率。此外，这些实力较强的证券公司还收购有证券业务的信托公司，或者寻求与外商合资等来扩张经纪业务渠道，但这样做的前提条件之一是其资本金达到监管要求，否则就要先增资扩股后实施并购。

① 信托公司与证券公司的渠道扩张。随着我国信托与证券分业经营政策的贯彻实施，信托公司的证券业务机构从母公司分离，产生了 3 种不同的信证合并模式，这也是对信托与券商渠道的重组。

一是证券公司托管或收购信托投资公司的证券经营机构。例如，广发证券托管收购广东国际信托投资公司的证券营业部。

二是信托投资公司单独或联合组建证券公司，将原属于信托公司的证券业务剥离并新组建证券公司。例如，航空证券是由航空信托投资有限责任公司以证券类资产组建的，民族证券是由中国民族国际信托投资公司为主筹建的，万联证券是由广州市 4 家信托投资公司共同组建的，类似的还有国元证券、华龙证券、国都证券、爱建证券、武汉证券、齐鲁证券等。

三是地方证券公司与当地信托投资公司合并，组建更大的证券公司。例如，渤海证券是由天津证券与天津 4 家信托公司组建的，华盈证券是由内蒙古证券与内蒙古信托共同组建的，类似的还有上海证券、天同证券等。

② 外资金融企业与国内金融企业合作的渠道扩张。随着金融业逐渐全面开放，外资银行开始在我国“抢滩设点”。由于外资进入门槛的政策限制，目前外资金融企业还不具备全面并购的条件，主要形式是参股国内现有银行机构。早期进入我国的外资金融企业，

于 1999 年与上海银行签订协议，参股 5%。2001 年年底，包括外资金融企业在内的 3 家外资机构，参股上海银行的比例已增加到 18%。2001 年，外资金融企业一举收购了南京市商业银行 15%的股份。2005 年，外资一次性参股西安市商业银行的比例达到了 24.9%。2006 年年底，花旗银行以重金成功竞购广发银行，直接参股比例达到允许上限 25%。广发银行拥有全国经营牌照，几百家分支机构遍布全国，规模适中。花旗银行拿下广发银行，也就意味着其一举完成了在我国的网点布局。

对外资金融企业来说，参股我国金融企业，可以借助我国金融企业原有的市场品牌优势、网络优势及客户关系，迅速扩大业务和产品范围，并尽快实现本土化。特别是在我国尚未完全放开资本项目管制的情况下，通过参股迂回切入中国市场，无疑是成本低、见效快的策略。

证券、保险等类型的金融企业也经历着同样的过程。由于我国对外资金融企业有禁止独立经营一些特定业务的政策限制，外资金融企业采取了与国内证券公司、基金公司、保险公司合资或合作的方式进入并扩张营销渠道。这些外资金融企业来自美、英、法、德、瑞士、荷兰、加拿大等国。

（3）金融企业跨业并购的扩张策略。这类并购是为了利用对方的网点或网络扩大市场，同时也是为了拥有对方的产品以互补，或提升某方面的技能以弥补不足。近年来，我国银行入股保险公司的步伐加快。截至 2010 年上半年，北京银行完成了进入首创安泰的步骤，交通银行取得了交银康联人寿 51%的股权，工商银行入股金盛人寿，建设银行以 51%的股权控股合资寿险公司太平洋安泰人寿。中国银行打算通过全资子公司中银保险参股恒安标准人寿。银行入股保险，一方面可以补充保险公司的资本金，利用银行的客户资源、网络优势促进企业的发展；另一方面，银行进入新的经营领域，扩展了交叉营销的产品范围和渠道，增加了新的盈利来源。

4．金融渠道互惠联盟策略

联盟策略是指金融企业各自根据自身的优势，相互提供服务，以增强自己的业务拓展能力。它的优越性体现在以下几方面。

（1）不必投入大量人力、物力，通过租、借、用方式拓展渠道。

（2）灵活性和选择余地大，避免并购不当产生的风险。

（3）有时可以用来突破政策限制，开展跨地区和跨国业务。

目前，这种策略已日益成为金融企业开展跨国经营的重要进入或拓展方式。

以传统的金融业务——汇兑为例。随着我国对外开放进程的加快，越来越多的物资、人员跨境交流，带旺了汇兑市场。国外汇兑机构面对我国跨境汇兑这块“大蛋糕”，其进入和扩展渠道的策略就是联盟。

（三）新型电子渠道

网络及信息技术的发展，给社会带来了从管理模式到经营理念的巨大变革，这种变革不可避免地推动着金融企业从组织机构、内部管理、业务开发到创新体制、产品营销等各个方面的创新。金融企业产品与业务高度信息化的虚拟属性，使新兴电子交流媒体在金融产品创新和服务传递渠道中得到了广泛的应用。如雨后春笋般出现的网上银行、电话银行、手机银行……是目前较活跃、发展较快的“新经济”渠道模式。

电子渠道作为一种新型的顾客服务方式，为金融企业带来了理念和服务模式的革命性变化，即物理网点已经不是交易和服务的唯一手段。金融企业利用信息技术改变传统运作方式，可以提供全天候服务，突破了以往时间和区域的限制，实现了企业与顾客间低成本、操作便利的“双赢”。因此，开发、完善电子渠道系统，用电子渠道稳住原有顾客、发展新顾客、拓展市场份额，成为金融企业新的营销战略。

我国银行、证券企业、保险企业、基金企业、信托企业等金融企业正处于大力发展电子渠道的过程中，在这场赛跑中，银行最具代表性。一方面银行在金融行业中的分量最重，另一方面银行的发展速度很快，处于领跑地位。因此，大家可以通过银行电子渠道拓展的情况，来了解金融企业的电子渠道的发展及其趋势。

第五节 金融产品促销策略

一、金融产品促销的基本含义

促销是指卖方向买方传达产品或服务的信息，以帮助客户认识产品和服务的特点与性能，引起客户的注意和兴趣，激发客户的购买欲望，从而促进产品和服务从卖方向买方转移的营销活动。

金融产品促销，是指金融企业将自己的金融产品或服务通过适当的方式向客户进行报道、宣传和说明以引起其注意和兴趣，激发其购买欲望，促进其购买行为的营销活动。简而言之，金融产品促销是金融企业向客户传递其金融产品和服务的信息的过程。金融产品促销的作用主要体现在以下 4 个方面。

（1）提供产品信息。金融企业通过促销活动，使客户知晓其提供何种金融产品和服务，具体有何特点、去何处购买，以及购买条件如何等，以便于客户选购，扩大产品销售量。

（2）引导消费需求。金融企业通过促销活动引起客户对于新产品和服务的购买欲望，从而既引导了消费需求，又为新产品开拓市场创造了必要条件。

（3）促进市场竞争。金融企业通过促销活动，使其产品的价格水平和服务质量都在市场上展现出来，可供客户选择比较。而各金融企业之间也可以彼此了解，促进互相学习和有效竞争。

（4）树立企业信誉。金融企业通过促销活动，使客户了解其特点与优势，从而树立良好的企业声誉，有助于其维持和扩大市场份额。

金融企业应重视产品促销，并采取适当的促销策略，争取获得最佳的促销效果。金融企业对其产品和服务的促销活动可以采取多种方式，主要包括广告、人员推销、营业推广和公共关系等。

二、金融产品促销的方式

金融机构对其产品的促销方式有很多种，大致包括以下几种类型。

（一）广告

金融机构在促销宣传过程中，首先要应用的方式就是广告。广告不仅是推销产品、诱导客户购买的重要工具，也是金融机构树立良好形象的重要工具。做广告需要金融机构付出一定费用，通过特定的媒体向市场传递信息。广告的接触面广，信息艺术化，且可以反复使用。但由于其说服力较小，难以促使客户立即购买。金融机构在做广告时需要做出的决策主要有选择广告代理商、确定广告目标、制定广告战略、广告实施控制与效果评估等。

（二）人员推销

金融产品的无形性、服务和消费的同步性等特点，决定了金融机构必须在做广告进行产品宣传的同时需要大量的人员与潜在客户或现有客户直接打交道。人员推销就是指金融机构利用推销人员向客户直接推销产品和服务。这种形式传递信息更为直接、具体和准确。金融机构的推销人员可以是固定人员、流动人员、投资顾问或经纪人。人员推销可以采取座席销售、电话、拜访、研讨会、路演、讲座和社区咨询活动等形式。人员推销方式直接且运用灵活，并且推销与促销并存，但是由于其接触面较小且费用高，因此实施起来也具有一定的难度。

（三）营业推广

营业推广又称消费促进，是指金融机构为刺激需求而采取的能够产生鼓励作用并达成交易目的的促销措施。营业推广能在短时间内迅速引起客户对产品的注意，提高产品销量。营业推广的吸引力大、效果直观，能够促进客户购买。

（四）公共关系

公共关系是指金融机构在营销活动中正确处理金融机构与社会公众的关系，协调金融机构与企业股东、内部员工、工商企业、同业机构、社会团体、新闻传播媒介、政府机构及消费者之间的关系，树立良好的企业形象，从而达到扩大销售的目的。由于公共关系的影响面广，因此金融产品容易受到客户的欢迎和信任。但是由于公共关系自身的特点，金融机构难以对其进行计划和控制。

三、金融产品促销的步骤

金融机构开展促销活动，主要步骤如下。

（一）确定目标促销对象

目标促销对象是指接受促销信息的潜在客户。每一种金融产品都有其特定的目标促销对象，金融机构在促销之前，要分析目标促销对象对金融机构及其产品的熟悉程度，从而决定促销宣传内容；然后金融机构还要分析目标促销对象对金融机构及其产品的喜欢程度及喜欢的原因，借以有针对性地调整促销的内容和形式。

（二）决定促销目标

促销目标是指金融机构从事促销活动所要达到的目的。在不同的时期及不同的市场环境下，金融机构有其特定的促销目标，如下所述。

（1）告知。通过促销宣传使更多的客户了解该金融机构及其产品，提高该金融机构及其产品的知名度。

（2）激发。激发客户对某一新的金融产品的需求，争取客户对某一竞争激烈的金融产品产生选择性需求。

（3）劝说。通过促销宣传劝说更多的客户选择该金融机构的某种金融产品，从而扩大销售，提高产品的市场占有率。

（4）提示。通过促销宣传提醒客户不要忘记该金融机构的金融产品，使其能够反复购买和使用该金融产品，以牢固其市场地位。

（5）偏爱。通过在目标市场中营造企业经营和产品的独特风格与个性，树立良好的企业形象和产品形象，使客户对该金融产品产生偏爱。

（三）确定促销预算

促销预算是指金融机构打算用于促销活动的费用开支，促销预算的规模会直接影响促销效果的大小和促销目标的实现。确定促销预算的方法一般包括以下几种。

（1）量力而行法。金融机构根据自身的能力来灵活确定促销预算。此种方法简便易行，但是应用不多，主要是由于其忽略了促销对扩大销售的积极作用，因此不利于金融机构扩大产品市场。

（2）销售额比例法。金融机构根据以前的销售水平和预测的未来的销售水平的一定比例来确定促销预算。这种方法在实际情况中的应用比较广泛，但是由于对未来的销售水平进行预测具有一定的困难，因此这种方法在实际操作中也存在一定的弊端。

（3）竞争比较法。金融机构根据竞争者的促销费用来确定自己的促销预算。由于可以将促销作为一种竞争的工具，因此这种方法往往在竞争比较激烈的金融产品促销中使用。但是由于这种方法完全依据竞争者的情况而定，忽视了金融机构自身的实力和促销目标，因此具有一定的盲目性，可能会引起恶性的促销竞争。

（4）目标任务法。金融机构根据自己的促销目标和任务来确定所需要的费用，进而确定促销预算。这种方法是一种比较科学的确定促销预算的方法，因为它将促销目标与促销预算直接联系起来，针对性较强。但是采取这种方法时，促销预算人员必须明确了解市场情况，能够制定正确的促销目标，且能较准确地估计促销活动的所有费用，条件比较苛刻。

（四）决定促销组合

促销组合是金融机构根据促销目标对促销方式的合理搭配和综合运用，这些促销方式包括前述的广告、人员推销、营业推广和公共关系等。金融机构在进行促销活动时，通常会实施由多种促销方式组合而成的促销组合，而不是仅运用一种促销方式。这是因为这些促销方式各有各的特色，也各有各的弊端，综合运用各种促销方式可以达到扬长避短的目的。成功的促销组合一般符合以下几个条件。

（1）符合金融机构的促销目标。好的促销组合一定要符合金融机构的促销目标。如果金融机构希望了解其产品的潜在客户群能够达到最大，并且大多数具有购买的意愿，则其可以使用广告和营业推广相结合的促销组合；如果金融机构希望客户直接了解其产品特色，改善金融机构的形象，那么它就可以采用人员推销和公共关系相结合的促销组合。

（2）符合金融产品的性质。好的促销组合一定要符合金融产品的性质。金融产品的不同性质决定了客户的购买目的的不同，因此营销人员要采取不同的促销组合策略。例如，大额贷款这类金融产品主要针对的是市场中的工商企业，客户相对集中，且专业性较强，因此适宜采用以人员推销为主的促销组合。而对于针对广大消费者的保险类产品、信用卡类产品，市场份额较大，则适宜采用以广告和营业推广为主的促销组合。金融产品的不同性质还决定了产品生命周期的不同。在产品生命周期的不同阶段，金融机构的促销目标往往不同，因此需要采用不同的促销组合。例如，在产品的投入期，金融机构的促销目标主要是希望最广泛的人群能够了解该产品，因此适宜采用以触及面广、影响面大的广告和公共关系为主的促销组合。在产品的成熟期，促销人员可以采用广告来提醒客户，运用营业推广的方式来刺激客户购买。

（3）符合市场条件。优秀的促销组合一定要符合市场条件。市场条件包括市场规模和市场特性。金融产品预计市场规模的大小决定了能够购买该产品的客户群的大小，因此也就决定了采用何种促销组合最为有效。如果金融产品的市场范围广，则客户多，那么适宜采用以广告为主、营业推广为辅的促销组合；如果金融产品的市场范围窄，客户少，则适宜采用以人员推销为主、营业推广和广告为辅的促销组合。市场的特性对促销组合也会产生一定的影响。因为不同的市场特性决定了不同的市场对不同的促销方式的接受程度不同。有的市场不太信任广告，而比较信赖直接推销，则适宜采用人员推销的方式，而广告方式的效果则不明显。总之，在促销组合的选择中，必须依据市场条件，有针对性地选择与金融产品目标市场相适应的促销组合。

（4）促销预算。促销方式的不同决定了促销预算大小的不同，因此不同的金融机构应根据自身的实力来选择适合自己的促销组合。金融机构的促销预算必须是其能够负担的，而且可以适应竞争的需要，为此要考虑销售额的多少、促销目标的要求、产品的特点等影响促销的因素，以避免盲目性。

（5）促销实施、控制与效果反馈。促销实施与控制过程就是对促销进行监督、指导的过程，在此基础上及时采取调整、改进措施。在开展了促销活动以后，金融机构还必须收集反馈信息，调查促销的效果，看看是否实现了预期的目标，并以此为依据来调整促销策略、提高促销的质量。

课后习题

一、思考题

1. 金融产品的促销方式有哪些？如何选择金融机构？
2. 影响金融产品和服务定价策略的因素有哪些？
3. 金融机构可以选择的产品组合策略有哪些？

二、实训题

运用正确的营销策略，以小组为单位制定所选金融产品的营销策划书。要求如下。

1. 促销方案内容完整、清晰，促销成本可控。
2. 营销渠道的选择要具体、可操作，并分析渠道选择的原因。

第四章 银行产品营销

学习目标

【知识目标】

- 了解银行产品的分类及主要特点；
- 掌握银行产品的定价策略、分销策略和促销策略。

【能力目标】

- 能够很好地了解各种银行产品及银行产品营销的特点；
- 能够正确地运用几种策略对目标客户开展银行产品营销。

【知识网络】

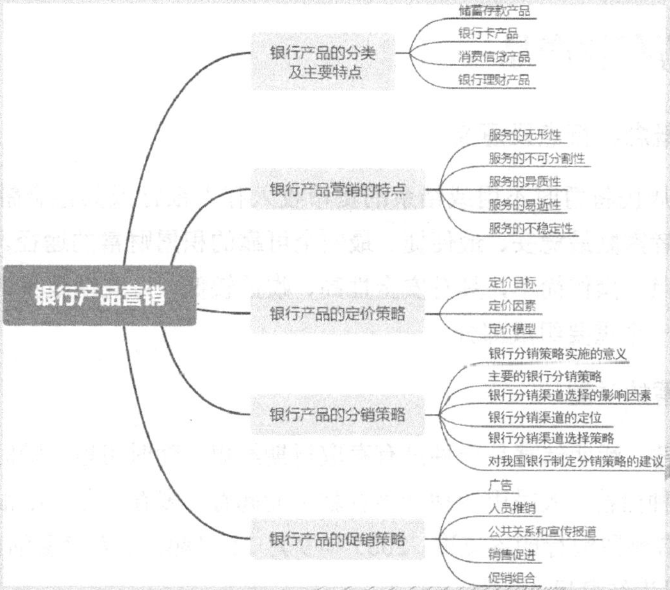

导入案例

客户经理日常关注系统客户时，发现一位客户有一笔大额理财产品即将到期，该客户不仅持有工行借记卡，还有一张外地卡，而这笔理财产品正是在外地卡中。于是他致电提醒该客户理财产品即将到期，并向该客户推荐工行收益较高的私银理财产品，约该客户见面详谈，但该客户以工作繁忙为由拒绝了。营销未果，但客户经理没有气馁，依然经常与该客户保持良性互动。

一个月后，该客户电话询问有没有保管箱业务，在上级行的帮助下，客户经理及时为其申请了保管箱，该客户非常满意。在与该客户接触了一段时间后，客户经理通过自身资源为该客户优惠办理了电信宽带、购买山地车等事务，该客户非常认可客户经理的贴心服务，并和客户经理成为很好的朋友。该客户陆续将外地卡中的资金 1300 万元转入本地卡，并签约成为私人银行客户，购买了私银理财产品。

第一节 银行产品的分类及主要特点

一、储蓄存款产品

1. 储蓄的概念、特点及意义

储蓄是城乡居民将暂时不用或结余的货币收入存入银行或其他金融机构的一种存款活动，是个人或者家庭最稳妥、最便捷、最安全可靠的积累财富的途径。此外，储蓄作为一种金融投资工具，操作简单，具有安全性高、收益较低、方式期限灵活等特点，因此储蓄是个人理财的一个重要组成部分。

2. 存款储蓄的类型

（1）活期储蓄。活期储蓄是一种没有存取日期约束，随时可取、随时可存，也没有存取金额限制的一种储蓄。人民币活期储蓄存款 1 元起存，多存不限，由银行发给存折或银行卡，凭密码或者预留银行印鉴支取。2005 年 9 月 21 日起，个人储蓄活期存款按季结息，每季末月的 20 日为结息日。

活期储蓄适合个人生活待用款和暂时不用的存款。由于活期储蓄的利率水平是所有存款类型中最低的，因此选择活期储蓄的人应注意及时进行转存。

（2）定期储蓄。定期储蓄是在存款时约定存储时间，一次或按期分次（在约定存期）存入本金，整笔或分期平均支取本金利息的一种储蓄方式，具有金额比较大、利率相对较高、存期比较长、流动性稍差等特点。个人定期储蓄可分为以下几种类型。

① 整存整取定期储蓄。整存整取定期储蓄一般50元起存，存期分为3个月、半年、1年、3年、5年（个别地区经人民银行批准开办9个月档次），本金一次存入，由储蓄机构发给存单（折），到期凭存单（折）支取本息，存期内按存入时同档次定期利率计息，到期未支取，超过存期部分按支取日公布的活期利率计息。该储蓄方式适用于个人及家庭生活待用款，存储既安全、又获利。

② 零存整取定期储蓄。零存整取定期储蓄是一种每月按约定数量的款项存储，按约定时间一次提取本息的定期储蓄。零存整取定期储蓄一般5元起存，存期分为1年、3年、5年，存款金额由储户在开户时自行约定，每月存入约定存款金额一次，中途如有漏存，应在次月补齐，未补存者，视同违约处理，到期销计账户时，违约前存入的金额按开户时的利率计付利息，违约后存入的金额按活期利率计付利息。

③ 整存零取定期储蓄。整存零取定期储蓄是指在存款开户时约定存款期限、本金一次存入，固定期限（周期）分次支取本金的一种个人存款。整存零取储蓄的存期分为1年、3年、5年，存入时1000元起存，支取期分为1个月、3个月及半年一次。利息按存款开户日挂牌的整存零取利率计算，于期满结清时支取。到期未支取部分按支取日挂牌的活期利率计算利息；若要提前支取，则只能办理全部支取。

④ 存本取息定期储蓄。存本取息定期储蓄是指个人一次性存入较大金额的本金，分次支取利息，到期支取本金的一种定期储蓄。存本取息定期储蓄一般5000元起存，存期分为1年、3年、5年。

⑤ 定活两便储蓄。定活两便储蓄是一种事先不约定存期，一次性存入，一次性支取的储蓄。定活两便储蓄存期在3个月以内的按活期计算；存期在3个月以上的按同档次整存整取定期储蓄利率的六折计算；存期在1年以上（含1年），无论存期多长，整个存期一律按支取日整存整取定期储蓄1年期利率的六折计息。

⑥ 通知存款。通知存款是一种不约定存期、一次性存入、可多次支取，支取时需提前通知银行、约定支取日期和金额方能支取的储蓄。人民币通知存款的最低起存金额为5万元、单位最低起存金额为50万元，个人最低支取金额为5万元、单位最低支取金额为10万元。外币通知存款的最低起存金额为1000美元等值外币。个人通知存款不论实际存期多长，按存款人提前通知的期限长短划分为一天通知存款和七天通知存款两个品种。

二、银行卡产品

银行卡是由商业银行等金融机构及邮政储汇机构向社会发行的具有消费信用、转账结算、存取现金等全部或部分功能的信用支付工具。银行卡包括信用卡和借记卡两种。

据相关数据显示，截至2020年第一季度末，全国银行卡在用发卡数量为85.28亿张，全国人均持有银行卡为6.09张，其中，人均持有信用卡为0.53张。

【案例 1】

你对银行卡了解吗?

1．发卡行名称

发卡行名称（见图 4-1）表示该卡片所属的发卡银行。目前国内除 17 家全国性银行外，区域性银行和外资银行也具备了发卡条件。一些新发卡银行为了吸引持卡人还会提供各项差异化服务，如跨行取款免手续费等服务。

2．BIN 号

银行卡卡号前六位为 BIN 号（银行标识代码），由银行卡组织向 ISO（国际标准化组织）申请并分配给发卡银行，如图 4-2 所示。其中 BIN 号“62”打头的为银联卡，“4”打头的为 VISA 卡，“5”打头的为万事达卡，“35”打头的为 JCB 卡，“37”打头的为美国运通卡。所以在银联开展的很多优惠活动中会要求使用“62”开头的银行卡。

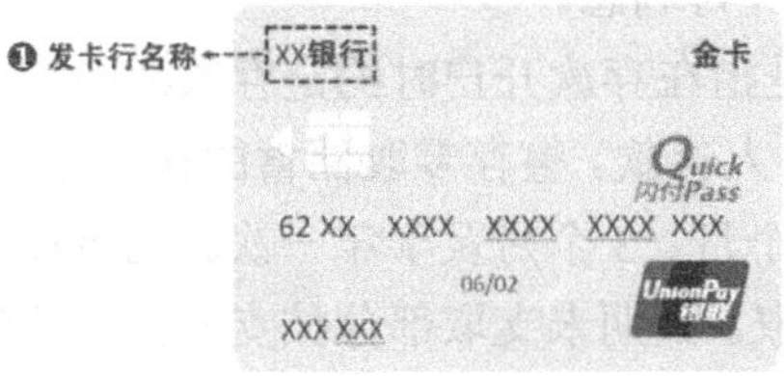

图 4-1 发卡行名称

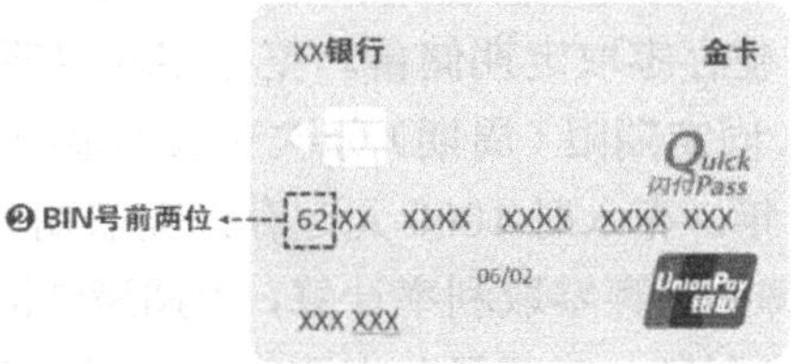

图 4-2 BIN 号

3．有效日期

一般来说，只有信用卡卡面上会印有有效日期（见图 4-3）。如果在到期日前持卡人没有前往指定网点注销卡片，银行则会根据持卡人的信用额度补寄一张新卡片，卡号维持不变，以方便持卡人使用。补寄新卡片默认未开通，需要持卡人拨打银行客服电话自行开通后才可使用。

4．持卡人姓名

持卡人姓名（见图 4-4）处为该卡片所有者的姓名全拼，部分信用卡还会标注持卡人性别。

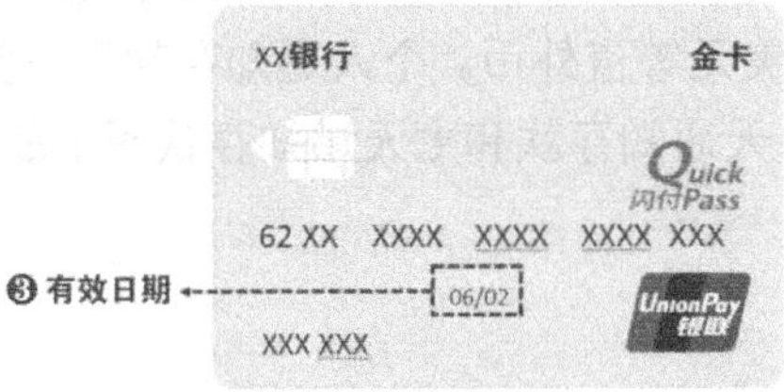

图 4-3 有效日期

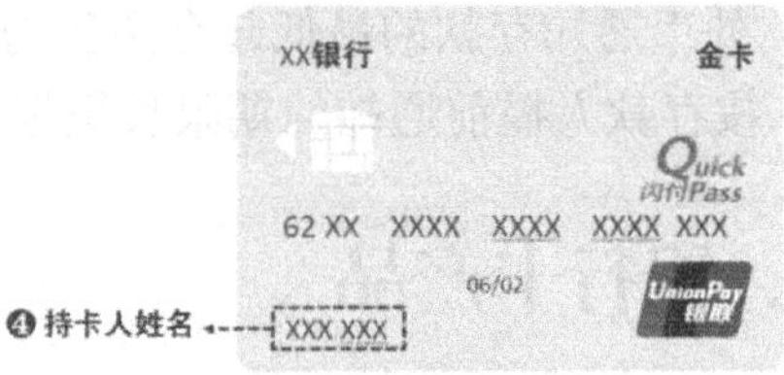

图 4-4 持卡人姓名

5．卡片级别

卡片级别一般分为 4 类：普卡、金卡、白金卡、钻石卡，如图 4-5 所示。

（1）普卡：普卡是基础性支付产品。卡面颜色不会使用金色、白金色或黑色。一般没有年费。

（2）金卡：金卡是银行卡中相对高端的产品，金卡的卡面基色一般为金属性黄色。卡面右上角会印有英文 Gold 字样。一般年费可通过消费笔数等方式抵消。目前，浦发银行金卡及以下卡种全部免年费。

（3）白金卡：白金卡是具有更多增值服务功能的高端卡，常见服务包括机场贵宾厅、高尔夫服务、道路救援、预约挂号等。白金卡一般采用金属性白金色为卡片基色，卡上印有英文 PLATINUM。一般年费不可减免，有部分白金卡可通过消费笔数/金额等方式减免年费，但一些增值服务如高尔夫等也会相应取消。

（4）钻石卡：钻石卡是级别最高的银行卡，可以向持卡人提供顶级的增值服务，如机场贵宾通道登机、高端酒店住宿升级、免费体检、私人管家等尊贵服务。钻石卡一般采用金属黑色作为卡面基色，且卡面设计上会有钻石元素的嵌入。年费不可减免，年费从数千元到数万元不等。

6．闪付标识

闪付标识（见图 4-6）为银联非接触产品标识。凡是有该标识的卡片，可以在贴有该标识的机具上使用。目前在很多地区闪付已经可以实现小额快速支付，如应用于菜市场、自助售货机、停车场、火车等场景。

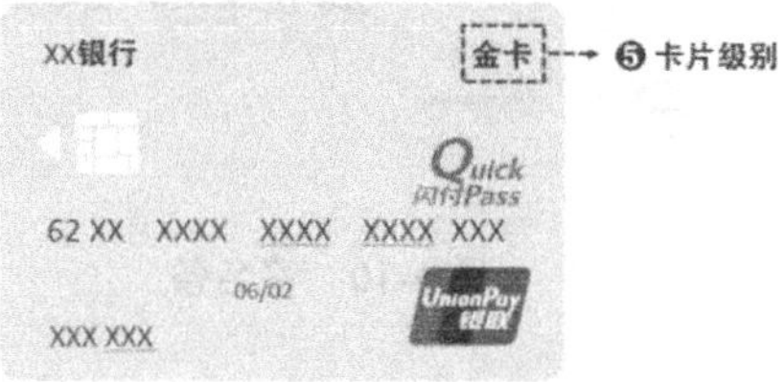

图 4-5　卡片级别

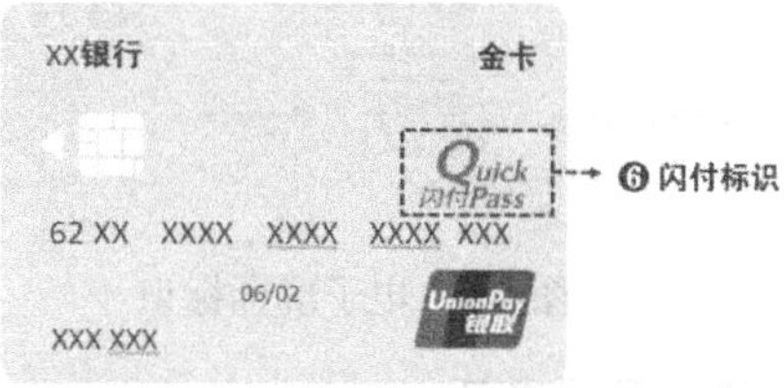

图 4-6　闪付标识

7．卡组织标识

卡组织是负责建设和维护银行卡跨行网络并提供信息转接和资金清算服务的专门机构。卡组织标识如图 4-7 所示。

过去银行卡组织由美国和日本垄断，2002 年中国银联成立后打破了国际卡组织的垄断，形成了目前中美日三足鼎立的形式。目前世界主要卡组织包括中国的中国银联，美国的 VISA、万事达、美国运通、发现卡，以及日本的 JCB。目前，我国公民持银联卡可在境外 140 多个国家或地区消费，同时可免 1%～2%的货币转换费。

8．防伪标识

国内银行卡主要使用“银联”全息防伪标识。“银联”全息防伪标识主景为天坛图案，背景为水平排列的双色汉字“银行卡联合”，如图 4-8 所示。

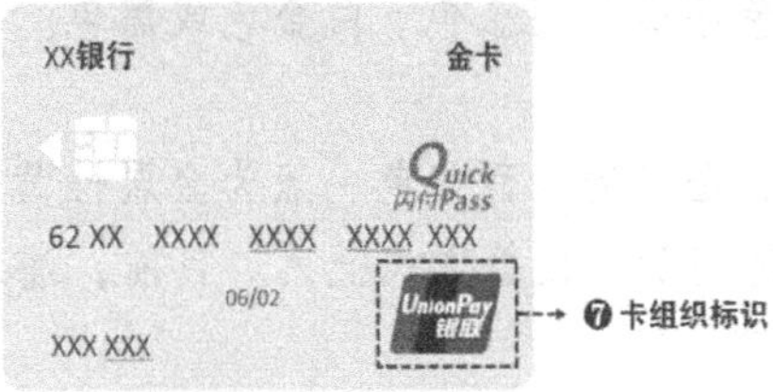

图 4-7　卡组织标识

图 4-8　防伪标识

9．电子现金标识

电子现金标识是银联定义的用于脱机小额支付的 IC 卡交易标识，如图 4-9 所示。电子现金账户根据人民银行规定上限为 1000 元，目前不可挂失。

10．签名条

签名条是持卡人预留签名的地方，如图 4-10 所示。在发生卡片盗刷情况时，如持卡人设定的交易方式为“签名”，而签名条上的签名与签购单上的签名不一致，则持卡人可申请追回该笔损失。例如，持卡人设定的交易方式为“签名+密码”，如密码泄露，即使签名不符，持卡人也需自行承担盗用损失。

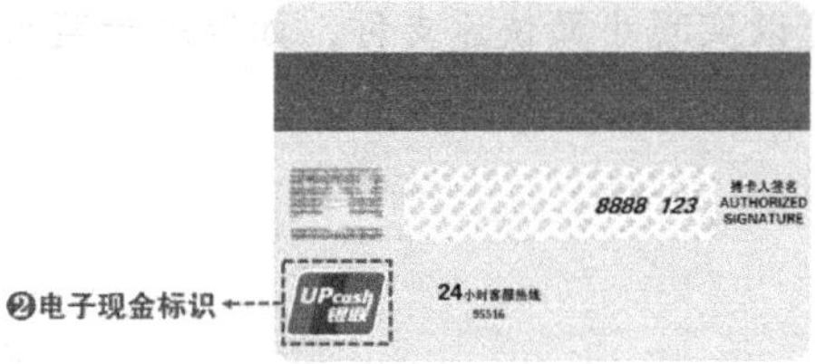

图 4-9　电子现金标识

图 4-10　签名条

11．客服电话

此处会填有卡片所属银行客服电话（见图 4-11），持卡人可拨打此电话来进行业务咨询与相关情况的咨询。如遇到跨行、跨境使用问题，可拨打银联客服热线：95516 咨询。

12．CVN2

CVN2 主要用于非现场支付校验卡片安全（见图 4-12），一般在网络消费、卡片激活时用到。为确保安全，建议在牢记号码后将其贴住或者用刀片刮掉，以免卡片信息被不法分子获取，造成资金损失。

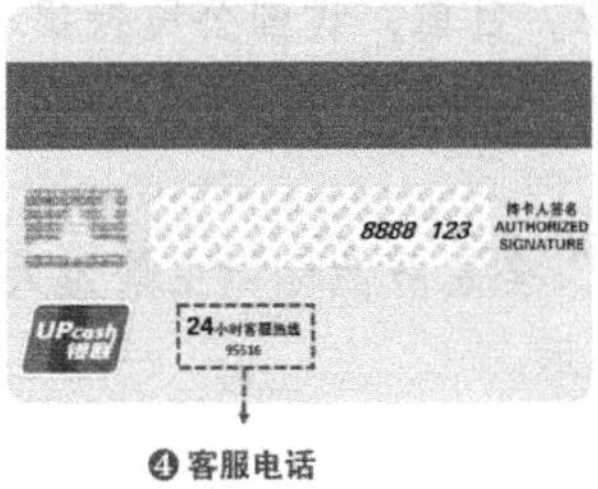

图 4-11　客服电话

图 4-12　CVN2

13．特别说明（芯片与磁条）

目前市面上流通的银行卡主要分为IC卡（芯片卡，见图4-13）、磁条卡（见图4-14）、磁条芯片复合卡。IC卡有芯片嵌入；磁条卡则在银行卡背面上端有加载磁条；复合卡为既有芯片嵌入又加载了磁条。发行复合卡，主要是因为IC卡推广初期受理环境未完善。目前，随着IC卡受理环境的完善，为保障持卡人资金安全，复合卡降级交易已经关闭，只能使用其芯片功能。

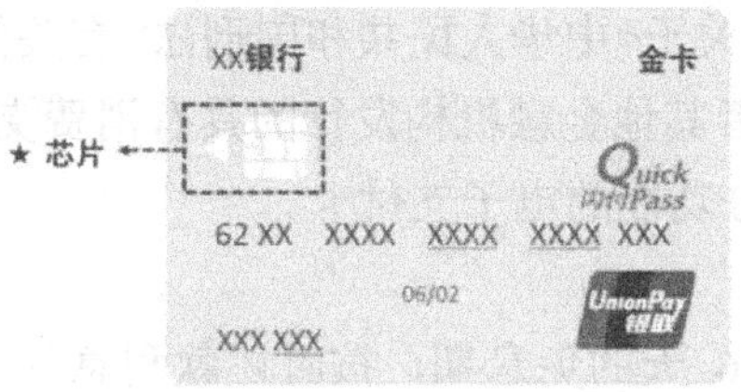

图4-13　芯片卡

图4-14　磁条卡

1．银行卡认知

（1）借记卡的概念。

借记卡是指先存款后消费（或取现）且没有透支功能的银行卡，是一种具有转账结算、存取现金、购物消费等功能的信用工具。按其功能的不同，可分为转账卡（含储蓄卡）、专用卡及储值卡。转账卡具有转账、存取现金和消费功能。专用卡是在特定区域“专用用途”（百货、餐饮、娱乐行业以外的用途）使用的借记卡，具有转账、存取现金的功能。储值卡是银行根据持卡人的要求将资金转至卡内储存，交易时直接从卡内扣款的预付钱包式借记卡。

（2）借记卡的功能。

① 存取现金。借记卡一般具备本外币、定期、活期等储蓄功能，借记卡可在发卡银行网点、自助银行存/取款，也可在全国乃至全球的ATM（取款机）上存/取款。

② 转账汇款。持卡人可通过银行网点、网上银行、自助银行等渠道将款项转账或汇款给其他账户。

③ 刷卡消费。持卡人可在商户用借记卡刷卡消费。

④ 代收代付。借记卡可用于代发工资，也可缴纳各种费用（如通信费、水费、电费、燃气费等）。

⑤ 资产管理。理财产品、开放式基金、保险、个人外汇买卖、贵金属交易等均可通过借记卡进行签约、交易和结算。

⑥ 其他服务。许多银行借记卡的服务已延伸到金融服务之外，如为持卡人提供机场贵宾通道、医疗健康服务等。

2．信用卡认知

（1）信用卡的概念。

信用卡（Credit Card），又称贷记卡，是一种非现金交易付款的方式，是简单的信贷服务。

信用卡由银行或信用卡公司依照用户的信用度与财力发给持卡人，持卡人持信用卡消费时无须支付现金，在账单日进行还款即可。

信用卡分为贷记卡和准贷记卡。贷记卡是指银行发行的，并给予持卡人一定信用额度，持卡人可在信用额度内先消费后还款的信用卡；准贷记卡是指银行发行的，持卡人按要求交存一定金额的备用金，当备用金账户余额不足时，持卡人可在规定的信用额度内透支的信用卡。人们平常所说的信用卡，一般单指贷记卡。

我国有关法律（《全国人民代表大会常务委员会关于<中华人民共和国刑法>有关信用卡规定的解释》）规定的信用卡，是指由商业银行或者其他金融机构发行的具有消费支付、信用贷款、转账结算、存取现金等全部功能或者部分功能的电子支付卡。

（2）信用卡的特点。

① 不需要存款即可透支消费，并可享有 20～56 天的免息期，按时还款利息分文不收。（大部分银行取现当天就会收取 5‱ 的利息，以及 2%的手续费；工商银行取现免收手续费，只收利息。）

② 购物时刷卡不仅安全、方便，还有积分礼品赠送。

③ 持卡人持卡在银行的特约商户消费，可享受折扣优惠。

④ 积累个人信用，在用户的信用档案中增添诚信记录，让用户终身受益。

⑤ 通行全国无障碍，在有银联标识的 ATM 和 POS 机上均可取款或刷卡消费。（信用卡只适合消费刷卡，最好不要取现，取现手续费用很高，很不划算。）

⑥ 刷卡消费、部分信用卡取现有积分，全年多种优惠及抽奖活动，让用户只要用卡就能时刻感到惊喜。（多数信用卡网上支付无积分，但网上购物支付很方便、快捷。）

⑦ 每月免费邮寄对账单，让用户透明掌握每笔消费支出。（现提倡绿色环保，可取消纸质对账单，更改为电子对账单。）

⑧ 特有的附属卡功能，适合夫妻共同理财，或掌握子女的财务支出。

⑨ 自由选择的一卡双币形式，通行全世界，境外消费可以境内人民币还款。

⑩ 客服电话 24 小时服务，挂失即时生效，失卡零风险。

⑪ 拥有有效期：已知国内信用卡有效期一般为 3 年或 5 年。

⑫ 利用第三方平台（如聚金豆）进行商务合作，为持卡人提供优惠服务。

三、消费信贷产品

1. 消费信贷的概念

消费信贷是金融创新的产物，是用于自然人（非法人或组织）个人消费目的（非经营目的）的贷款。银行或其他金融机构采取信用、抵押、质押担保或保证的方式，以商品型货币形式向个人消费者提供信用贷款。按接受贷款对象的不同，消费信贷又分为买方信贷和卖方信贷。买方信贷是对购买消费品的消费者发放的贷款，如个人旅游贷款、个人综合消费贷款、个人短期信用贷款等。卖方信贷是以分期付款单证做抵押，对销售消费品的企业发放的贷款，如个人小额贷款、个人住房贷款、个人汽车贷款等。按担保的不同，消费信贷又可分为抵押贷款、质押贷款、保证贷款和信用贷款等。

2. 消费信贷的特点

消费信贷具有以下特点。

（1）贷款投向的个人性。该类信贷以自然人为特定信用对象，而非一般的法人或组织。

（2）贷款用途的消费性。该类信贷用途以消费性需求为目的，而非以经营营利为目的。

（3）贷款额度的小额性。该类信贷一般只有较小信用额度，通常在 1000 元至 50 万元之间，不大量占用银行的信贷资金。

（4）贷款期限的灵活性。该类信贷期限灵活，买方信贷的期限一般为 6 个月至 5 年，卖方信贷的期限相对较长，如个人住房贷款期限最长可达 30 年。

（5）贷款资金的安全性。该类信贷都有抵（质）押物担保或保证，信贷资金的安全性一般都能有保证。

3. 消费信贷的种类

我国消费信贷尚处于起步阶段，种类还不是很多，如下所述。

（1）个人短期信用贷款。个人短期信用贷款是贷款人为解决由本行办理代发工资业务的借款人临时性需要而发放的，期限在一年以内、贷款金额为 2000 元至 2 万元且不超过借款人月均工资性收入 6 倍的、无须提供担保的人民币信用贷款。该贷款一般不能展期。

（2）个人综合消费贷款。个人综合消费贷款是贷款人向借款人发放的不限定具体消费用途，以贷款人认可的有效权利做质押担保或能以合法有效的房产做抵押担保，借款金额为 2000 元至 50 万元、期限为 6 个月至 3 年的人民币贷款。

（3）个人旅游贷款。个人旅游贷款是贷款人向借款人发放的用于支付旅游费用，以贷款人认可的有效权利做质押担保或者有具有代偿能力的单位或个人作为偿还贷款本息并承担连带责任的保证人提供保证，借款金额为 2000 元至 5 万元、期限为 6 个月至 2 年，且提供不少于旅游项目实际报价 30%首期付款的人民币贷款。

（4）国家助学贷款。国家助学贷款又分为一般助学贷款和特困生贷款，是贷款人向全日制高等学校中经济困难的本、专科在校学生发放的用于支付学费和生活费，并由教育部门设立“助学贷款专户资金”给予贴息的人民币专项贷款。

（5）个人汽车贷款。个人汽车贷款是贷款人向在特约经销商处购买汽车的借款人发放的用于购买汽车、以贷款人认可的权利做质押或者有具有代偿能力的单位或个人作为还贷本息并承担连带责任的保证人提供保证，在贷款银行存入首期车款，借款金额最高为车款的 70%、期限最长不超过 5 年的专项人民币贷款。

（6）个人住房贷款。个人住房贷款是贷款人向借款人发放的用于购买自用普通住房或者城镇居民修房、自建住房，有贷款人认可的抵押、质押或者保证，在银行存入首期房款，借款金额最高为房款的 70%、期限最高为 30 年的人民币专项贷款。个人住房贷款又分为自营性个人住房贷款、委托性个人住房贷款和个人住房组合贷款。

知识链接

表 4-1　公积金贷款和商业贷款十大区别

类　别	商 业 贷 款	公积金贷款
贷款利率	基准利率是 4.9%	贷款利率是 3.25%
贷款比例	首套能贷 70%	首套最多可以贷到 80%
贷款流程	办理过户之前审核贷款	办理过户之后审核贷款
审批时间	大约 20 个工作日	大约 40 个工作日
贷款来源	银行筹集的公众资金	公积金缴纳者缴纳资金
使用人群	对社会公众开放	只对公积金缴纳者开放
利息用途	归相关投资人所有	用于保障性住房建设
审批机构	银行	公积金管理中心

四、银行理财产品

1. 我国银行个人理财业务的发展现状

我国银行个人理财业务，是在 20 世纪 90 年代中后期才开始逐步发展起来的，目前尚处于初级阶段。在此之前，国内银行的个人金融服务长期以来局限于储蓄、代收、代付等简单业务。

随着金融市场的不断发展和完善，以及个人财富的不断增长，我国银行个人理财业务在 20 世纪 90 年代中期开始出现。其标志是，1996 年中信银行广州分行设立私人银行部，客户只要在私人银行部保持最低 10 万元的存款，就能享受该行的多种财务咨询。1997 年，中国工商银行上海市分行向社会推出了理财咨询设计、存单抵押贷款、外汇买卖、单证保管、存款证明等 12 项理财系列服务。1998 年，中国工商银行在上海、天津、广州、深圳等 10 个城市的分行建立了个人理财中心。2000 年，中国工商银行成立了以杨绍明等 6 位优秀理财员工命名的“个人理财工作室”。2001 年，中国农业银行推出了“金钥匙”金融超市，为客户提供“一站式”理财服务。2002 年，交通银行上海分行推出了以“理财规划”为理念的个人理财中心服务新模式。2003 年，个人理财业务竞争战已打响，从某种意义上来说，2003 年可以称为“理财元年”，在短短的一年内，各家银行积极推行品牌化战略，多种理财品牌纷纷登场。自招商银行推出了“金葵花”理财品牌之后，中国工商银行推出了“理财金账户”，中国建设银行推出了“乐当家”，中国农业银行推出了“金钥匙”，交通银行推出了“圆梦宝”，民生银行推出了“非凡理财”，广发银行推出了“真情理财”。各家银行一改过去局部化、分散化的营销方式，充分整合，精心包装，统一营销推广，开发了各种专属理财产品来打造自己的特色和核心，在延伸服务、附加服务等方面也各出高招，各种市场推广活动令人眼花缭乱。进入 2004 年，伴随着股票热、基金热的渐趋冷却，各家银行纷纷推出了外汇和人民币理财产品，如中国建设银行的“汇得盈”、交通银行的“得利宝”、中国银行的“春夏秋冬”，浦发银行的“汇理财”、民生银行的“民生财富”等，可谓琳琅满目，人民币理财产品成了2004年个人理财的又一高潮。

为了规范银行个人理财业务的发展，2005年9月29日，中国银行监督委员会（简称中国银监会）颁布了《商业银行个人理财业务管理暂行办法》和《商业银行个人理财业务风险管理指引》，这标志着我国银行个人理财业务的发展又上了一个新的台阶。2006年4月17日，中国人民银行同中国银监会、国家外汇管理局联合下发了《商业银行开办代客境外理财业务管理暂行办法》，允许境内机构和居民个人委托境内商业银行在境外进行产品投资。2006年7月，工商银行推出了国内第一只QDII理财产品，挂钩欧元兑美元汇率，拉开了商业银行开展代客境外理财业务的序幕。

随着我国居民理财意识的加强，商业银行推出的理财产品种类不断增多，特别是近几年，资本市场快速发展，与资本市场挂钩的理财产品占有大量的市场份额。例如，新股申购型理财产品、股票挂钩型理财产品、信托类理财产品、QDII理财产品等，这些品种的增加，不仅丰富了理财市场，同时也为投资者提供了更多的选择机会。

2. 了解银行个人理财业务的发展趋势

从个人理财业务近些年的快速发展来看，我国个人理财市场发展迅速，各类理财产品林立，服务创新层出不穷，个人理财业务的前景被众多金融企业看好，促进了银行的成功转型。我国银行个人理财业务的发展，呈现以下几个特征。

（1）从单一的银行业务平台向综合理财业务平台转变。银行个人理财业务由单一的储蓄业务向多元化的银行资产、负债、中间业务一体化发展。随着政策的逐步放宽，除向客户提供传统的银行业务外，通过与券商、保险公司、基金管理公司、信托公司等非银行金融机构的合作，国内银行已经逐步向为客户提供证券、保险、信托、基金、黄金买卖等金融服务，以及各类支付结算业务和理财规划服务的金融产品综合服务平台的方向转变，客户可以从银行获得一揽子金融服务。

（2）从单一网点服务向立体化网络服务转变。从目前各银行所能提供的金融产品来看，其内涵基本是一致的，竞争主要体现在服务和渠道方面。随着人们金融活动范围的扩展，健全的服务网络成为银行竞争的焦点。国内银行原来的服务基本上以网点为单位，服务渠道单一。银行个人理财服务渠道的发展，走过了从单一、片面到整体、全局，再到多元、一体化发展的轨迹，随着信息技术和互联网技术的发展和进步，能提供24小时银行服务的自助银行、网上银行、电话银行、手机银行等日益受到客户青睐，传统的分支机构和网点的业务所占的比重逐年下降。

（3）从同质化服务向品牌化服务转变。金融品牌是指金融产品涉及的名称、术语、符号或图形，用来辨认各金融机构的产品和服务，并使某一金融产品或服务与其他金融机构的产品或服务得以区别开来。原来国内银行对品牌营销不重视，各家银行产品种类、结构、功能都比较接近，消费者难以区分。随着市场竞争的逐步深入，各银行为了突出自己的业务和服务特色，陆续推出了自己的品牌个人理财产品。而这些品牌个人理财产品一旦在用户心中树立了良好的形象和声誉，就会大大提高金融品牌的附加值和银行的商誉，这对银行整体形象的提高有着不可估量的作用。

（4）从大众化服务向个性化服务转变。目前，我国的个人理财市场，更多的是把现有的业务进行重新整合，没有针对客户的需要进行个性化设计。个人理财的精髓和主要方向，或者它的动力来自它的个性化服务，因为每个人在生命的不同阶段对理财的要求是不一样的，每个人对于风险的承担偏好程度也不一样，所以根据每个人不同的生命阶段、不同的偏好、不同的投资需求，来进行个性化服务和产品创新，是未来我国个人理财市场发展的方向。

（5）从无偿服务逐步向收费服务转变。银行作为企业，依据服务成本和市场竞争情况，合理收取费用，为投资者带来回报，是无可非议的。对于很多服务项目，如果长期采取免费的形式是难以为继的，同时银行实行收费服务也将进一步体现银行服务的价值，更好地维护客户的权益。从客户角度来讲，由于他付出了费用，他就有权利向银行提出服务质量标准上的要求，获取相应价值的服务，甚至超值服务；从银行的角度来看，既然实行了收费机制，就要实现服务承诺，通过提供优质服务，来提高客户的忠诚度和满意度。

第二节 银行产品营销的特点

银行提供的产品包括各种金融服务，一些特有的属性使这种服务有别于有形产品，服务营销也比有形产品的营销更复杂。

一、服务的无形性

服务企业产品质量衡量的标准一般用经验、信任、感受、安全等抽象的词来描述，难以进行量化。服务的无形性特征使得服务很难通过陈列、展示等形式直接激发客户的购买欲望或供客户检查、比较、评价，这就加大了客户的购买风险。

二、服务的不可分割性

在服务企业提供服务时，客户参与了营销的整个过程。银行的服务提供与顾客的服务需求、服务消费是同时进行的，不存在准备的过程。服务提供的即时性与顾客要求的差异性对银行营销者的服务应变能力提出了挑战。

三、服务的异质性

服务的提供因人、因时、因地而异。银行服务在很大程度上依赖于人的行为，尤其是依赖于客户与服务提供者之间的交互作用。服务的异质性，使服务组织难以对其产品质量实施标准化，因此如何确保一致的服务质量是银行营销面临的重要问题。

四、服务的易逝性

服务不能被贮存、转售或退回，容易消失。绝大多数服务都无法在消费之前进行生产和储备，服务只存在于其被产出的那个时点。服务的易逝性特征使银行进行服务供需管理时不能像对待有形商品那样采取时空转移（存储和运输）的办法去解决产品供需分布不平衡的问题。

五、服务的不稳定性

服务的不稳定性根据其来源及表现形式分为顾客感知不稳定性、员工提供服务绩效的不稳定性和服务传递系统的不稳定性 3 类。管理者不可能消除它们，只能在顾客和服务提供者之间寻求一定的平衡。

银行产品营销的特点如图 4-15 所示。

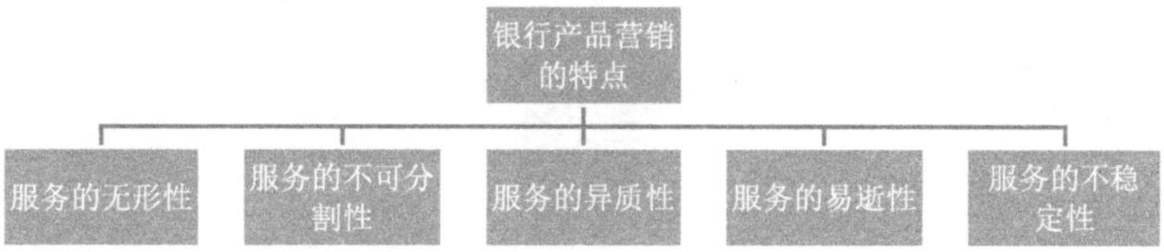

图 4-15　银行产品营销的特点

另外，银行金融服务还具有专业性的特征。银行金融服务的专业性很强，往往需要客户经理具有广泛的专业知识。目前银行已意识到专业型或综合型人才的重要性，以及提供服务的重要性，纷纷设立了专门的理财中心或市场营销部门，为客户提供面对面的服务。

第三节　银行产品的定价策略

价格是市场营销的关键要素之一，价格策略关系到企业的生存和发展，成功的价格策略对于实现企业的盈利目标及取得合理的市场占有率具有重要的作用，错误的定价策略将给企业带来销售下降、盈利收缩甚至企业倒闭等严重问题。国际上的大型商业银行十分重视产品定价，建立了有效的定价决策机制、良好的信息系统和科学的定价模型。相对而言，由于我国银行业的利率和服务价格长期受政府管制，银行本身几乎没有定价权，直接导致银行价格管理方面的问题十分突出。例如，缺少系统化的定价决策机制，不少银行贷款没有按风险定价，中间业务收费低于成本等。这些问题已经影响到银行的财务状况、资产质量、市场份额和可持续发展。因此，研究银行产品定价具有十分重要的现实意义。

逐步推进利率市场化是我国既定的金融政策，留给银行的准备时间已经不多了。利率市场化带来的必然是银行同业间的价格战进一步升级，如存款利率上升、贷款利率下降、存贷款利差收窄等。银行在很大程度上是价格的接受者而不是制定者，银行利率与市场利率相差甚微，因此银行需要在狭窄的、稍纵即逝的价格空间中制定出有利于银行且富有竞争力的产品价格。所以，我们研究银行产品定价具有重要的战略意义。

一、定价目标

银行产品定价最终服务于银行的综合经营目标，主要追求以下几个目标（见图 4-16）。

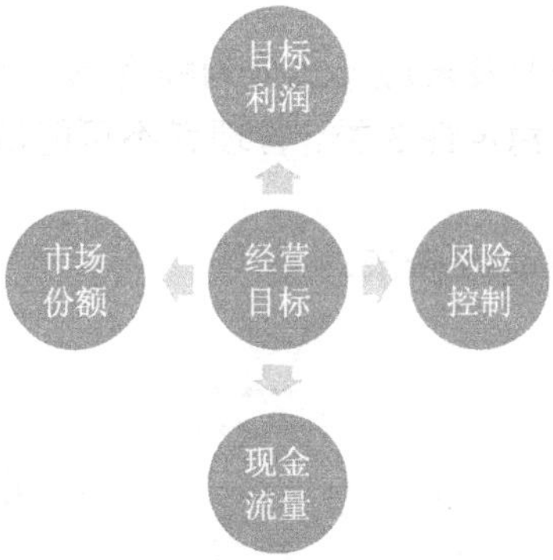

图 4-16　银行产品定价目标

（1）目标利润。作为一个企业，追求企业利润最大化是银行经营的最终目标。利润最大化不一定意味着高价格，为达到这个目标，银行需要权衡产品的规模、成本和价格的关系，最终确定能够使银行利润最大化的价格。

（2）市场份额。出于战略竞争的需要，银行致力于在细分的目标市场中获得、保持和提高市场占有率。银行有时也会调整其短期内的利润预期，通过价格战来抢占市场份额，确保其市场地位。

（3）风险控制。通过一定的价格策略，银行可以优化其资产负债结构中的客户结构、产品结构和期限结构，将信贷风险和利率风险控制在可接受的范围内。

（4）现金流量。在一般情况下，银行产品定价的目的是扩大销售量，增加现金流，以提高流动性。

银行产品定价需要在以上 4 个目标之间权衡，处理好银行的流动性、营利性和安全性之间的关系。

二、定价的影响因素

（1）成本。成本包括资金成本和运营成本。资金成本为资金的利息成本，有多种计算方法，如常用的银行资金的机会成本或无风险收益通常用货币市场利率计算。运营成本是银行吸收存款、发放贷款，以及维持与客户的借贷关系所需要的非利息性成本，包括人员工资、设备成本及需要补偿的费用。

（2）风险。风险包括信用风险和期限不匹配风险。信用风险是指客户不能按期、足额偿还贷款本息而造成损失的风险。同时，银行还需要承担存/贷款的期限不匹配带来的风险，这部分成本最终也将反映在产品定价上。

（3）预期利润。为了取得预期的资本回报率，银行在进行产品定价时需要确定每一笔交易的预期利润。银行的预期利润一般以发展战略、红利支付水平等因素为制定依据。

（4）经济环境。市场需求水平，市场利率的波动，银行所在地区的整体经济水平都会对银行产品定价产生影响。

（5）产品周期。银行产品在产生、成长、成熟和衰退 4 个阶段的市场需求不同、营利性不同，定价策略也应该存在差异。

（6）市场定价。银行产品的目标市场定位和客户需求的价格敏感程度不同，定价策略也不同，有的产品要采取高价的品牌策略，而有的产品要走低价的大众路线。

（7）服务水平。快捷、专业和令人愉快的服务能使银行产品定价高于行业平均水平。

（8）政策法规。政策法规是产品定价的法律环境，有时对产品定价的影响特别大，如利率、管理政策、贷款法规等。

定价的影响因素如图 4-17 所示。

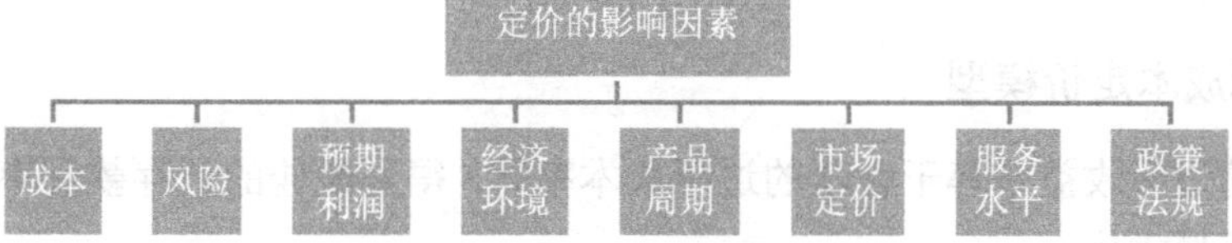

图 4-17　定价的影响因素

三、定价模型

定价模型就是将影响产品定价的因素以数量化的形式表现出来，用于计算产品的价格。实际上，定价模型通常仅对成本、风险和预期利润进行量化。下面介绍 3 种具有借鉴意义的定价模型：存款定价模型、贷款定价模型和客户关系定价模型。定价模型的具体分类如图 4-18 所示。

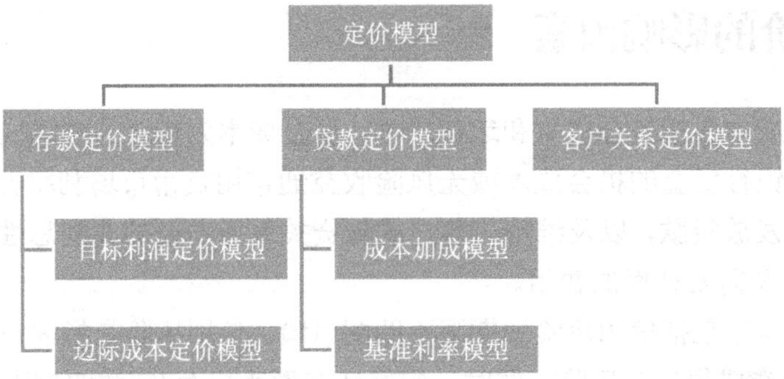

图 4-18　定价模型的具体分类

（一）存款定价模型

1．目标利润定价模型

该模型是银行在资金收益率的基础上减去存款的运营成本率和目标利润率，作为存款价格。该模型的优点是保证银行提供的每一笔存款服务都可以弥补成本，并获得银行的目标利润率。该模型的基本公式为

单位存款价格=（单位资金收益率-目标利润率）/（可用资金率-单位运营成本）

式中，单位资金收益率通常采用同期限的货币市场利率。目标利润率根据市场利率和银行战略确定，可根据历史数据测算。单位资金收益率=1-存款准备金率-备付率。运营成本包括可变成本（签发支票、存取款、支付清算等）和固定成本（开户、销户、账户维持等作业成本）。

目标利润定价模型可以用于存款和服务收费的定价。当公式左边的单位存款价格为正数时，价格为银行向客户支付的存款利率；当单位存款价格为负数时，价格为银行向客户收取的服务费。

2．边际成本定价模型

当存款的边际收益率等于存款的边际成本率时，得到最佳的新存款利率，该利率可以使银行的利润最大化。

存款的边际成本率=（新存款利率×以新利率吸收的资金总额-
旧存款利率×以旧利率吸收的存款总额）/
增量资金
=存款的边际收益率

最佳的新存款利率=（存款的边际收益率×增量资金+旧存款利率×
以旧利率吸收的存款总额）/以新利率吸收的存款资金总额

由于存款的边际收益率就是货币市场利率，我们很容易根据公式得到最佳的新存款利率。例如，存款利率从 7%上升到 7.5%，存款总额从 25 万元上升到 50 万元，则存款边际成本率=（7.5%×50−7%×25）/25=8%，最佳的新存款利率=（8%×25+7%×25）/50=7.5%。当货币市场收益率为 8%时，7.5%为最佳的新存款利率。

（二）贷款定价模型

1. 成本加成模型

该模型是银行将各项成本加上预期收益率来确定贷款价格的，即

贷款价格=资金成本+运营成本+风险成本+预期收益率

式中，资金成本是银行筹集存款资金的利息成本及相应的资本成本。从贷款定价的角度，资金成本可以分为平均成本和增量成本两种。平均成本是指现有资金来源的加权平均成本。增量成本是指银行增加单位筹集资金所需付出成本的增量，通常为银行在最近一个时期内筹集资金的成本，如最近一个月的新增存款成本。

运营成本是银行发放贷款和吸收存款并维持与客户的借贷关系所需要的非利息性成本，包括人员工资、设备成本及其他未被补偿的相关费用。运营成本可按贷款余额的比例平均分摊给每笔贷款，也可按交易笔数分摊。如果摊销方式采用前者，则贷款金额越大，银行可能承担的运营成本越大。运营成本与贷款风险、贷款规模、贷款期限等呈正相关关系。

风险成本是指单笔贷款到期后，客户不能偿还贷款，发生违约行为给银行所带来的风险损失，它是确定风险溢价补偿的量化标准。风险成本包括预期损失和非预期损失。预期收益率是银行通过投入资本所能获得的利润目标，是投入资本的回报率，可用营利性资产税前收益率表示，也可用资产收益率表示。

成本加成模型是银行最传统的贷款利率定价模型。它不需要一个完善的货币市场作为定价的基础。实施该模型的难点是银行必须准确地计算各种成本。

2. 基准利率模型

该模型以某货币市场利率为基准利率，然后根据贷款的风险状况加点或乘以一个系数，即

贷款价格=基准利率+违约风险溢价+期限风险溢价

基准利率通常为某一货币市场利率，如伦敦银行同业拆借利率或香港银行同业拆借利率、联邦基金利率、国债利率，也可以是银行本身制定的最优惠利率。货币市场利率通常是指无风险资产或低风险资产的收益率，是银行资金收益的最低要求。由于银行贷款的违约风险通常高于货币市场工具，因此贷款定价通常要求加上一定的违约风险溢价。另外，贷款期限通常比货币市场工具的存续期长，所以进行贷款定价时还要加上一定的期限风险溢价。

基准利率模型是国际银行业运用较广泛的贷款定价方法。其主要优点是简单易行，不用进行复杂的资金成本核算和运营成本分摊。

（三）客户关系定价模型

以上介绍的存款定价模型和贷款定价模型都是单一产品定价，没有考虑客户的整体贡献。客户关系定价模型则是针对客户的不同情况，采取差别化竞争战略，以银行与客户的整体关系为基础制定存/贷款价格。考虑到银行在与客户的整体关系中得到的盈利不只是

某一笔交易的盈利，而是为了以此达到既要补偿银行所有筹集资金及风险成本，又要有市场竞争力的目的，因此这是在具备完善的客户关系管理的前提下可选择的理想方法。

国际上对关系定价也有不同的看法，有人认为关系定价会减少利润，如果银行对每一笔业务都分别制定可以盈利的价格，则银行就可以获得更多的利润。而有人认为，除非定价能够充分考虑到客户的整体关系，否则银行很容易受到价格竞争的影响。从长远考虑，银行应建立起能鼓励和保护自己客户的总体关系定价机制。

1. 客户盈利率的计算方法

在计算客户盈利率时，收入项目包括利息收入、手续费收入、客户存款的隐性收入等；支出项目包括资金成本、存款利息、管理成本、风险成本、交易成本及其他一切客户关系费用。如果某一位客户的盈利率超过了既定的目标客户盈利率，则该项贷款可能被批准。如果客户的盈利率达不到既定的目标客户盈利率，则银行会调整客户关系使客户盈利率达到既定目标，如追加抵押或担保、增加保留余额比例及增加中间业务收入等。

客户盈利率有多种计算方法，这里简单列出几种，如图 4-19 所示。

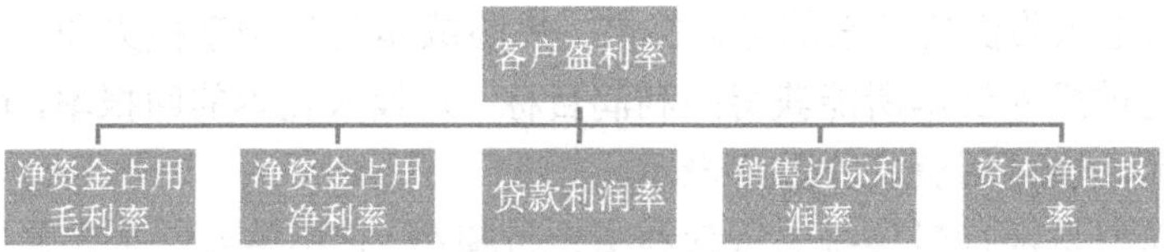

图 4-19　客户盈利率的计算方法

（1）净资金占用毛利率：

净资金占用毛利率=（收入-费用）/（贷款-存款）

（2）净资金占用净利率：

净资金占用净利率=（收入-费用-资金成本）/（贷款-存款）

（3）贷款利润率：

贷款利润率=（收入-费用-资金成本）/贷款

（4）销售边际利润率：

销售边际利润率=（收入-费用）/收入

（5）资本净回报率：

资本净回报率=（收入-费用-资金成本）/（贷款×资本分配率）

2. 定价策略

定价模型解决的是产品定价的定量方法问题，而定价策略要解决的是产品定价的定性方法问题，即如何根据市场需求、产品周期、产品定位和经营战略等因素灵活运用定价模型。定价策略主要有以下 4 种，如图 4-20 所示。

（1）高额定价策略。高额定价策略是指以高定价吸引高端客户。以下情况可以采用这种策略。①在市场发展初期或在一些细分市场上，销售量对价格不敏感；②为了树立新产品的质量和信誉形象；③用于测试新产品的需求，最好是从高价格开始。

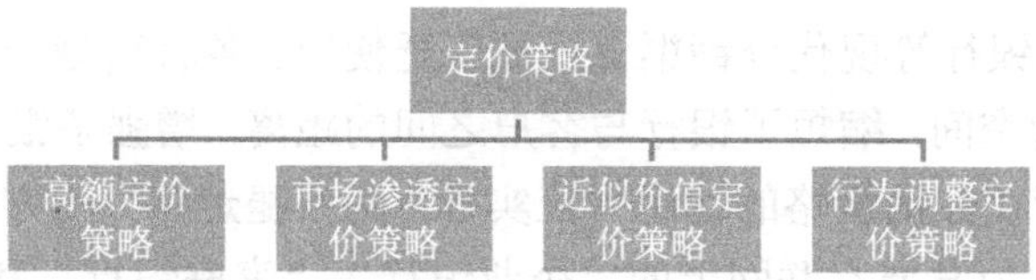

图 4-20　定价策略

（2）市场渗透定价策略。市场渗透定价策略是指以低价尽早占领市场。以下情况可以采用这一策略。①销售量对价格非常敏感；②有很大的销售量，可以节约生产成本或分销成本；③竞争激烈；④没有潜在客户愿意支付高价格。

（3）近似价值定价策略。近似价值定价策略是指产品的定价根据产品对客户的价值确定。产品的价值由以下 4 个因素确定：产品效用、替代产品、客户感觉和需求能力。

（4）行为调整定价策略。行为调整定价策略是指通过定价调整客户行为。例如，收取跨行 ATM 取款手续费，以鼓励客户使用本行 ATM。

第四节　银行产品的分销策略

银行产品营销活动效益的高低不仅取决于银行产品的开发与提供，还取决于银行的分销渠道。前者是形成金融产品使用价值的过程，即银行降低金融产品的成本、提高产品质量、增加产品的样式与功能、制定合理的价格以提高市场竞争力；后者是金融产品使用价值和价值的实现过程，即银行通过适应客户需求的变化，将已经开发出来的产品及时、方便、迅速地提供给客户，以满足不同客户的需要。建立良好的分销渠道和组织产品开发同样重要。

银行营销渠道是指银行把金融产品和服务推向客户的手段和途径，包括筹资渠道和资金运用渠道。所谓银行分销策略指的是银行利用营销渠道把金融产品和服务推向客户的手段和途径。

一、银行分销策略实施的意义

分销策略是沟通银行与客户之间关系的桥梁，合理选择分销策略对保证银行正常经营、建立现代金融制度具有十分重要的意义。银行的经营效益，不仅取决于金融产品的品种和价格，还取决于适当的分销渠道。分销渠道是连接金融产品供应者和需求者的基本纽带，它的合理设计和拓展，有利于商业银行适时、适地、方便、快捷地将金融产品和服务提供给客户。银行传统的分销渠道有代理行、分支机构和网点等。随着电子信息和网络技术的发展，银行的分销渠道日益多元化，自动取款机（ATM）、自助银行、销售终端（POS）

机、电话银行、网上银行等现代分销渠道已被广泛使用。各种新型分销渠道的出现，极大地拓宽了银行的经营空间，缩短了银行与客户之间的距离，增强了银行提供产品和服务的能力。今后我国银行在分销策略的运用中应实行“两条腿走路”的方针。一方面要充分利用现代科学技术，大力发展互联网上的“企业银行”、“家庭银行”和“移动银行”，突破时间和空间的限制，扩大银行服务的覆盖范围，使客户能在任何时候、任何地方享受到便利的银行服务；另一方面仍要加强传统分销渠道的建设，增加营业网点的服务功能，优化柜台的服务方式，中小型银行还应适当增加营业网点的数量，因为营业柜台仍然是银行吸收存款、回笼现金、办理业务、联系客户和扩大宣传的重要领地，它在银行的经营活动中发挥着重要作用。

选择正确的分销策略可以使银行更有效地满足客户的需求。银行根据不同的客户需求选择合理的分销渠道，把各种金融产品提供给客户，并根据客户需求的变化，随时调整金融产品的种类与功能，更好地解决金融市场中的供求矛盾和结构矛盾，以满足不同地区、不同层次客户的不同需求。

选择合适的分销策略可以简化流通渠道，方便客户购买。一家银行自身的活动范围总是有限的，无法将其产品提供给所有的客户，但如果选择合理的分销渠道，借助中间商便可在更大的空间范围内方便客户购买，加速商品流通，缩短流通周期，实现商品销售的及时性与扩大化，有效地平衡供求关系。

合理的分销策略有利于降低银行销售费用，提高经济效益。分销策略的不同组合各有优势，如果银行能合理地选择分销策略，那么银行一方面可以减少分支机构的设置，节约相应的销售费用，另一方面又可以扩大客户面，增加销售量，加速资金周转。

由此可见，银行的经营效益，不仅取决于银行产品的种类，还取决于其选择的分销策略。

二、主要的银行分销策略

银行如果能够合理地选择把金融产品推向客户的手段和途径，那么就能将银行的产品和服务适时、适地、方便、快捷、准确地销售给客户。可以说，银行制定和实施分销策略，其目的就是要通过建立最佳的分销渠道，使客户感到银行所提供的产品和服务既具有可接受性，也具有增益性、便利性。银行分销策略的类型可谓多种多样，下面介绍几种主要的银行分销策略，如图 4-21 所示。

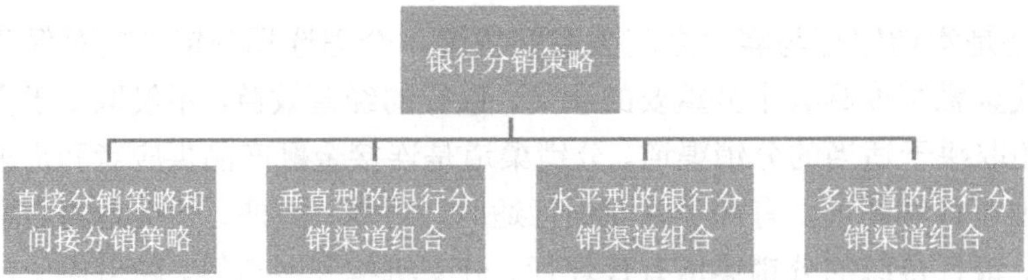

图 4-21　银行分销策略类型

（一）直接分销策略和间接分销策略

这是根据银行销售产品是否利用中间商来划分的。直接分销策略也称零阶渠道策略，是指银行直接把产品提供给客户，不需要借助中间商完成产品销售的策略；而间接分销策略，是指银行通过中间商把金融产品销售给客户的策略。

（二）垂直型的银行分销渠道组合

垂直型的银行分销渠道组合是指由银行批发商和零售商组成实行专业化管理和集中计划的营销网，按不同成员的实力与能量对比产生一个最终决策者，由它进行集中管理与决策，以实现分销渠道的纵向联合，取得最佳的市场营销效果。

这种模式是针对分销渠道的不足提出来的。在传统银行营销中，分销渠道中的任何一个成员都不能对其他成员拥有足够的控制权，容易造成各自为政的情况，成员之间常常发生矛盾，影响了银行的整体和长远利益。垂直型的银行分销渠道组合则把银行和各个中间商组成一个统一体，集中管理、集中决策和统一执行，可在最大限度上减少各方成员为谋取自身利益而出现的矛盾。在西方国家，这种模式已成为市场的主要分销方式，也被实践证明是营销渠道中效益较好的一种模式。

（三）水平型的银行分销渠道组合

水平型的银行分销渠道组合是指由同一层次的两个或多个相互无关联的营销组织，组成长期或短期的联合体开展营销活动。这种联合可以是暂时性的，也可以以契约形式固定下来而形成永久性的联合。这种联合主要是从分销渠道的宽度上来考虑的，通过联合可降低各成员的经营风险，避免激烈竞争而导致的两败俱伤，并可充分利用各自资金、技术等方面的优势共同开发市场。

（四）多渠道的银行分销渠道组合

多渠道的银行分销渠道组合也称综合分销渠道组合，是指银行通过双重或多重营销渠道，将相同的银行产品打入各种市场。在这种组合中，银行拥有多种不同的分销渠道，并且对每种渠道都拥有较大的控制权。

另外，银行在选择分销策略时，应该遵循以下几个基本原则。①经济性原则。银行产品营销应以最小的投入取得最大的产出，因此，银行以最有效率的方式和最低的营销费用销售金融产品，是选择分销渠道的一个重要原则。②适度控制的原则。控制是指银行对分销渠道施加影响的程度，从长远来看，银行对分销渠道的选择除了考虑其经济性，还必须考虑能否对其进行有效的控制。③易于沟通的原则。银行制定的分销策略必须在最大限度上有利于各方之间的信息交流及合作。沟通既包括银行和各中间商之间的沟通，也包括中间商彼此之间的沟通，它是一种信息的双向传递和反馈。沟通对分销渠道的正常、有效运转至关重要，银行在选择分销渠道时，必须考虑沟通因素。

三、银行分销渠道选择的影响因素

银行在选择自己的分销渠道时，应结合目标市场和分销策略综合考虑以下因素（见图 4-22）。

图 4-22　银行分销渠道的影响因素

（一）居民状况

目标市场的人口和心理特征是选择分销渠道的基础。一个分销渠道能否成功，在很大程度上取决于它所在地区的居民状况。居民状况包括居民的性别、年龄的差异，职业和居住区域的变化等。客户需要什么，为何需要，何时需要，以及如何购买决定了银行分销渠道的选择。不同年龄和性别的居民，对金融产品及其分销渠道有不同的需求。随着人口的增长和年轻夫妇组建新的家庭，银行在选择分销渠道时，要充分考虑年轻人的需求。由于受职业方面的影响，居民总是希望金融产品的营销点越近越好。另外，随着经济的发展和城镇居民区的大量开发，人口会出现迁移现象。其中，最大的移迁方向是新开发区或郊区，在这些较佳的居住环境，银行选择适当的分销渠道就可以扩大金融产品的销售。

（二）资源能力

银行的资源能力，决定其所选择分销渠道的类型和渠道成员的关系。若银行的资源能力不足（包括人力、物力和财力），无力占领整个市场或几个市场，在选择分销渠道时，就要采用密集性市场策略，即把自己的力量集中在一个或少量的细分市场上，实行专业化生产和销售。

（三）金融产品的特性和种类

金融产品的特性在银行选择分销渠道时起着重要作用。如果同质性产品差异性较小，则它们之间主要的竞争项目是价格。银行在选择分销渠道时，可以采用无差异性市场策略，即把整个市场看作一个大目标市场，认为所有的客户对某种金融产品有着共同的需求，忽视它们之间实际存在的差异，如国库券交易。对于价格差异性较大的产品，银行在选择分销渠道时，可以采用差异性市场策略，即把整个市场分成若干个细分市场，银行根据自身条件和环境状况，可同时在两个或更多的细分市场上从事营销活动，如贷款市场，然后随着我国利率市场化的改革，逐渐扩大到存款市场和储蓄市场。

金融产品的种类也是银行在选择分销渠道时应考虑的一个重要因素。如果银行生产单一的、大批量的金融产品，在选择分销渠道时，则应采取无差异性市场策略；如果银行生产小批量、多品种的金融产品，开展多种金融服务，且产品品种越来越多，则应采取差异性市场策略。当银行开发出新的金融产品时，一般采用密集性市场策略，使用强有力的推销手段，组成营销队伍直接向消费者推销，也可委托代理商销售。

（四）竞争者

银行的分销渠道受竞争者所使用的分销渠道的限制。在金融市场上，有些银行往往采用与竞争者相同的分销渠道，而有些银行则避开竞争者所使用的分销渠道。此外，还要看竞争者的强弱，如果竞争者不强，也可不予考虑。

（五）交通状况

随着经济全球化和经济金融一体化的发展，不仅一国国内各地区的经济联结为一个有机的整体，而且各国经济也日益联结为世界经济整体。这样，交通运输的规模、方向和距离会对金融产品的营销产生重要影响。交通运输在沟通城乡、地区经济联系的同时，也促进了城乡、地区的经济发展，带动交通干线密集的地方发展各种购物中心，进而需要发展各种金融机构，以满足人们对金融产品的需求。

（六）金融产品的生命周期

当金融产品处于引入期和上升期时，可采用无差异性市场策略来选择分销渠道以扩大市场占有率；而当产品进入成熟期后，则应采用差异性市场策略来选择分销渠道以便开拓新市场，也可采用密集性市场策略来选择分销渠道以保持原有的市场规模。

四、银行分销渠道的定位

为了更好地制定分销策略，银行必须首先对分销渠道进行准确的定位。银行分销渠道的定位，应该从以下几个方面着手。

（一）加快传统网点的功能改造和职能调整

在网点实行高低柜分开策略。在高柜方面要大力推广集对公、对私业务于一身的综合柜员制操作模式，建立前台综合交易平台。在低柜方面要配备专职的客户关系管理和产品营销人员。在大中城市部分规模较大的网点建立专门服务于中高端客户的理财中心。而一些日常的现金或转账等简单的业务则交由 ATM 或电话银行等自助设备来完成。

（二）实现分销渠道的多元化

从国际领先银行的发展实践来看，在高科技手段的基础上发展起来的新兴分销渠道对业务处理的能力要求较高而运行成本低。可以考虑建成一个集人工营业网点、自助银行、ATM、POS 机、电话银行、网上银行、电视银行等各类现代化分销渠道于一体的、多元化的立体分销渠道网络，以便使各类分销渠道的配备数量和服务功能可以基本满足银行业务发展的需求。

（三）实施客户、产品与分销渠道的差别整合

全面分析不同层次的客户需求、不同产品的功能和特点，以及不同地区的经济发展状况，同时对人工营业网点、自助银行、ATM、POS 机、电话银行、网上银行、电视银行等不同分销渠道进行成本、效益、效率、效能分析，制定科学、合理的分销渠道总体建设发展方案。

在产品与渠道的整合方面，人工营业网点应以营销票据类产品、信贷类产品、理财类产品、大额现金业务、债券、基金、保险类产品等为主。ATM 则以小额现金业务、转账、交费等业务为主。电话银行则以转账、查询、挂失、咨询等业务为主。同时，银行要注意根据客户需求的变化、产品的创新、各类产品的销量及市场占有率的变化，及时调整各类分销渠道的数量和分布结构。

通过对客户、产品与分销渠道的差别整合，将最合适的产品通过最合适的渠道销售给最适合的客户，使银行分销渠道体系实现成本低、效率高、功能强、效益好的最终目标。

（四）分销渠道的专业化、产业化发展策略

银行分销渠道的电子化、网络化的发展趋势，使银行在各类现代化分销渠道的建设中需投入大量资金，以及系统开发和日常运行维护费用，客观上要求银行强化对这些分销渠道的经营管理、加强成本核算、提高经营效益。同时，现代化的分销渠道也需要银行配备一支强大的专业科技人员队伍和一批懂技术、会经营的高级专业管理人才，专门从事分销渠道的维护和管理。

通过组建如网络银行部等事业部性质的分销渠道，实现对分销渠道的集约化经营，集中发挥资金、技术、人才和产业化经营的优势，提高分销渠道的经营效益，确保银行分销渠道建设的领先地位。

五、银行分销渠道选择策略

银行分销渠道选择策略如图 4-23 所示。

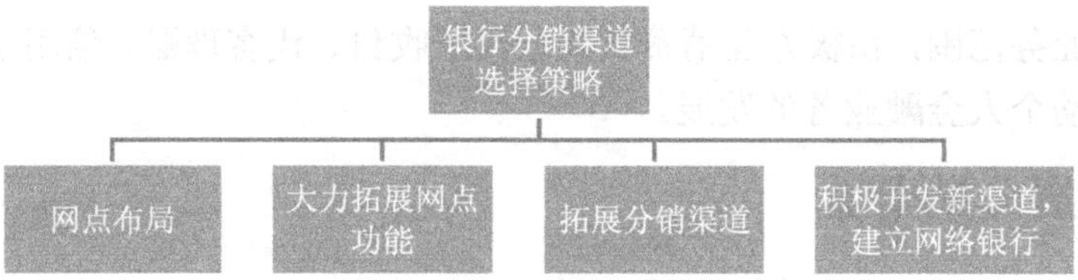

图 4-23 银行分销渠道选择策略

（一）网点布局

银行的金融产品具有提供与分配的同时性，一般会直接面对客户，因此设置分销网络是银行最早的也是最普遍的分销渠道，合理设置分支机构和营业网点对吸引客户和发展零售业务尤为重要。目前，在市场竞争日益激烈的情况下，地点的选择就显得十分重要。银行选择一个好的地点就等于为自己做了广告，这是实现营销目标的无价之宝。因此，“一个理想的地点的潜力是不利地点的二十倍”。银行在长期的业务发展中，受经济环境和其他因素的影响，在选址上应用最为广泛的两种模型如下。

1. 空间模型

银行首先在全国范围内进行普查，确定可以作为选点对象的地区，然后对候选区进行详细的分析研究，步骤如下。

（1）确定服务区域，银行通常将分支机构设在商店和工厂附近，以便向潜在的客户提供方便的服务。银行要分析候选区有无不利的限制因素，考虑候选区与周围城镇的距离和人口密度等。

（2）收集该区的原始数据，分析候选区的业务潜力。

（3）计算候选区设立分支机构的投资收益值。

经过上述 3 个步骤的分析论证，银行就可做出最后的选点决策。

2. 变量法

英国威乐伯·史密斯咨询公司就曾使用变量法为银行进行选址。其方法是先确定有业务潜力的地点，然后依靠现有的主要街道，将这些地点连接起来。银行要把竞争者的分支机构也归属在选择的地点内，并计算出所有银行网点和消费点之间的最少往来时间，然后在此基础上最终确定分支机构的地址。银行使用此方法选址时要考虑以下因素：①提供服务的种类；②银行员工的数量和素质；③所设网点的周围环境；④网点附近的交通便利程度；⑤网点的基础设施；⑥停车场；⑦醒目程度。

（二）大力拓展网点功能

居民的需求具有多样化的特征，而目前我国银行诸多基层的网点仍为功能单一的储蓄所，一般只能受理客户的存/取款业务，这在很大程度上制约了个人金融业务的发展。据统计，在英国，一个典型的家庭要同 20 多个金融产品的供应者打交道，从银行、投资公司和证券经营商等金融机构购买 40 多种不同的金融产品和服务。今后，我国银行应大力拓展基层网点的业务范围，积极办理消费贷款、代理收付、代客理财、信用卡和外币兑换等业务，从而推动个人金融业务的发展。

（三）拓展分销渠道

1. 大力开展金融业务创新，拓展业务范围

与二十多年前相比，在全球范围内，银行由于科技手段的发展，其交易系统、清算系统和服务网络日新月异。同时，银行的一些替代产品，如各类直接投资工具也迅速发展，为客户提供了更多的投资方式，直接对银行行业产生了威胁。西方银行家丹尼尔·卡罗指出，到目前为止的经验证明，成就甚少或者基本上失败的是那些满足于现有服务项目的银行。迫于这种压力，国际上许多银行运用现代科技，推出了种类繁多、令人目不暇接的金融产品。我国加入 WTO 后，竞争环境十分严峻，银行要根据市场变化和用户的需求，积极推出新的金融产品和服务。目前，银行要把个人金融业务和代理业务作为开发重点，对信托、证券、委托等中间业务也要进行创新。随着我国金融行业混业经营的发展，要大力开拓银行、证券、信托、保险之间的混业经营新业务。在金融工具创新方面，主要有各种存单、可转换债券、金融期货、期权、远期协议、掉期业务等。这样，一方面能提高竞争能力，另一方面能在金融创新中防范和化解金融风险。

2. 扩大金融服务和产品的代理分销渠道

银行要扩大金融产品的销售量，就必须建立自己的代理网络，包括寻找更多的代理商和信用卡的特约商。另外，银行也可以和其他金融机构结成战略联盟，形成长期的战略合作关系。通过这种合作，双方能够更有效地利用资源，降低成本和分享客户，扩大产品服务范围。1997 年 7 月，中国银行与平安保险公司签署了业务合作总协议；同年 12 月，中国工商银行与华夏证券公司签署了全面业务合作协议，开创了我国金融活动契约设计的新模式。

3. 并购

并购是银行拓展分销渠道快捷和有效的手段之一，尤其在新开发的区域，跨地区和跨国经营更是如此。并购按其目标和行业主要有以下两种模式。

第一种并购模式是目前最具有影响的并购模式，即银行之间，或保险公司之间，或证券公司之间所进行的并购。在经济全球化、金融自由化发展的浪潮中，国际机构集团化已是大势所趋。这种并购方式已成为银行扩大零售网络的主要手段，同时也有助于增强银行的实力和节约费用。过去，我国国有银行的分支机构按行政区域设置，造成一些网点成本高、效益低的现象。今后，我国银行要从规模效应、减少管理层次和降低成本的目标出发，采取有效兼并、重组等措施，实现规模化、集约化，提高国际信誉，增强竞争能力。

第二种并购模式是银行、保险公司和证券公司之间的并购。这种并购的主要目的仍是扩大分销网络，另外也可借助对方的条件来扩大自己的服务范围。例如，1998 年 4 月，花旗银行与旅行者集团合并，实现了商业银行与投资银行的强强合作；1995 年，中国建设银

行与摩根士丹利合资组建了中国国际金融投资公司；1998 年，中国工商银行与香港东亚银行合作在香港收购了擅长投资银行业务的国民西敏斯银行下属的西敏证券，成立了工商东亚金融控股有限公司，从事中国香港和内地的投资银行业务。今后，随着我国金融行业混业经营的发展和国有银行股份制改造的实施，银行可以和资产质量较好的券商及保险公司成立金融控股公司来拓展分销网络，扩大金融服务范围。

4．合作营销

目前，根据西部大开发重点项目多、融资额度大及融资渠道需要多样化的特点，银行可以构建项目贷款的银团贷款机制，建立同业合作、优势互补、资源共享的销售体系。这样，既可以实现同业双赢的目标，避免无序竞争所带来的伤害，又可有效地分散信贷风险。此外，也可由地方政府有关部门牵头组织银企资金供需洽谈会与金融产品营销会，实现银企零距离的沟通和营销。

（四）积极开发新渠道，建立网络银行

我国加入 WTO 后，外国金融机构涉足我国金融市场时一般不会“拼网点”，而是采取避重就轻的服务手段来占领我国金融市场上空白的或者薄弱的领域。面对巨大的电子商务市场，网络银行会成为它们的一种选择。我国的金融机构要在瞬息万变的营运环境中不断调整分销策略，借助新技术和电子设备不断开发新的分销渠道，进一步加大对网络银行投入和开发的力度，组成强有力的营销队伍，尽早抢占这一市场，为网上用户提供方便、及时的服务。

六、对我国银行制定分销策略的建议

（一）进行传统网点的功能改造和职能调整，推广综合柜员制

进行传统网点的功能改造，整合现行的业务流程。为了增强银行的核心竞争能力，依托现代化的计算机业务处理系统和网络，进行业务流程再造，提高分销效率，降低分销成本。明确网点人员的职能划分和功能定位，建立起以市场为导向的前台操作模式，推广综合柜员制。

（二）加大传统网点的优化调整力度

进行传统网点的调整改造，进一步优化网点布局。一是要加快网点的调整改造步伐，对所有网点进行盈亏平衡分析，对低于盈亏平衡点且没有发展潜力的网点要坚决撤销并/或搬迁。二是对于部分骨干网点，要在资源配置上予以倾斜，对经济环境好、资源丰富、有发展潜力的网点，在资源配置上给予适当的倾斜，并注重拓展业务功能，强化网点的辐射能力。

（三）加快发展新兴分销渠道，实现分销渠道的多元化

随着银行业务的发展和科技手段的不断应用，ATM、POS 机、自助银行、电话银行、

网上银行、手机银行等新兴分销渠道不断涌现，银行业分销渠道已突破柜台约束，把非现金性业务扩展到柜台之外，打破了银行服务的地域和时空限制，极大地满足了客户的需求。因此，发展 ATM、POS 机、自助银行、电话银行、网上银行等新兴分销渠道，实现分销渠道的多元化十分必要。

（四）扩大自助终端的覆盖范围，提高自助终端服务水平

一是要改变 ATM 布局，改变目前设备跟随网点转的局面，充分体现自助设施方便、快速的特点，提升服务质量。二是增加自助银行的数量，形成传统网点的有力补充。以大中城市为重点地区，实现新增自助银行与网点结构调整相配合，逐步形成全行多功能、多方式的分销渠道。三是优化 POS 机配置，重点是发展特约商户，尤其在高收入行业所在地设置自动支付 POS 机，占领高端客户市场。

（五）加强网上银行建设

要加大网上银行的资金投入，加强网络运行监控和系统维护升级，实现网络的整合和统一；要提供高速、安全、可靠、可扩展的网络平台，提高网络运行质量。

（六）加快总行、分行、支行的布局调整，强化分销渠道的管理

目前，我国银行大多数实行的是总行、一级分行、二级分行、县级支行、分理处和网点六级管理体制，在产品和服务的分销方面存在着环节多、行动慢、时间长、成本高的缺陷。银行应该改变以行政区域为主设立分支机构的传统方式，逐步压缩机构层次，逐步减少内部管理层次，缩小管理半径，最终形成总行、分行和支行的三级架构管理模式，实现“直通式”的扁平化管理。

第五节　银行产品的促销策略

银行产品促销是指银行将其金融产品与服务向客户进行报道、宣传以说服其使用其金融产品与服务的一种手段，具体促销手段主要有广告、人员推销、公共关系和宣传报道、销售促进、促销组合等（见图 4-24），每一种手段又包括多种方式。

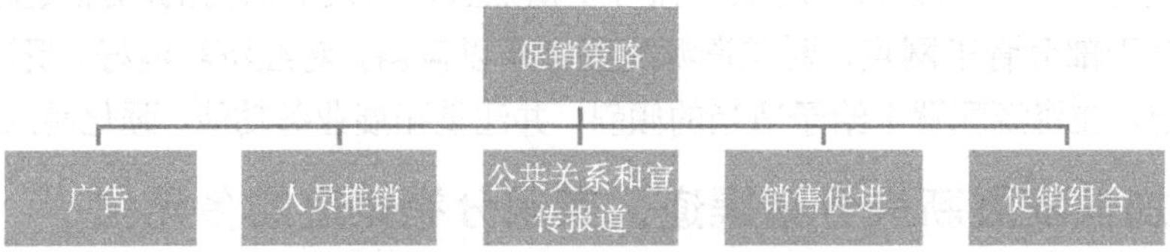

图 4-24　银行产品的促销策略

一、广告

广告是指银行支付一定的费用，通过各种媒介把金融产品信息传递给广大目标客户，以吸引更多的客户，从而促进金融产品销售的一种方式。银行的广告可分为两类，即形象广告和产品广告。形象广告是为了扩大银行的知名度，提高其美誉度，给客户留下值得信赖、亲切并能提供最佳服务的形象，以使客户成为回头客；产品广告则是针对银行提供的金融产品与服务进行宣传。从金融行业的竞争态势和业务发展看，形象广告应成为银行广告的重点，形象的塑造是一种更高层次的竞争，良好的企业形象能使金融企业获得客户的信任，从而吸引更多的客户。

银行形象广告与产品广告的实施都离不开对广告媒体的选择。广告媒体很多，如印刷媒体，包括报纸、杂志、电话簿、画册、火车时刻表、挂历等；电子媒体，包括广播、电视、电子显示大屏幕、霓虹灯等；户外广告，如广告牌、海报、旗帜广告、车厢广告、气球广告等；邮寄广告，如宣传小册子、服务指南、明信片、手册等；展示广告，如陈列、橱窗、门面广告等；其他媒体，包括手提袋、购物袋等。

银行应掌握各种广告媒体的特点和适应性，根据广告预算、宣传对象的特点和规模、广告的类型等对广告媒体进行正确的选择。例如，电视能将视觉形象与听觉结合，有丰富多彩的表现手法，吸引力强，适用于银行的形象塑造，通过生动的景物可以更好地说明金融产品的功能，但其成本高、播放时间短；广播的宣传地域和人口覆盖面广、成本低，但有声无形，难以为抽象的金融服务提供直观而又引人入胜的宣传；报纸的读者广泛、稳定、覆盖面广，传播迅速，银行可以根据不同的金融产品的情况和促销目的，制作各种类型的广告，即使是一种复杂的金融产品，也可以在报纸中刊登一段详细的说明文字，在为银行分支机构和网点提供促销支援时，还可将分支机构和网点的情况列于其后；杂志有较强的选择性，在杂志上刊登广告能做到有的放矢，宣传效果好但受阅读范围的限制，接触对象不太广泛；广告牌醒目、美观，接触面广，能对行人进行反复宣传，主要用于对银行名称、服务内容的宣传；邮寄广告有较强的选择性，可对特定细分市场进行宣传，在推出新产品的初期，邮寄广告还能起到短期保密的作用，防止大面积推广前招来模仿者，同时又可以让老客户提前了解新产品的信息，优先享用新产品。

二、人员推销

人员推销是银行派出客户经理向客户面对面地介绍其所推销的金融产品或服务的特点、作用、使用程序及费用等，并随时解答客户疑问的促销方式。由于金融产品和服务的复杂性和专业性，人员推销成为银行金融产品销售成功的关键因素之一，也是提高客户忠诚度并使其购买更多金融产品的有效手段。

客户经理是银行人员推销的主体。作为银行金融产品的营销人员，客户经理代表银行为客户提供存款、贷款、中间业务等全方位的金融服务，是客户与银行联系的纽带。其基本职能是收集信息、开拓市场、满足需要和提高客户忠诚度。而这些都要求客户经理必须具有全面的知识和掌握多种营销技巧。所以，银行要加强对客户经理的选拔、培训、考核和管理。

三、公共关系和宣传报道

公共关系是银行以相互满意的双向交流为基础，通过良好的声誉和可以信赖的行为影响舆论的一种有计划的促销方式。银行公共关系的主要职能是通过向客户传递理念性和情感性的企业形象，以及金融产品与服务的信息，争取客户对银行的好评，处理不利于企业的业务往来关系，激发公众的金融消费欲望。银行公共关系的对象包括居民、工商企业、事业单位、同业机构、内部员工、地方政府、新闻媒体、社会公众等。银行进行公共关系活动的方式很多，如下所述。①与新闻界建立良好关系，以便将有价值的信息刊登于新闻媒体，通过新闻媒体的传播引起社会公众对银行或某种金融产品的注意。②金融产品业务宣传，为某些特定的金融产品或服务进行宣传。③信息沟通，包括内部和外部的信息沟通，通过提供业务通信、告知新产品或服务或营销计划、处理好投诉等，以促进客户和社会公众对银行的了解。④游说，通过游说争取和促进立法及政府部门对银行经营的支持。⑤社会公益赞助活动，赞助可以最大限度地增加市场营销机会，银行通过赞助各类文体活动、比赛和文娱晚会，可以一举三得。其一，通过广告牌创造宣传机会；其二，获得免费的宣传报道机会；其三，给公众一种对社会有责任感的印象。

宣传报道是公共关系活动中的一个重要部分。在促销预算偏低的情况下，宣传报道是宣传银行形象与产品形象的有效方式。新的金融产品的推出、业务的开拓、银行公开庆祝纪念活动、重大融资活动等，均可用新闻报道的形式发布。只要宣传的内容有趣、有新闻价值，媒体就会竞相采用，其产生的社会价值甚至比广告还大、起到的宣传效果比广告还好，因为宣传报道在人们心目中比广告有更大的可信性。由于宣传报道的内容要由新闻机构决定，有些内容，如取得贷款的程序、在何处办理等无法刊出，所以银行还应考虑配之以广告，详细公布无法在报道中公布的信息，以取得完整的宣传促销效果。

四、销售促进

销售促进是除广告、人员推销、公共关系和宣传报道外的刺激客户购买的各种企业营销活动。其方式繁多、灵活多样，具有非规则性和非周期性，往往用于短期的和额外的促销工作，短期效果比较明显。其作用主要体现在以下两个方面。①通过向客户提供某些额外利益（如赠品），吸引新客户和报答忠于本企业的老客户。②可以补充和配合其他促销活动和手段，加强沟通。

银行可用于销售促进的手段和工具很多，如下所述。①广告特赠品，即将印有银行名称的有用物品作为礼物送给客户，如日历、笔、钥匙圈、购物袋、T 恤、雨伞等。②免费服务，在某类金融业务项目竞争加剧时，为加大推广力度、招揽客户，可采用免除部分手续费的办法促销。③销售点宣传，如在银行网点门前放置招牌、海报，在柜台上放置宣传册等。④研讨会，以特定目标客户为市场，向特定客户传授专业知识。⑤比赛，抽奖，游戏等。

银行开展销售促进时，应综合考虑市场类型、销售促进目标、竞争条件与环境、促销预算分配、每一种销售促进手段的费用与效率等，在多种手段中加以选择。

五、促销组合

上述4种促销手段和方式都各有其适用性。公共关系和宣传报道的费用开支少，且有利于提高银行知名度；销售促进是一种隐蔽的价格竞争手段，可以帮助银行逃避部分金融管制（如利率管制）；人员推销适用于非标准化金融产品的促销；广告对树立银行良好形象，争揽大众客户有积极作用。银行要取得金融产品促销效果的最优化，就必须综合考虑自身财力大小、市场的性质、金融产品的特性、促销目标和促销策略等因素，对这些促销手段进行选择和搭配，安排和决定适当的促销组合。

课后习题

一、思考题

1．你开始理财之前，需要做哪些准备？
2．请列举各类银行产品，并指出它们各自的特点。
3．银行卡分为哪几种？各有什么特点？
4．银行根据哪些因素确定其产品的定价？
5．哪些因素会影响银行金融产品的定价？它们是如何影响定价的呢？
6．结合具体实际分析，如果你是银行经理，你会如何选择分销策略？
7．各类促销策略有什么特点？如何进行组合才能使效果最大化？

二、案例分析题

近期，客户周女士到博山支行山头分理处办理业务，在等待的过程中，周女士向客户经理咨询理财方面的信息，并称有部分闲置资金在他行购买了货币基金，收益不理想，希望客户经理帮忙打理。客户经理了解到情况后，向周女士介绍了该行的部分理财产品信息，并留存了周女士的联系方式。客户经理随后向网点主任做了汇报，网点主任得知情况后马上积极跟进，主动打电话联系周女士，得知周女士以前常年在外地做生意，没有多余的精力理财，现在因病回家长期疗养，希望得到专业人士的帮助，制定理财方案，选择收益较高、相对安全的产品。在了解了周女士的理财需求之后，网点主任向周女士详细介绍了该行关于私人银行一对一服务及私人银行产品的信息，并邀请周女士到网点做进一步沟通，周女士欣然同意。随后，网点主任与市行财富顾问联系，介绍了周女士的情况及业务需求，请市行财富顾问到网点为周女士进行专属服务。周女士应约再次来到网点后，网点主任及市行财富顾问与周女士进行了沟通，根据周女士的资金情况做了详细的理财规划，使周女士对该行的服务及产品有了全新的认识和了解，并马上办理了商友卡及电子银行，同时承诺先签约进行产品体验，如满意可开展进一步的业务合作。随后，通过对周女士不间断地后续跟进及维护，使周女士不断加深对该行服务及产品的满意度，陆续从他行转入资金，截至目前，周女士在该行的资产已达到1500万元，成为该行忠诚的私人银行客户。

1．营销意识在客户获取、跟进和管理中如何体现?

2．从本案例中，具体可以获得哪些客户管理方面的营销启示?

第五章 保险产品营销

学习目标

【知识目标】

- 了解保险产品的概念、特点；
- 掌握保险产品的分类及主要产品；
- 掌握保险产品的营销渠道及保险产品促销策略。

【能力目标】

- 能够很好地理解各种保险产品，并针对不同客户人群精准定位；
- 能够正确地运用营销渠道、策略，对目标客户开展保险营销。

【知识网络】

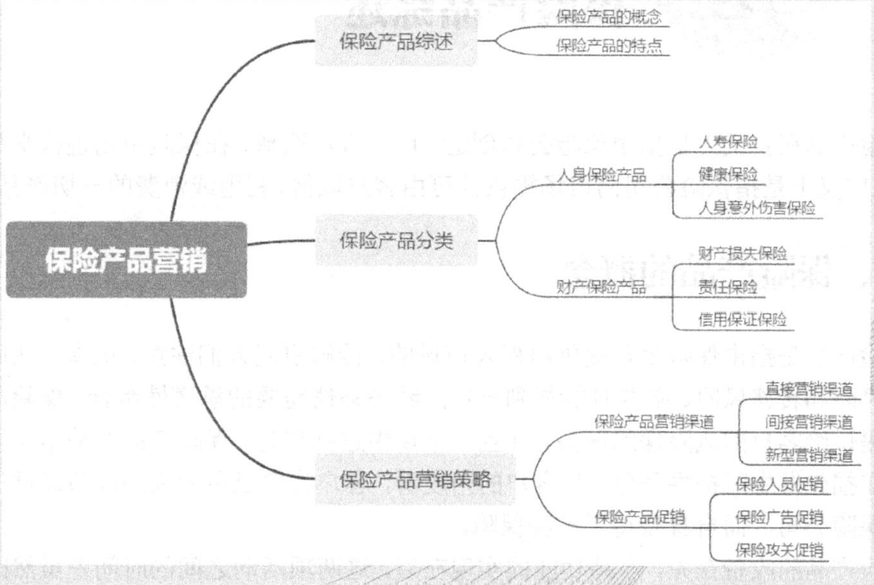

导入案例

2018年，台风“山竹”（强台风级）于9月16日17时在广东江门市台山海宴镇登陆。“山竹”登陆时中心附近最大风力达14级（45米/秒，相当于162千米/小时），中心最低气压为955百帕，是当年最强登陆台风。此次台风灾害造成湖南、广东、广西、海南、贵州、云南6省（自治区）严重受损，直接经济损失达142.3亿元。

面对破坏力巨大的台风灾害，保险行业积极发挥风险保障功能，迅速启动重大灾害应急机制，协调各方理赔资源积极应对。保险行业灾前以多种形式向客户推送防范预警：在机动车保险方面，灾前积极部署救援资源，灾后第一时间开展受损车辆道路救援，同时设立便民服务点等简化流程快速理赔，为客户提供温暖体验；在非机动车保险方面，灾前协助客户积极排查风险，现场指导防灾防损等，灾后全力动员做好查勘理赔工作，启动绿色通道，简化理赔手续和流程，并积极采用创新技术协助理赔作业，提升理赔效率。

根据中国保险行业协会统计，截至2018年年底，人保财险、太保产险、平安产险、国寿财险、大地保险、中华财险、阳光产险、华泰财险、阳光农业相互保险等共计结案已超九成。其中，车险结案12.27万件，已赔付12.58亿元，非车险结案6.97万件，已赔付17.62亿元，共计30.2亿元，有力地支援了灾后恢复重建工作。

第一节 保险产品综述

保险产品在狭义上是指由保险公司创造、可供客户选择、在保险市场进行交易的金融工具；在广义上是指保险公司向市场提供并可由客户取得、利用或消费的一切产品和服务。

一、保险产品的概念

保险产品是指由保险公司提供给保险市场的，能够引起人们注意、购买，从而满足人们减少风险和转移风险、必要时能得到一定的经济补偿需要的承诺性组合。保险产品是保险公司提供给客户的风险保障服务，并且在市场中进行交易。保险产品的基本功能是为投保个体在损失发生时提供赔偿。从客户的角度看，客户将自己所面临的风险通过保险产品转嫁给保险公司，而自身获得了一种保障。

保险产品的收费在先，产品功能的实现在后，这两项活动之间的时间差虽然因产品形态的不同而有所不同，但是基本原则是相同的，这是保险产品与一般产品的主要区别之一。

二、保险产品的特点

保险产品也是一种商品，既然是商品，它就会像一般商品那样，具有使用价值和价值。保险产品的使用价值体现在，它能够满足人们的某种需要。例如，人寿保险中的死亡保险能够满足人们支付死亡丧葬费用和保障遗属生活的需要；年金保险可以满足人们在生存时对教育、婚嫁、年老等所用资金的需要；财产保险可以满足人们在遭受财产损失后恢复原状或减少损失程度等方面的需要。同时，保险产品也具有价值，保险人的劳动凝结在保险合同中，保险条款的规定，包括基本保障责任的设定、价格的计算、除外责任的规定、保险金的给付方式等都是保险人智力劳动的结晶。

但是，与一般的实物商品和其他大众化的金融产品相比较，保险产品又具有自己的特点。

（一）与一般的实物商品相比较

1. 保险产品是一种无形商品

实物商品是有形商品，看得见，摸得着，其形状、大小、颜色、功能、作用一目了然，购买者很容易根据自己的偏好，在与其他商品进行比较的基础上，做出买还是不买的决定。而保险产品则是一种无形商品，投保人只能根据抽象的保险合同条文来理解其产品的功能和作用。由于保险产品的这一特点，它一方面要求保单的设计在语言上简洁、明确、清晰、易懂，另一方面要求市场营销员具有良好的保险知识和推销技巧。否则，投保人是很难接受保险产品的。

2. 保险产品的交易具有承诺性

实物商品在大多数情况下是即时交易的。例如，消费者到商场购买电视机，当做出购买的决定以后，消费者一手交钱，商家一手交货，这笔交易就完成了，也可以说，就这个商品的交易来看，该消费者与商家的关系也就终结了。而保险产品的交易则是一种承诺交易。当投保人决定购买某一险种，并缴纳了保险费之后，商品的交易并没有完成，因为保险人只是向投保人做出了一项承诺。该承诺的实质内容是如果被保险人在保险期限内发生了合同中所规定的保险事故，保险人将依照承诺做出保险赔偿或给付。由此可见，在保险产品交易的场合，投保人缴纳了保险费以后，该投保人与保险公司的关系不仅没有结束，反而可以认为刚刚开始。由于保险产品承诺性交易的这一特点，对于保险人和投保人来说，相互选择是非常重要的。从保险人的角度来说，它需要认真选择被保险人，否则将遭受“逆选择”之苦；从投保人的角度来说，他需要认真选择保险公司和保险产品，否则，不论是保持合同关系还是退保，都将给自己带来不必要的损失。

3. 保险产品的交易具有一种机会性

实物商品的交易是一种数量确定性的交换。例如，只要购买者交了钱，不论是一手交钱、一手交货的现货交易，还是赊销、预付形式的交易，买卖双方都能明确地得到货币或者商品。而保险合同则具有机会性的特点。保险合同履行的结果是建立在保险事故可能发生、也可能不发生的基础之上的。在合同有效期间内，如果发生了保险事故，则投保人从保险人那里得到赔偿、给付，其数额可能大大超过其所缴纳的保险费；反之，如果保险事故没有发生，则投保人可能只是支付了保险费而没有得到任何形式的货币补偿或给付。

（二）与其他大众化的金融产品相比较

与股票、债券、银行储蓄等大众化的金融产品一样，保险也是一种金融产品，因为它也具有资金融通这一金融产品的共性。与实物商品相比较，这些金融产品都具有产品的无形性、交易的承诺性等特点，但保险产品又具有自己的特点，这主要表现在以下两个方面。

（1）保险产品是一种较为复杂的金融产品。对普通投资者来说，他只要知道存款本金和利息率、股票的买入价和卖出价、债券的票面价格和利息率，就能很容易地计算出其收益率。而保险产品涉及保障责任的界定、保险金额的大小、保险费的缴纳方式、责任免除、死亡类型、伤残界定等一系列复杂问题。况且，大部分保险事故的发生是不以被保险人和保险人的意志为转移的。被保险人很难知道自己将在何时发生保险事故（这也正是人们需要保险的原因），也很难明确计算出成本和收益的大小。因此，保险产品是比其他大众化的金融产品复杂得多的一种金融产品。

（2）保险产品在本质上是一种“避害”产品。在投资者买卖股票和债券等金融产品时，他们以承担一定的风险作为代价，期冀获取更大的收益。因此，这些金融产品在本质上是一种“趋利”产品。而大多数购买保险产品的人是以支付一笔确定数额的货币来转移（可能存在的）风险，来换取对未来不确定性的保障。同时，由于保险所涉及的内容大多是人们不愿谈及或者避讳的事情，如死亡、伤残等，因此，保险产品在本质上是一种“避害”产品。

第二节 保险产品分类

保险产品的种类非常多，而且分类也很多，按照不同的方法与标准分类又会产生不同的结果。在保险实务中，按保险标的不同，总体上可把保险产品分为人身保险产品和财产保险产品两大类。

一、人身保险产品

人身保险产品是指保险公司为被保险人在死亡、伤残、疾病或者生存到双方约定的年龄或期限情况下提供给付保险金的服务。依据人身保险产品的基本概念，人身保险产品的基本要素如下。产品的服务对象为人；产品的标的是人的寿命和身体；产品的具体内容为人的生存保障、老年保障、疾病保障、死亡和伤残保障。所以，人身保险产品是为人的寿命和身体提供保障的保险产品。

大多数人身保险产品提供长期的保障功能，这是人身保险产品的突出特征。为此，人身保险产品在定价时一般采取均衡保费法，即投保人缴纳的保险费在相当长的一段时间内处于固定的水平，对应的保险责任则是变化的。因此，人身保险产品在长期经营的意义上达到了价格与保障功能的对等。人身保险产品的长期性也为投保人提供了一种储蓄和投资的功能。人身保险产品按照保障范围可分为以下几类。

（一）人寿保险

人寿保险是人身保险中出现得最早的一个险种，是以被保险人的生命为保险标的，以被保险人的生存或死亡为保险事故的人身保险。在实务中，人们习惯把人寿保险分为定期寿险、终身寿险、两全保险和年金保险。

1. 定期寿险

定期寿险又称定期死亡保险。在保险期限内，若被保险人死亡或全残，则保险公司按照约定的保险金额给付保险金；若保险期限届满被保险人健在，则保险合同自然终止，保险公司不承担保险责任且不退回保险费。定期寿险具有“低保费、高保障”的优点，保险金的给付将免纳所得税和遗产税。举例如下。

产品名称：瑞和定期寿险。

适用人群：18～55 周岁。

保险期限：瑞和定期寿险保险期限可以灵活选择，如保障至 60 周岁、70 周岁等，产品最高可以保障至 88 周岁。

保险责任：身故和全残保险金。若被保险人于本合同生效（或最后一次复效）之日起 180 日内（含）因意外伤害以外的原因导致身故、全残，保险公司按合同累计所缴保险费的 120%给付身故、全残保险金，合同终止。

保障额度：30 万～150 万元。

2. 终身寿险

终身寿险又称终身死亡保险，是指从保险合同生效之日起，被保险人在任何时间内死亡，保险人向受益人给付保险金，或被保险人生存至终端年龄，保险人亦向被保险人给付保险金。

终身寿险是终身提供保障的保险，许多人通过购买此险种以期给子女留下一笔遗产，并合理地回避遗产税。举例如下。

产品名称：国寿康宁终身重大疾病保险（2012 版）。

产品特色：一份投入，多重保障；健康保障，全面呵护；重疾范围，行业领先；特定疾病，提前给付；高残意外，尽显关爱。

投保范围：出生 28 天至 60 周岁。

保险期限：终身。

重疾保障范围：40 种重疾+10 种特定疾病。

保险责任：重大疾病保险金、特定疾病保险金、身体高度残疾保险金和身故保险金。

3．两全保险

两全保险亦称生死合险，是指被保险人在保险合同约定的保险期限内死亡，或在保险期限届满仍生存时，保险人按照保险合同承担给付保险金责任的人寿保险。

两全保险的死亡保险金和生存保险金可以不同，当被保险人在保险期限内死亡时，保险人按合同规定将死亡保险金支付给受益人，保险合同终止；若被保险人生存至保险期限届满，保险人将生存保险金支付给被保险人。它通常分为普通两全保险、退休收入两全保险。

两全保险具有较强的储蓄性功能。因为在两全保险中，由于保单的现金价值随保险合同的生效逐年增加，且增幅较大，积累起来的准备金在保险期限届满时将等于保险金额。举例如下。

产品名称：幸福平安少儿两全保险。

缴费方式：10 年、15 年、20 年和缴至 18 岁 4 种缴费方式。

保险责任：

（1）生存保险金。被保险人于本主险合同生效之日起每满 3 周年时仍生存，保险人按照基本保险金额的 12%给付"生存保险金"。

（2）身故保险金。若被保险人于 18 周岁的保单周年日之前身故，保险人返还所缴保险费并按照年增长率 2.5%单利增值，本主险合同终止。

投保示例：0 岁（出生满 28 天）的男孩，投保平安世纪天使少儿两全保险（分红型），基本投保额为 10 万元，10 年缴费，年缴保险费为 24420 元。

4．年金保险

年金保险是指在被保险人生存期间，保险人按照合同约定的金额、方式，在约定的期限内，有规则地、定期地向被保险人给付保险金的保险。年金保险是以被保险人的生存为给付条件的人寿保险。只要被保险人健在，被保险人就能在一定时期内定期领取一笔保险金，获得因长寿所致的收入损失保障，达到年金保险养老的目的。因此，年金保险又称养老金保险。

年金保险的保险费有多种缴费方式，但在被保险人领取年金以前，投保人必须缴清所有的保险费。其保险金给付周期为一年、半年、一季或一月，一般是按月给付。这种给付可以是定期的，也可以是终身的。年金保险主要包括个人养老金保险、定期年金保险、变额年金保险、联合年金保险。年金保险较好地解决了老年人的生活问题，因此，各国对年金保险都十分重视。举例如下。

产品名称：国寿养老年金保险。

缴费方式：趸缴、年缴。

缴费期限：3 年、5 年、10 年和 20 年 4 种缴费方式。

保障期限：每年（或每月）给付养老金直至被保险人身故，并且保证至少给付 10 年。

产品特色：

（1）养老年金：被保险人可以选择在合同生效之后开始领取年金，也可以选择把养老金积累到退休后再领取。

（2）灵活的领取方式：被保险人可以选择年领或者月领。

（3）终身享受：国寿养老年金保险为被保险人提供终身保障，每年（或每月）给付养老金直至被保险人身故，并且保证至少给付 10 年。

（二）健康保险

健康保险也称疾病保险，是以被保险人的身体为保险标的，在被保险人患疾病发生医疗费用支出，或因疾病所致残疾或死亡时，或因疾病、伤害不能工作而减少收入时，由保险人负责给付保险金的一种人身保险，包括疾病保险、医疗保险、手术保险、收入损失保险、生育保险等。按照保障范围的不同，可将健康保险分为以下三类。第一类是给付残疾保险金与死亡保险金。当被保险人由于疾病或生育而导致残疾或死亡时，由保险人给付残疾保险金或死亡保险金。第二类是给付医疗费用。当被保险人由于疾病或生育而发生医疗费用支出时，由保险人负责医疗费用的给付。第三类是疾病或生育所致收入损失的给付。该类保障又称工作能力丧失收入保险，当被保险人由疾病导致全部工作能力丧失或部分工作能力丧失、不能获得正常收入时，由保险人分期给付保险金。健康保险既有对患病给付一定保险金的险种，也有对医疗费用和收入损失进行补偿的险种，其给付金额往往是按照实际发生的费用或收入损失而定的。

（三）人身意外伤害保险

人身意外伤害保险简称意外伤害保险。意外，是指伤害的发生是被保险人没有预见的，或伤害的发生违背了被保险人的主观意愿。伤害，是指外来的致害物以一定的方式破坏性地接触被保险人致使其身体受到伤害的客观事实。意外伤害保险是以被保险人因遭受意外事故造成的死亡或伤残为保险事故的人身保险。在实务中，意外伤害保险可分为普通意外伤害保险和特种意外伤害保险。

意外伤害保险特征如下。一是被保险人遭受意外伤害的概率取决于其职业、工种或所从事的活动。二是意外伤害保险的承保条件一般较宽，对被保险人也不必进行体格检查。三是意外伤害保险中的死亡给付是按保险合同的规定进行的，不得有所增减；残疾给付是按照残疾保险金数额与残疾程度的百分率的乘积支付的。当发生一次伤害、多处致残或多次伤害情况时，保险人可同时或连续支付残疾保险金，但累计数额不得超过保险金额。

意外伤害保险的保险责任特征如下。一是被保险人遭受意外伤害事故；二是意外伤害事故导致被保险人死亡或残疾；三是意外伤害事故是被保险人死亡或残疾的直接原因；四是意外伤害事故必须发生在保障期限内。

二、财产保险产品

财产保险是以财产及其相关利益和损害赔偿责任为保险标的，以自然灾害、意外事故为保险责任，以补偿被保险人的经济损失为基本目的的保险。对于财产保险的含义，可以从三方面理解。第一，保险标的是以物质形态、非物质形态存在的财产及其相关利益；第二，承保风险一般是灾害事故；第三，当被保险人因保险事故遭受经济损失时，保险人负责赔偿。

（一）财产损失保险

财产损失保险是以各种有形的物质财产、相关的利益及其责任为保险标的的保险。

1．企业财产保险

企业财产保险也称团体财产保险，是承保各类企业、国家机关、事业单位和社会团体的固定资产、流动资产及与其企业经济利益相关的财产，由于火灾及其他自然灾害、意外事故的发生而遭受直接损失的财产损失保险。目前，我国企业财产保险主要的险种有企业财产保险基本险、企业财产保险综合险、财产保险（涉外）、财产一切险（涉外）等。

企业财产保险承保的标的大多数固定坐落在或存放在陆地上的某一地点，这与处于海上、空中或其他空间领域且经常流动的货物、船舶和飞机等不同。企业财产保险承保时一般都会标明财产标的所处的位置，一般不允许随意变动其在保险单所载明的坐落或存放地点，在被保险人变动标的所处的地点而使风险程度增加的情况下，保险人有权解除保险合同或拒绝赔偿。举例如下。

产品名称：营业中断保险。

产品描述：营业中断保险又称利润损失保险，是以企业财产保险为基础所投保的险种，它所承保的风险与企业财产保险所承保的风险是一致的。企业财产保险承保的是火灾、爆炸、雷击等自然灾害和意外事故，营业中断保险同样承保这些风险。但不同于主险，营业中断保险承保的是间接损失，如营业中断期间的毛利润的减少、维持费用等。营业中断保险作为财产保险的补充保险，为企业应对风险提供了更为完善的保障。

投保示例：××酒店，在我司投保财产一切险及其项下营业中断保险，其中营业中断保险方案如下。

保险期限为 1 年，毛利润赔偿限额为 2000 万元，最长赔偿期限为 6 个月，费率为 0.5‰，保险费为 10000 元，每次事故绝对免赔 3 天。（该例收费标准仅供参考，实际收费标准以企业具体风险状况评估结果为准。）

2．家庭财产保险

家庭财产保险是适用于我国城乡居民家庭的一种财产保险。保险公司主要承保由火灾和其他自然灾害及意外事故引起的家庭财产直接损失。我国家庭财产保险常见的险种主要有普通型家庭财产保险、家庭财产两全保险、长效还本家庭财产保险和家庭财产保险附加盗窃险等。

凡城乡居民、单位职工、夫妻店、个体经营者、家庭手工业者等个人及其家庭成员的自有财产及代他人保管或与他人所共有的财产，都可以投保家庭财产保险，保险公司对自然灾害或者意外事故造成的上述财产损失负责赔偿。因此，投保家庭财产保险是每个家庭在受到有可能发生的灾害事故侵袭之后迅速得到经济补偿、重置家业、恢复安定生活的一种较好的方法。

3. 运输工具保险

运输工具保险是以各种运输工具及其有关利益、责任为保险标的的一种财产保险，主要承保在保险期限内由自然灾害和意外事故造成的运输工具本身的损失和费用，以及对第三者的民事损害赔偿责任。运输工具保险常见的险种主要有机动车辆保险、飞机保险、船舶保险，以及其他运输工具保险。

运输工具保险是随着运输业的发展而产生并不断发展起来的一种财产保险业务。在国际上，最早的运输工具保险是船舶保险，目前世界上发现最早的保险单——热那亚保单就是一张船舶航程保险单。19 世纪末，汽车出现并走向大众化、普及化，汽车保险开始普及，并逐渐成为整个财产保险业务中举足轻重的业务来源。而 20 世纪初，飞机的诞生与航空事业在全球的迅速发展，更使财产保险在由海上保险领域扩展到陆上保险领域后，迈向了航空保险的新领域。

4. 货物运输保险

货物运输保险是以处于运输过程中的货物为保险标的，承保运输货物因遭受自然灾害和意外事故而造成损失的保险。货物运输保险根据货物运输途程不同，分为涉外货物运输保险和国内货物运输保险两大类。货物运输保险常见的险种主要有水路货物运输保险、铁路货物运输保险、公路货物运输保险、航空货物运输保险、海洋货物运输保险、邮包保险、各种附加险和特约险。

货物运输保险除了承保由自然灾害和意外事故造成的货物的直接损失，还承保在发生意外事故时，为减少财产损失所支付的施救费用及按国际惯例对海上发生的共同海损的分摊部分。另外，货物运输保险还要承保货物在运输过程中由破碎、渗漏、雨淋、腐烂、变质、包装破裂、遭受盗窃及整件货物提货不着导致的损失。

货物运输保险的保险标的从一地被运往另一地，经常处于流动状态中，其损失往往发生在保险人的异地。因此，出险查勘一般由当地的保险代理人进行。

5. 工程保险

工程保险是承保中外合资企业、引进技术项目及与外贸有关的各专业工程的综合性危险所致损失，以及国内建筑工程和安装工程项目在建设过程中由自然灾害和意外事故造成的各类损失的一种综合性财产保险。它是从财产保险中派生出来的一个险种，主要以各类民用、工业用和公共事业用工程项目为承保对象。目前，工程保险已经发展成产品体系较为完善、具有较强专业特征且相对独立的一个保险领域。工程保险常见险种主要有建筑工程保险、安装工程保险和科技工程保险等。

工程保险与普通财产保险不同的一个特点是，财产保险的保险金额在保险期限内是相对固定不变的，但工程保险的保险金额会在保险期限内随着工程建设的进度不断增加。

6. 农业保险

农业保险是指保险人对被保险人在从事农业生产过程中因自然灾害或意外事故所遭受的经济损失提供经济补偿的一种保险。农业保险常见的险种主要有种植业保险和养殖业保险。种植业保险主要包括农作物保险和林木保险。养殖业保险主要包括畜禽养殖保险、水产养殖保险和特种养殖保险。

【案例 1】

北京罕见暴雨造成超百亿元的损失

2012 年 7 月 21 日午后至 22 日凌晨，北京市出现暴雨到大暴雨天气，强降雨持续近 16 小时，平均降水量达 170 毫米，为自 1951 年以来有完整气象记录的最大降水量。此次暴雨过程导致北京全市受灾面积达 1.6 万平方千米，成灾面积达 1.4 万平方千米，受灾总人口达 160.2 万人，停产企业达 761 家，倒塌房屋达 1.07 万间，几百辆汽车损失严重。农业生产遭受严重损失，北京 13 个区县蔬菜作物均有不同程度的损失，水淹蔬菜面积达 4.3 万亩。此次暴雨造成的经济损失达到 116.4 亿元。

此次暴雨对各保险公司的整体业务影响尚难估计，但车险业务向来是财产保险公司的主营业务，此次暴雨给财产保险公司带来的冲击也最大。据北京银保监局公布的 2012 年上半年保费数据可知，北京市场产险排名前三位的公司分别是中国人民保险集团股份有限公司（简称人保）、中国平安财产保险股份有限公司（简称平安财险）、中国太平洋财产保险股份有限公司（简称太保财险）。占北京财险市场份额达 31%的人保，此次受影响颇大。根据人保统计，截至 2012 年 7 月 24 日，北京分公司接到车险报案 9845 笔，非车险报案 320 笔，报损金额为 11861.5 万元；农险报案 1159 笔，估损金额为 3479.33 万元。截至 2012 年 7 月 25 日，平安财险接到北京地区暴雨相关车险报案 8394 笔，估损金额约为 7000 万元；财产损失共接到报案 281 笔，估损金额约为 3000 万元。北京银保监局估计此次北京水灾令辖内保险公司损失约 5 亿元，但是保险赔款占总损失额的覆盖率不到 5%。

（二）责任保险

责任保险是以被保险人对第三者依法应负的民事赔偿责任作为保险标的的保险。这种保险适用于一切可能造成他人财产损失与人身伤亡的各种单位、家庭或个人。具体而言，责任保险的适用范围如下。

（1）各种公众活动场所的所有者、经营管理者。

（2）各种产品的生产者、销售者、维修者。

（3）各种运输工具的所有者、经营管理者或驾驶员。

（4）各种需要雇佣员工的单位。

（5）各种提供职业技术服务的单位。

（6）城乡居民家庭或个人。

根据业务内容的不同，责任保险可以分为公众责任保险、产品责任保险、雇主责任保险、职业责任保险和第三者责任保险五类业务，其中每一类业务又由若干具体的险种构成。

（三）信用保证保险

1. 信用保险

信用保险是保险人根据权利人的要求担保义务人（被保证人）信用的保险。具体而言，它是权利人要求保险人承保对方信用的一种保险，如出口信用保险主要承保出口方因买方不履行贸易合同的义务而遭受的经济损失。信用保险通常包括国内商业信用保险、出口信用保险和投资保险等。

2. 保证保险

该保险承保的也是信用风险，但它是被保险人根据权利人的要求投保自己信用的一种保险。具体地说，保证保险是义务人（被保证人）根据权利人的要求，要求保险人向权利人担保义务人自己信用的保险。保证保险通常包括合同保证保险、忠诚保证保险和产品质量保证保险等。

第三节 保险产品营销策略

一、保险产品营销渠道

（一）直接营销渠道

直接营销渠道也称直销制，是指保险公司利用支付薪金的专属员工向保险需求者直接提供各种保险险种的销售和服务。通俗地讲，就是保险公司在编的外勤人员直接向目标客户销售保险的方式。在那些保险代理制、经纪人制不发达的国家里，直接营销渠道扮演着其他任何渠道所无法替代的角色，同时也是向高价值大客户提供复杂产品及解决方案的重要渠道。直接营销渠道主要包括个人代理营销、团体直销和职团开拓。

1. 个人代理营销

我国保险业发展仍处于初级阶段，保险意识尚未普及，诸多保源的开发还需要宣传解说和专门指导，因此贴近大众、面对面的个人代理营销仍是我国保险产品营销的主要渠道。因而，我国现阶段依靠增加营销员数量来扩大市场份额的粗放型经营仍占据着主导地位，保险代理人体制的弊端正逐渐显现出来。

2. 团体直销

团体直销是以众多人数所形成的团体为投保对象的传统销售方式。由于团体的保险意识不断增强，此种营销方式正逐渐成为现阶段我国保险营销的主要渠道之一，面临着前所未有的发展机遇。它具有低成本、低费率、低风险、营销周期长、技术要求高等特点，其建立的销售队伍模式与公司的利益关系紧密、忠实程度高、客户认知度高，有利于对“大企业、大行业”实行重点分销策略，有利于公司整体资源在市场竞争中充分发挥优势。

3. 职团开拓

选择一家少则数十人，多则数百人，而且人员相对稳定的企事业单位作为展业基地，并定人、定点、定时进行服务和销售活动，这种销售模式称为职团开拓。职团开拓比较容易进行多方面、多层次的销售行为，销售对象有较强的参与力和购买力，能产生良好的连锁效应。但职团一旦选定就必须花费较长时间，并派专人长期驻守。

（二）间接营销渠道

间接营销渠道即中介制，是指保险公司利用保险代理人和经纪人等中介机构推销保险产品的方法。这里的中介人虽然也是中间商的一种，但又不同于其他行业的中间商，因为它不涉及任何所有权转移的问题，保险中介人只是参与或代办或推销或提供专门技术服务等各种保险活动，从而协助或促成保险经济关系的发生。间接营销渠道以多种形式存在，主要包括代理人、经纪人、银行代理、兼业代理等。间接营销渠道不像直接营销渠道那样易于控制，然而它的建立仍然是有价值的，因为商业伙伴能够在相对较低的成本前提下完成销售任务，并极大地影响公司对新市场的渗透力，赢得更多的客户。业内人士对间接营销渠道在各类场合已做过多次论述，这里不再详谈。

（三）新型营销渠道

近两年，随着科技手段在金融业中的进一步运用，一些新兴的营销渠道正试图重整“游戏规则”，如信函、电话营销、媒体营销、网络营销等全新的营销渠道也逐步在我国保险业中得到运用。

1. 信函、电话营销

信函、电话营销是指先在银行信用卡月结单中附送小额保险和其他险种资料，随后营销人员将致电回报客户、介绍保险并询问其是否有投保意愿。这种营销渠道方便快捷、成本低廉、具有良好的互动性，在各种营销渠道中独具特色。信函、电话营销尽管是当前保险公司争取客户、挽留客户的一种非常重要的手段，但真正实施起来仍有相当的难度。其一，由于保险行业自身的特点，多数保险产品比较复杂，且国内保险业起步较晚，人们对保险的意识和对保险产品的认知度比较有限；其二，保险产品需要经过核保来规避投保人的道德风险，这无疑给这种销售渠道增添了难度。因此，信函、电话营销应针对风险较低的客户群进行销售，且适合电话销售的产品往往是简单、低参与度的标准化商品，如意外/保障型保险、健康医疗保险等。

2. 媒体营销

媒体营销是指保险公司利用大众传媒等工具传递公司和产品信息的一种营销策略。市场转型使保险公司必须改变以往不做广告的传统方式，通过连续的高密集度的广告投放吸引目标客户。目标客户可以拨打公司的免费电话进行一对一的咨询和完成初期投保。公司将根据客户电话所述资料寄出投保单，客户在签署名字后将保单返寄给公司即完成了投保。应特别注意的是，在进行媒体营销时，不论各保险公司选择怎样的宣传渠道、方式，形象宣传不宜过分张扬，实力宣传要掌握好尺度，业务宣传切忌片面性，从而起到引导人们对保险产品认识、熟悉、认同、接受并产生强烈需求的作用。

3. 网络营销

网络营销作为一种全新的营销渠道，未来将占有广阔的市场，是一种跨时空的全新经营理念和商业模式。其具有如下 4 个重要优势：较低的营销成本、几乎无成本的市场拓展；多层次的信息发布；拓宽了保险业务的时间和空间；提高了客户忠诚度，对其他销售模式具有杠杆作用。

当然网络营销也存在着一些问题。对于风险较大、技术含量较高、保险金额较大的标的无法做到在线核保；电脑欺诈及故障、电脑系统及记录的破坏、隐私权的侵犯等问题也时常出现。因此，根据现阶段网络保险的自身特点，适合其销售的产品只能是个人寿险、意外险等简单产品。

【案例 2】

中国人寿《婚姻保卫战》赞助合作

2010 年《婚姻保卫战》在五大卫视掀起又一轮收视高潮、引发无数话题，在搜狐视频独家播放 15 天播放总量超过 2 亿次，成为当时中国网络视频历史上最短时间冲破“两亿”播放量的电视剧。据《婚姻保卫战》监测数据显示，该剧在搜狐视频单天用户数峰值接近 500 万人。中国人寿利用搜狐视频强势的高清资源，配备优质片源精选团队的专业筛选，选择关注度高且主题亲民的《婚姻保卫战》进行首播赞助，在倡导幸福、温馨、责任感的同时提升中国人寿品牌形象。通过播放互联网长视频，利用核心高清首播剧，针对中国人寿品牌形象特点进行的主题传播，充分体现了中国人寿“相知多年，值得托付”的品牌理念，使更多用户在观看高清热播剧的同时，感受到中国人寿温馨、亲民、富有责任感的品牌魅力，大大提升了中国人寿的品牌曝光率和知名度。由于选剧的成功，以及在短期内的高爆发，中国人寿的品牌形象骤然提升，广告总 PV 量（页面浏览量）超 3 亿次，广告点击量超 300 万次。

二、保险产品促销

保险产品促销是指保险公司通过人员推销、业务推广、广告和公共关系等促销活动，传播保险信息、刺激保险需求、强化竞争优势和树立良好形象的活动过程，它是保险产品营销的重要组成部分。下面介绍几种常见的保险产品促销手段。

（一）保险人员促销

保险人员促销是指保险销售人员直接与客户接触、洽谈、宣传、介绍、销售保险产品的方式。在我国，保险人员促销这种方式始于 1992 年的美国友邦保险有限公司上海分公司，时间虽然不长，却以它那独具魅力的上乘表现赢得了人们的广泛赞誉，于是各家保险公司纷纷效仿，竞相跟进。目前，保险人员促销已成为保险公司，尤其是人寿保险公司的首要营销方式，在保险产品营销中占有举足轻重的地位。

1．保险人员促销的特点

保险人员促销是保险公司派销售人员直接同目标市场的客户建立联系、传递信息、促进商品和服务销售的活动。保险人员促销是整合营销传播的组成部分之一，是保险公司重要的促销手段之一。

保险人员促销有着与其他促销方式不同的显著特点，如下所述。

（1）亲切感强。销售人员同客户直接见面，便于交流感情、增强沟通、消除对立情绪、培养与顾客间的友好关系。

（2）说服力强。销售人员能当场示范，回答问题，解释疑虑，介绍使用方法，增强顾客信任感。

（3）灵活性强。销售人员能根据时间、场合、环境及客户心理随时调整销售策略，有的放矢地开展销售，提高销售效果。

（4）收集信息兼做服务。销售人员在销售产品的同时还可以进行市场调查、收集市场信息，以及提供一些售后服务。而这些服务对于保险销售人员而言是非常重要的。

（5）反馈及时。销售人员能及时带回客户的意见和建议，促使保险公司随时调整营销策略。

（6）费用高，要求高。由于保险人员促销是以销售人员作为传递信息的载体的，单位信息的传播成本大；另外，销售人员只有具有较高的素质，才能胜任该项工作。

2．保险促销人员的要求

由于保险销售人员代表了保险企业的形象，并影响着保险产品的销售业绩，因此销售人员必须满足以下要求。

（1）道德品质方面。要求遵纪守法、忠诚于公司，吃苦耐劳，任劳任怨，遵守商业道德，有良好的敬业精神。

（2）文化知识方面。要求文化基础较好，理解能力较强，特别是要了解经济学、心理学、市场营销学等方面的知识。

（3）业务技能方面。要求熟练掌握企业产品的有关情况，并且了解市场上同类竞争产品的情况。

（4）待人接物方面。要求衣着干净整齐，谈吐谦恭礼貌，有良好的风度，并能掌握有关接待客户的技巧和艺术。

提高销售人员的素质是提高销售绩效的根本。实践表明，一个优秀的销售人员可以打开和稳定一片市场，而一个不称职的销售人员可能会使企业失掉一片市场。

3．保险人员促销策略

（1）沟通策略。

保险销售人员的个人沟通能力比他的知识水平、分析能力和智力程度更为重要。沟通不但是一种人际交往能力的技巧，而且是一门艺术。保险销售人员与客户进行有效的沟通，要注意以下几个方面。

① 首先要厘清思路，表达要井井有条，沟通时应开门见山，尽量用简明扼要的语言表明身份和来意。

② 沟通中要能随机应变，设法引起别人的兴趣。

③ 与人沟通必须充满自信，自信会增加自己的人格魅力。

④ 沟通中一定要记住以诚待人，切忌采用欺诈的手段。

⑤ 对客户的个人兴趣、爱好、关心焦点、好恶等要敏感。

⑥ 保持适当的幽默感。

（2）聆听策略。

在保险销售人员的推销过程中，有时听比讲更重要。如果销售人员在促销时只顾自己长篇大论，反而会使别人失去兴趣。但如果销售人员能认真地去倾听，可能会让客户有一种找到知己的感觉，从而拉近与客户的距离，进而赢得客户的好感与信任。而且注意聆听，还可以从客户的倾诉中找到他的兴趣与关心的话题，从而找到成功推销的切入点。

（3）处理拒绝的策略。

在保险产品营销过程中，销售人员随时都可能遭到拒绝，所以拒绝是必然的、正常的，要有遭到拒绝的心理准备。其实拒绝正是成交的开始，因为通过拒绝可以进一步分析、了解客户真正的想法，弄清客户拒绝的真正原因，然后才好对症下药。客户拒绝的理由可分为两类。一类是借口。当他拿不定主意或还不想购买时，会找出各种各样的借口加以拒绝。另一类是真实的理由。有些客户确实有购买意愿，但他也的确有问题需要解决。

保险销售人员在了解了客户拒绝的原因之后，对于第一类拒绝不要轻率处理，待找出真正原因后再进行处理；对于第二类拒绝要发现客户真正的问题所在，并妥善解决，促使其做出购买的决定。保险促销人员处理拒绝的具体策略主要有以下几类。

① 直接法。针对问题直接解说，此种方法多用于解答专业问题。例如，有客户担心

保险公司倒闭，就可以引用《中华人民共和国保险法》（简称《保险法》）相关条款进行解释。

② 虚应反击法。先认同客户的观点，再引导客户谈出拒绝的原因，然后予以解说和处理。

③ 转移法。先不做正面解释，而是转换客户的话题，与客户聊其他产品或聊一些与保险无关的话题。

④ 实例法。可用生活中的实例强调保险的重要性。例如，客户认为不需要买保险时，销售人员可以举生活中的实例，如大厦里的灭火器、汽车的备用胎等，保险就像这些东西一样是为了以防万一。

⑤ 反问法。一时无法处理时，可以反问对方。例如，当客户说“买保险难以抵抗货币贬值”时，销售人员可以反问：“货币贬值的确是无法避免的，那么您会把钱放在什么地方呢？”

⑥ 预防法。对客户可能提出的问题，事先做准备，先讲解明白，以免被动。

⑦ “二选一”法。针对客户的拒绝，提出不同方面的选择。引导客户不做出“是”或“否”的选择，而是促成他选择投保。例如，在讲解完条款之后，销售人员可以问他：“你觉得终身保险好，还是定期保险好？”

总之，拒绝是必然存在的，谁先放弃，谁就失去了机会，只有坚持才会成功。成功就是多次被拒绝，加上最后一次的努力。

（4）促成策略。

促成过程中常用的策略主要有以下几类。

① 主动成交法。保险销售人员积极提示，主动向准保户提出成交要求：“如果您决定投保，我们就填投保单吧？”

② 推定承诺法。这种方法是假定准保户已认同购买了，不必再探询准保户的意见，只要确定到了促成的时机，即可主动拿出投保单，边询问边代为填写相关内容。此方法适用于那些依赖性强、性格随和的人，当他心中已同意购买，只是还有些犹豫时，销售人员可以帮他决定：“先生，您签个名，您现在可以交钱了吗？”

③ 激将法。准保户经反复思考已接受了保险销售人员的建议书，但还是下不了决心，而保险销售人员该说的话似乎也差不多了，这时要恰当运用激将法，激起他的购买欲望：“像您这样高的收入，一年交几千块，对您来说真是九牛一毛，还犹豫什么呢？”适时地利用言语，帮助准保户下定最后的决心。

④ 富兰克林式成交法。将纸对折，左边写上“优势”，右边写上“劣势”。与准保户一起列出如购买对他有利的是什么、对他不利的是什么，这样更方便帮他做出决定。

⑤ 以退为进法。常有这种情况，谈到最后，顾客就是不签单，怎么办？此时不妨以退为进，告诉客户没关系，让他再多考虑一下，你改天再来。

⑥ 规定期限法。向准保户暗示如不赶快下决心，可能会错过好时机。这种方法常用于条款变换前，或促销活动快结束前，某项对保户的优惠即将结束。

⑦ 奇兵法。在谈判的最后时刻突然提到新的概念，或引见一个完全陌生的面孔加入

谈判。这位陌生人最好是曾经受益的一位保户，让他以自己的真实经历告诉准保户他的选择不会有错。

⑧ 情感法。用准保户对家人的爱心、责任心，以及对父母的孝心等打动他。

（二）保险广告促销

1. 保险广告促销的作用

（1）传递信息、沟通供求。传递信息、沟通供求，这是广告的基本功能，也是保险广告促销所发挥的重要作用之一。在保险市场上，保险供给者主要是保险公司，保险需求者是指那些需要购买保险的对象。保险广告传递信息、沟通供求的作用一般是指保险公司将有关信息通过广告的形式传递给保险需求者的广告行为所产生的作用。

【案例 3】

生命人寿，以服务带动营销

2011 年 6 月 25 日，生命人寿第五届客服节在全国近 600 个大中城市同步拉开帷幕。本着“以客户服务节为契机，进一步完善、提升自我”的宗旨，紧紧围绕“关爱与健康”的主题，生命人寿精心策划了“感动就在这一夏”“生命摄影”“品质监督员”“生命有缘客户大回访”等活动，同期隆重推出“VIP 尊荣服务体验”活动，与 500 多万个生命人寿的客户共同度过了 2 个月的难忘暑期。

生命人寿以客服节为契机，本着为客户服务的宗旨，围绕“关爱与健康”，在众多保险公司争抢客户的大环境下，突出重围，凸显了生命人寿的品牌形象。活动内容中包含了面向客户及大众的公关，传播品牌形象，为自己营利性的目的打下基础，双向的沟通更是把公关的影响最大化。

（2）激发需求、增加销售。保险广告在促销方面的作用不仅表现在沟通需求方面，还表现在激发公众的保险需求、促进保险销售方面。以保险需求的程度划分，可以把保险需求分为潜在需求和现实需求。潜在需求是处于不明朗状态、不明显的需求；现实需求则是已经具有明确购买欲的需求。以公众保险需求的内容划分，可以把保险需求分为初级需求和选择性需求。初级需求是公众对保险的最基本的需求；选择性需求是公众对保险的高层次的需求。

（3）介绍知识、引导投保。人们购买保险产品的行为，源于人们对保险产品的购买兴趣与欲望，购买兴趣与欲望的产生离不开人们对保险产品的认识，全面理解保险是认识保险产品的前提。目前，在我国，还有相当一部分人不知道保险是怎么回事，也不知道保险公司是干什么的。保险公司可以利用广告这种形式，通过各种媒体向人们介绍保险的基础知识及具体的险种，以引导人们投保。

（4）有利于保险中介机构的经营。保险中介机构包括保险代理人、保险经纪人和保险公估人。保险公司通过广告宣传自己的公司与产品，有利于保险中介机构树立良好的社会形象。保险中介机构的形象是指保险中介机构在公众心目中的地位、知名度和信誉度，是公众对保险中介机构的整体印象和评价。保险中介机构和保险公司在公众心目中有同等的社会地位，保险公司通过广告宣传保险的作用与产品，也为保险中介机构树立形象和赢得客户节约了成本，达到事半功倍的效果。

2. 广告媒体选择策略

保险公司应根据所要传递的保险信息的不同要求选择广告媒体，具体的选择策略如下。

（1）根据保险信息的特点选择媒体。保险公司是承保风险的公司，以信誉为本，所以保险广告传递的信息，主要是有关保险公司信誉、财力、险种方面的信息。对公司信誉信息的传递，应选择覆盖全国的媒体，像中央电视台、面向全国发行的报纸杂志等大众传播媒体；对险种的宣传，可选择地方性的印刷媒体或户外媒体、直接邮寄媒体等。

（2）根据消费者接受媒体的习惯选择媒体。保险公司面向的公众，不管是法人组织还是个人，接收信息的都是人。不同性别、年龄、职业、收入、文化水平的人，其情趣、爱好、生活习惯不同，对媒体的接受习惯也不同。如老年人好静，爱听广播、看报纸；青年人好动，喜欢看电影、电视和青年杂志；知识分子经常翻阅各类专业杂志；年轻女性喜欢看画报逛街。保险公司可针对公众接受媒体的习惯，选择公众易接受的媒体做广告。

（3）根据传播时间选择媒体。广告媒体传播信息的时间也影响广告效果，如电视传播在黄金时段（每天19:00—22:00）的收视率高，广告效果好；报纸传播也有时间性，研究证明，月初见报优于月底，因为月初的报纸在报夹上有将近一个月的时间被人翻阅，而月末的报纸很快就被收拾起来了，阅读率相对较低。

（4）根据保险公司的支付能力及成本效益选择媒体。利用广告媒体传递保险信息的费用是很高的。一般来说，媒体覆盖面广、黄金时段播出的广告费用最高，地方性媒体或非黄金时段播出的广告费用较低。保险公司的财力如果不是很强，恐怕只能选择后者来传递保险信息了。

（三）保险公关促销

公共关系（简称公关），是指企业为宣传产品和支持、树立良好的企业形象而进行的一系列活动。保险公关是保险企业十分重要的管理职能，对实现保险市场的营销目标有积极的作用。

1. 保险公关的对象

保险公关的对象主要包括客户、协作单位、竞争者、社区和本企业员工等。通过与客户建立良好的公共关系，保险企业能够不断吸引新的和潜在的客户，争取得到更多长期保险购买者的青睐；通过与电视台、广播电台、报纸、刊物等新闻机构建立良好的公共关系，能够争取新闻舆论对保险企业的支持。

保险企业通过公关能够得到地方政府、社区群众等对保险企业的理解与支持，并与它们建立广泛、长期的联系。通过保险公关，保险企业能够和银行、商业、交通等部门保持密切的关系，保证保险企业正常的市场营销活动。此外，在市场营销中，各保险企业之间既是竞争对手，又是合作伙伴，因此正确地运用公共关系，处理好与竞争对手之间的关系是十分重要的。

2．保险公关促销策略

保险企业一般可采用以下策略开展公关活动。

（1）新闻宣传。保险公关人员的一项主要任务是发现和制作对本企业有利的新闻，并通过新闻媒介尽快公布于众。保险企业的公关媒介负责人应积极主动地邀请新闻界人士参加本企业的重大活动，让他们了解事件真相，同时该负责人应如实回答记者提出的问题，为记者提供准确的事实与数据。保险公关人员应真诚地结识新闻编辑人员和记者，积极地与新闻界交往，增加本企业获得新闻报道的机会。

（2）创造事件。保险企业通过安排或创造一些特殊事件来吸引公众对其保险服务的注意，如保险知识竞赛、周年庆祝活动、援救灾区等。

（3）公益活动。保险企业可通过投入一定的资金和人力于公益活动方面，以提高企业的公众形象。例如，赞助奥运会及足球世界杯，为敬老院及儿童福利院提供物质帮助，在贫困地区设立希望小学，为艺术节的某些专业表演人员提供意外伤害保险等。

（4）书刊与视听资料。保险企业可以借助某些书刊资料来影响公众，如保险报刊、宣传小册子、公安消防报刊等，也可以制作电影、幻灯片等视听资料，其影响力也很大。

（5）咨询活动。通过定期举办保险咨询活动，保险企业可以向公众宣传本企业的险种和服务特色，以吸引公众投保。

（6）名人宣传。利用文艺、体育明星及企业界名人的保险案例进行宣传，可以产生很强的社会效应，因为许多公众都有消费模仿心理，其公关效果有时会特别突出。

（7）电话公关。电话是一种比较新的公关工具，保险企业可以将自己的信息和良好的服务通过电话告诉潜在的客户和现有的客户，从而促使他们购买本企业的保险产品。

知识链接

互联网保险营销

互联网保险营销是指保险机构以互联网和移动通信技术为依托，通过自营网络或第三方网络平台进行保险销售，并提供一系列保险服务的经营管理活动。互联网保险作为一种便捷的投保渠道进入人们视野，与传统保险渠道相比，互联网保险具有产品场景化、降低销售成本、信息透明、便于互动、打破上门销售的限制等优势。

以车险为例，以前消费者购买车险，主流方式是找个人代理人或中介机构。在互联网环境下，消费者拥有更多的主动选择权，可以通过互联网了解自己所需要的产品，同时满足了他们躲避干扰的心理。截至2017年年末，国内已有4家互联网保险公司，同时开展互联网保险业务的保险公司已有117家。

一、互联网保险销售模式

1．自营模式

自营模式，通俗地讲就是保险公司通过自有官方网站，为客户提供线上咨询、投保、理赔等一系列服务，实现提升品牌价值、拓宽销售渠道、增强客户体验等一系列目的。随着互联网技术的发展，中国人民保险、中国人寿保险、平安保险、太平洋保险等80%以上的保险公司相继成立官方网站，嵌入保险产品的销售链接。保险产品设计逐渐向以客户为中心的场景化、定制化、短期化转变，当前市场上的“百万医疗”保险产品就是互联网保险创新的一个十分典型的案例。

2．第三方网络中介平台模式

第三方网络中介平台是指在开展互联网保险业务活动中，由第三方网络科技公司为保险消费者和保险机构提供网络技术支撑的中介服务平台，包括专业的第三方互联网保险平台和综合性的电商平台。专业的第三方互联网保险平台是由专业保险中介机构（保险经纪公司、保险代理公司）建立的，如中民保险网、优保网等。2008年上线的中民保险网目前已有中国人寿等多家保险公司通过该平台开展业务。综合性的电商平台包括淘宝、京东、微信等。

3．专业互联网保险公司模式

专业互联网保险公司模式是指从销售到理赔全流程通过互联网平台完成的保险经营模式，不在线下设立分支机构。2013年9月由蚂蚁金服、腾讯、中国平安联合发起、设立的国内第一家专业互联网保险公司——众安在线财产保险股份有限公司（简称众安保险）成立。2018年，众安保险的保险费收入为112.6亿元，同比涨幅为89.0%，目前其经营范围已经扩展到航空险、意外险、健康险、车险及银行卡盗刷险、电信诈骗资金损失险等特色险领域。

二、互联网保险未来发展趋势

1．跨界融合

保险是一种十分有效的风险管理工具，随着大数据、人工智能、云平台、区块链为代表的金融科技的兴起，在互联网的助推下，越来越多行业将融入保险理念，把保险作为连接各方的黏合剂，建立新型的“生态圈”。

随着数字化、信息化以及全球化的快速发展，跨国界、跨行业、跨产业、跨领域的融合发展已成为“新常态”。可以预见，随着“金融+技术”对行业影响的加深，协同构建互联网保险新生态的融合再造将是大势所趋，保险行业的竞争不再是单一维度的竞争，而是基于价值链的生态系统融合发展。保险科技是构建保险生态系统的技术支撑，通过人工智能、区块链、云计算、大数据等实现在数据收集、客户画像、需求分析和策略设计等方面的能力进一步的提升。保险服务的运营方式、手段更为高效及多元化，实现产品定制化、定价动态化、销售场景化、理赔自动化的运营目标。通过科技重塑保险价值链，利用科技，保险服务融入健康生态圈、生活消费生态圈、消费金融生态圈、航旅生态圈、汽车生态圈，提供智能化、定制化、个性化的保险解决方案，构建完善的互联网保险生态圈。

2．产品创新

随着保险科技的落地，技术将发挥越来越重要的作用，保险公司的数字化转型促使风险管理工作在根本上从以产品为中心的模式向以客户为中心的模式转变。技术创新将助力传统产品的变革，场景化保险将越来越深入人心，市场上将会出现更多个性化的保险产品。

近年来，随着保险科技的快速发展应用，保险业在用户触达、客户服务和体验提升等方面都取得了进步。以 2019 年为例，互联网保险保费收入为 2696.3 亿元，同比增长 42.8%，远高出保险市场同期增长率近 10 个百分点。科技的应用，降低了保险产品触达客户的门槛，有效地提升了保险的覆盖率，强化了整个社会的风险保障能力，也培养了用户的保险意识。

未来，随着通信技术的升级，终端设备的多元化，科技将帮助保险行业实现更广泛客户群体连接。同时，在科技助力之下，保险行业不仅能面向更多样化的客户需求、提供更高性价比的保险产品，其服务能力也会持续加强。科技在帮助实现金融普惠目标的同时，也将为保险业打开全新的增长空间。

课后习题

思考题

1．保险产品的特点有哪些？
2．人身保险产品包括哪些类别？
3．财产保险产品包括哪些类别？
4．保险产品营销主要有哪些渠道？
5．保险人员促销有何特点？
6．保险广告促销的作用是什么？
7．保险企业一般采用哪些策略开展公关活动？

第六章 基金产品营销

学习目标

【知识目标】

- 了解基金的内涵、特点及参与主体；
- 掌握基金的分类及主要产品；
- 掌握基金产品营销的概念、特点、市场细分方法及如何进行目标定位；
- 掌握基金产品营销的渠道、策略及方法。

【能力目标】

- 能够对基金市场进行正确的细分，并在市场细分基础上精准定位目标市场；
- 能够正确地运用营销渠道、营销策略及营销方法，对目标客户开展基金营销。

【知识网络】

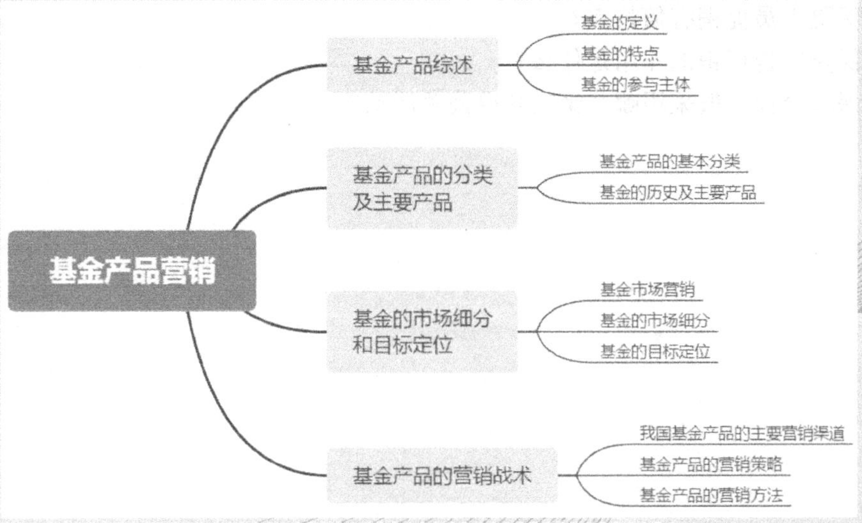

导入案例

长盛基金管理有限公司的分级产品

1．案例背景

2009年，在经济环境还不够明朗、股市还处于震荡时期的情况下，整个基金行业十分低迷，新的基金产品规模不断下降。长盛基金管理有限公司的一只创新型基金产品——同庆分级基金（一只分级型股票基金），受到投资者的追捧，仅发行一天认购总金额已接近150亿元，这是2008年以来发行规模最大的基金。紧接着基金公司停止了认购申请，第二日同庆分级基金宣告成立。原定为一个月的认购期，就被缩短成了1天。

在经济环境还不够明朗、股市还处于震荡时期的情况下，同庆分级基金的销售为什么会取得令人咋舌甚至连他们自己都没有想到的成绩呢？建行浙江省分行个人金融部业务副经理叶正祥表示："眼下新发的基金太多，平时很多新基金都要靠客户经理去推销，而这只基金基本上是客户自己主动来买的，看来它的吸引力很大。"

2．公司简介

长盛基金管理有限公司成立于1999年3月，是国内最早成立的十家基金管理公司之一，也是首批获得全国社保基金管理资格的六家基金管理公司之一，公司注册资本为人民币1.5亿元，主要业务为发起、设立和管理证券投资基金。2007年9月，长盛基金管理有限公司成为首批获得从事境外证券投资管理业务的合格境内机构投资者之一。2008年2月，长盛基金管理有限公司获得特定客户理财业务资格，迈出了国际化、全业务发展的关键一步。

3．创新产品背后的客户细分

从销售情况来看，同庆分级基金无疑在基金产品设计上取得了巨大成功。经分析可知，该产品的设计是在系统研究了客户细分群体的基础上做出的创新性尝试。在基金的产品设计过程中，首先对客户进行细分，然后根据客户细分的结果，配以合适的投资工具，最后创造出新的基金产品。

金融理财产品所具有的最重要的两个属性——收益性和风险性。所有的客户对理财方面的需求最终都可以简化地用以上的两个维度来衡量。根据公司的调查研究得出一般的客户群体的基本分类，如下所述。

（1）风险偏好者：偏好高收益，能够承受高风险。

（2）风险厌恶者：厌恶风险，希望能够得到稳定的收益。

在对调研结果进行分析之后，长盛基金管理有限公司创造性地运用分级基金这个有力的杠杆工具，将一只普通的股票基金，划分为两级：一类是低风险、低预期收益的产品；一类是高风险、高预期收益的产品。

同庆分级基金的份额持有人在有很大保障的前提下，将享受高于市场同期国债收益率的约定收益。同庆分级基金的年均收益按单利计算远高于同期定期存款利率。同庆分级基金由于杠杆作用，在市场上涨时，持有人可以获得高于市场上涨幅度的收益；而当市场下跌时，持有人则将承担杠杆损失。

所以，不同风险偏好的个人投资者，持有同庆分级基金可以采用不同的投资交易策略。同庆分级基金是一个股票基金产品，初始投资人认购的基金份额，在基金成立时按照 4∶6 的比例自动分离为 A、B 两类份额，登记在不同的基金代码下。同庆分级基金封闭式运作 3 年，3 年后 A、B 两类份额按照各自净值转换为 LOF 基金（上市开放式基金）份额，以 LOF 的形式开放。B 份额（占总份额的 60%）向 A 份额（占总份额的 40%）融资，A 份额获取约定的每年 5.6%的收益，B 份额获取剩余收益，以投资本金为限承担剩余损失。低风险投资者，可以择机卖出 B 类份额，持有到期 A 类份额，获取固定收益；高风险偏好者，可以择机卖出 A 类份额，持有 B 类份额；长期投资者，可以持有 3 年到期，获取长期收益，相当于投资一个普通的股票基金。

4．案例启示

基金产品的成功与否，产品设计和销售只是第一步，产品的运作和投资策略才是一个基金产品的核心竞争能力。在竞争白热化的基金行业中，产品的成功发售已经成为基金公司立于竞争不败之地的关键因素，而成功的细分客户群体是基金公司在股市低迷时取得销售成功的秘籍。

第一节　基金产品综述

一、基金的定义

基金是指通过发售基金份额，将众多投资者的资金集中起来，形成独立的财产，由基金托管人托管，由基金管理人管理，以投资组合的方式进行证券投资的一种利益共享、风险共担的集合投资方式。基金的内涵如图 6-1 所示。

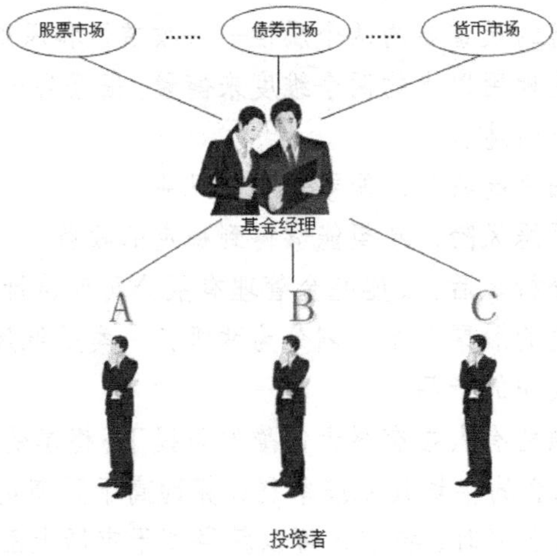

图 6-1　基金的内涵

二、基金的特点

（一）集合投资，分散风险

投资基金可以将零散资金巧妙地汇集起来，分散投资于多种证券，即进行组合投资，避免出现因某几种证券造成损失而招致满盘皆输的局面，使人们用少量资金也能享受组合投资所带来的便利。

（二）专家管理

基金是由具有丰富投资管理经验的专业性管理机构——基金经理人管理的，投资者仅承担极低的费用，便可享受经理人的专业理财服务。

（三）投资小，费用低

在我国，每份基金单位面值为人民币 1 元，封闭式基金和上市开放式基金最低可买 100 份，开放式基金最低投资金额一般为 1000 元。而且基金的费用通常较低，一般证券交易佣金量的多少是随着交易数额的增加而递减的。如果基金数额庞大，则投资者可以享受佣金折扣的优惠。

（四）实行基金托管制度，使投资运作与财产保管相分离

基金运作实行基金托管人制度，基金资产保管由专门的托管人负责，由托管人单独建账、保管，实现了基金投资运作与托管分离，不仅保障了基金资产的安全，而且通过托管人对管理人的有效监督，可以促进基金管理人的规范运作。

三、基金的参与主体

（一）基金投资人

基金投资人又称基金单位的持有人，是基金资产的最终所有人，享有本金受偿权、收益分配权及大会表决权。

（二）基金管理人

基金管理人是负责基金的发起、设立与投资运作的专业性机构。基金管理人负责拟定基金投资计划，指示托管机构按照其投资决策处理基金资产，监督托管机构不得违反有关契约规定。在日常投资运作中，基金管理人按照基金契约规定的投资范围、投资组合，选择符合条件的债券等进行投资，并承担基金会计核算、基金估值、基金信息披露等职责。

（三）基金托管人

基金托管人是依据基金运行中“管理与保管分开”的原则对基金管理人进行监督和对

基金资产进行保管的机构。基金托管人根据基金契约或合同的规定，保管基金资产，按照基金管理人的投资指令划拨资金，进行清算/核算，实施对基金管理人的监督，以及保管资金的重大合同和凭证等。基金托管人的存在，主要是为了保障广大投资者的利益，防止基金资产被挪用。

（四）基金关系人之间的关系

基金关系人之间的关系是合同里所确立的。基金投资人是基金资产的所有者，是基金信托资产的委托人，又是基金信托资产的受益人。基金管理人处于日常经营管理活动的中心，负责基金的日产投资决策与管理。基金托管人与基金管理人之间是一种相互监督、分工协作的关系。基金承销人承担了一个代理人的角色。在投资基金的实际运作中，基金管理人对资产的控制能力是最大的。

第二节 基金产品的分类及主要产品

一、基金产品的基本分类

基金产品种类繁多，可按不同的方式进行分类。

（一）按基金的组织形式分类

按基金的组织形式，基金产品可分为契约型基金和公司型基金。

契约型基金也称合同型基金，是指把投资者、管理人、托管人三者作为基金的当事人，通过签订基金契约的形式发行受益凭证而设立的一种基金。

公司型基金依《中华人民共和国公司法》成立，通过发行基金股份将集中起来的资金投资于各种有价证券。公司型基金在组织形式上与股份有限公司类似，基金公司资产为投资者（股东）所有，由股东选举董事会，由董事会聘请基金管理人，由基金管理人负责管理基金业务。

契约型基金与公司型基金的区别主要体现在以下 3 个方面。

（1）投资者的地位不同。公司型基金的投资者购买基金后成为公司的股东，享有表决权；契约型基金的投资者只是受益人，无表决权。

（2）资金的性质不同。契约型基金的资金是通过发行受益凭证筹集起来的信托财产；公司型基金的资金是通过发行普通股票募集起来的，为公司法人的资本。

（3）基金的营运依据不同。契约型基金依据基金契约营运基金，公司型基金依据公司章程营运基金。

（二）按基金是否可以赎回分类

按基金是否可以赎回，基金产品可分为开放式基金和封闭式基金。

开放式基金是指在基金设立时，基金的规模不固定，投资者可随时认购基金单位，也可随时向基金公司或银行等中介机构提出赎回基金单位的一种基金。

封闭式基金是指基金的发起人在设立基金时，事先确定发行总额，筹集到这个总额的80%以上时，基金即宣告成立，并进行封闭，在封闭期内不再接受新的投资。在封闭期内，投资者不能向基金管理公司提出赎回，基金的受益单位只能在证券交易所或其他交易场所转让。

开放式基金和封闭式基金的区别主要体现在以下几个方面。

（1）期限不同。封闭式基金有固定的存续期，开放式基金没有固定的存续期。

（2）发行规模可变性不同。封闭式基金不能扩大基金的规模，而开放式基金可以。

（3）基金单位的交易方式不同。封闭式基金在交易所挂牌买卖，投资者可以将其所持有的基金单位转让出售给其他投资者，变现投资。开放式基金一般不上市，投资者如果想买卖开放式基金，只能通过向基金管理公司或其代销机构申购赎回申请，确认有效后才能进行基金的买卖。

（4）基金单位交易价格的决定方式不同。封闭式基金在证券交易所挂牌交易，其价格随行就市，直接受基金供求关系及股市、债市行情等方面的共同影响，一般总是偏离基金的资产净值。开放式基金申购赎回的价格，以每日计算出的该基金资产净值为基础，加上或减去必需的申购或赎回费用。

（5）投资策略不同。封闭式基金在整个封闭期内，资本规模固定，基金管理人可以进行长线投资。开放式基金要随时应对投资者的申购和赎回，为此，基金资产必须留存部分现金及流动性强的资产，所以开放式基金的资产不能全部进行长线投资。

（6）信息披露要求不同。封闭式基金不必按日公布资产净值，只需要每周公布一次单位资产净值。开放式基金要求基金管理公司每个开放日公布基金单位资产净值。

（三）按投资目标分类

按投资目标，基金产品可分为成长型基金、收入型基金和平衡型基金。

成长型基金是指把追求资本的长期成长作为投资目的的投资基金，主要投资成长型公司的股票。成长型基金又可以分为稳定成长型基金和积极成长型基金。稳定成长型基金一般不从事投机活动。积极成长型基金追求资本的最大增值，这种基金收益最好，但平均风险程度也最高。

收入型基金是指主要以为投资者带来高水平的当期收入为目的的投资基金。

平衡型基金既关心资本增值也关心股利收入，甚至还考虑未来股利的增长，但最关心的还是资本增值的潜力。

（四）按投资对象分类

按投资对象，基金产品可分为债券基金、股票基金、货币市场基金、混合型基金。

债券基金是以国债为主要投资对象的证券投资基金，基金的收益率受汇率变动的影响。由于国债的年利率固定，又有国家信用作为保证，因此这类基金的风险较低，适合稳健型投资者。一般来说，债券基金 80%以上的基金资产要投资于国债。

股票基金是以股票为主要投资对象的证券投资基金，其投资目标侧重于追求高成长性和长期资本增值。一般来说，股票基金 60%以上的基金资产要投资于股票。

货币市场基金是以全球的货币市场为投资对象的证券投资基金，如银行短期存款、国库券、银行承兑票据及商业票据等，期限一般为一年以内，其收益通常会随着市场利率的变化而变化。货币市场基金的最大特点是具有较强的灵活性，一般 1～2 个工作日即可赎回，并且其年收益一般在 2%以上，高于一年定期存款收益，购买货币基金可谓是“存活期的钱，拿定期的收益”。针对这一特点，投资者可以购买货币市场基金来替代传统的活期储蓄和一年以内的定期储蓄。

混合型基金是指投资于股票、债券和货币市场工具，并且股票投资和债券投资的比例不符合股票基金、债券基金的基金。

（五）其他类型的基金

1．上市开放式基金

上市开放式基金（Listed Open-ended Fund，LOF）是指在交易所上市交易的开放式基金。投资者既可以在指定网点申购和赎回基金份额，也可以在交易所像买卖股票一样买卖该基金。不过投资者如果是在指定网点申购的基金份额，想要上网卖出需办理一定的转托管手续；同样，如果是在交易所网上买进的基金份额，想要在指定网点赎回，也需办理一定的转托管手续。LOF 是对开放式基金交易方式的创新。

2．交易所交易基金

交易所交易基金（Exchange Traded Fund，ETF）是一种在交易所买卖的有价证券，代表一篮子股票的所有权。投资者以这一篮子股票为担保，将其分割为众多单价较低的投资单位——ETF 基金份额。投资者既可以在证券交易所像买卖股票一样买卖 ETF，也可以通过赎回 ETF 基金份额换得所存托的一篮子股票。

3．指数基金

指数基金（Index Fund）是指按照某种指数构成的标准购买该指数包含的证券市场中的全部或者一部分证券的基金，其目的在于达到与该指数同样的收益水平。指数基金最突出的特点是费用低廉和延迟纳税。

4．QDII

QDII 是指在一国境内设立，经该国有关部门批准从事境外证券市场的股票、债券等有价证券业务的证券投资基金。QDII 是在货币没有实现完全可自由兑换、资本项目尚未开放的情况下，有限度地允许境内投资者投资境外证券市场的一项过渡性的制度安排。

基金公司开展的 QDII 业务，主要是直接投资境外证券市场不同风险层次的产品。与此前银行同类产品主要投资单一市场或结构性产品及多数采用投资外包不同，基金公司的 QDII 产品投向更为广泛，其投资目标锁定全球股票市场，具有专业性强、投资更为积极主动的特点。与第二代银行 QDII 允许直接投资海外股市的比例达 50%相比，基金 QDII 产品投资海外股市的比例理论上可达到 100%。在投资管理过程中，除借助境外投资顾问的力量外，国内基金公司组成专门的投资团队参与境外投资的整个过程，享有完全的主动决策权。此外，基金 QDII 产品的门槛较低，适合更为广泛的投资者参与。大部分银行 QDII 产品认购门槛为几万元甚至几十万元人民币，而基金 QDII 产品起点仅为 1000 元人民币。

5. 伞形基金

伞形基金（Umbrella Fund）是指在开放式基金的组织结构下，基金发起人根据一份总的基金招募书发起、设立多只子基金，各子基金独立进行投资决策。其主要特点在于在基金内部就可以为投资者提供多种投资选择，并且子基金之间可以相互转换。伞形基金不是一只具体的基金，而是同一基金发起人对由其发起和管理的多只基金的一种经营管理方式。伞形基金本身并不构成独立的法律主体，而是作为一种结构，体现子基金之间的共同特征和相互转换、相互依存的关系。

二、基金的历史及主要产品

基金萌芽于荷兰，1822 年，荷兰国王威廉一世创立了第一只私人基金，委托专业管理人员操作，专门投资于外国政府证券，这就是早期的证券投资信托。开放式基金起源于英国，1868 年世界上首只开放式基金成立。1924 年 3 月 21 日在波士顿设立的马萨诸塞投资信托基金（Massachusetts Investment Trust，MIT）是世界上第一只公司型开放式基金，也是美国第一个具有现代意义的共同基金。此后共同基金开始在美国盛行。

截至 2016 年年底，全球开放式公募基金资产规模达到 40.4 万亿美元。全球开放式基金资产 51%的份额分布在美洲，36%的份额分布在欧洲，13%的份额分布在非洲和亚太地区。全球开放式基金资产的 42%为股票基金，22%为债券基金，14%为混合型基金，13%为货币市场基金。1997—2017 年，全球私募基金的代表——对冲基金管理规模从 1182 亿美元发展到 3.54 万亿美元，增长了 28.95 倍。中国的私募基金同样发展迅猛，截至 2017 年年底，中国证券投资基金业协会已登记私募基金管理人为 22446 家，2016 年同期为 17433 家；已备案私募基金为 66418 只，管理基金规模达 11.10 万亿元，较 2016 年同期的 7.89 万亿元增加了 40.68%。

我国的开放式基金自正式规范化发展以来，经历了飞速的发展。南方、国泰、华夏、鹏华、富国、嘉实、华安、博时、长盛和大成这十家公司，是证监会最先批准的十家基金公司，被称为“老十家”。经历了多年的成长和发展，截至 2018 年 5 月 31 日，我国共有 4939 只基金，基金总资产规模达 124954.64 亿元。其中开放式基金为 4911 只，封闭式基金为 28 只，开放式基金占比达 99.43%。细分下去，股票基金总数占比为 16.26%，资产占比为 6.20%；混合型基金总数占比为 45.10%，资产占比为 13.88%；债券基金总数占比为 25.12%，资产占比为 13.60%；货币市场基金总数占比为 8.09%，资产占比却高达 63.87%；其他基金总数占比为 5.43%，资产占比为 2.45%。不同基金类型数量分布及资产占比如图 6-2、图 6-3 所示。

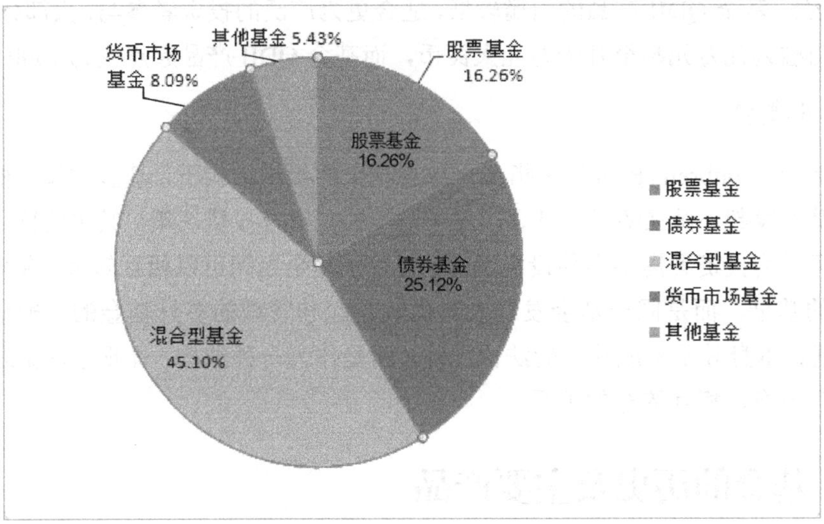

图 6-2　不同基金类型数量分布

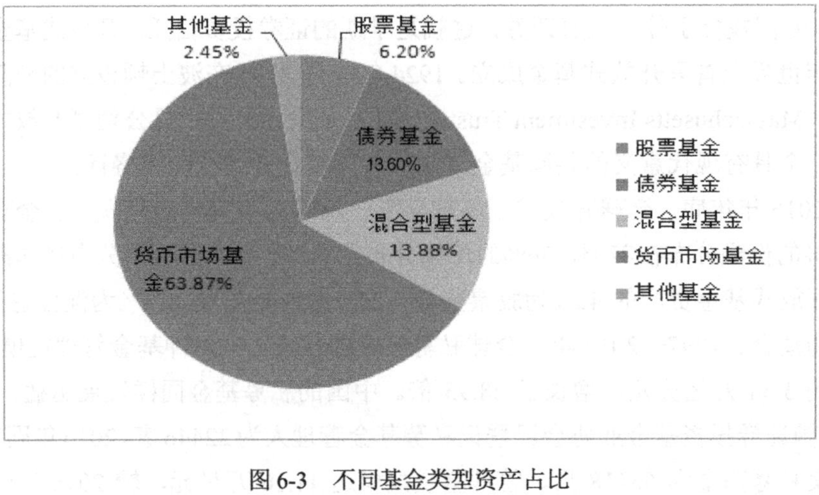

图 6-3　不同基金类型资产占比

第三节 基金的市场细分和目标定位

一、基金市场营销

（一）基金市场营销的概念

基金市场营销是指为了创造基金管理公司与目标客户的交易机会，而对基金产品的构思、定价、促销和分销进行策划和实施的过程。

基金市场营销不能简单地等同于推销、销售或销售促进，其包括基金产品、价格、促销、市场定位等诸多活动。基金市场营销是围绕客户的需要而展开的，且市场营销的内涵是随着基金市场营销活动的实践而不断变化、发展的。

（二）基金市场营销的特点

基金属于金融服务行业，其市场营销又不同于有形产品的营销，有其特殊性，具体体现在以下几个方面。

1．无形性

基金是一种无形的金融产品，对此，营销人员必须向客户证明其服务质量，并在提供服务时向客户说明该服务的益处，以便建立良好的信誉。

2．专业性

营销人员应广泛了解股票市场、债券市场、银行存款、保险等各种金融工具，在营销过程中将有关知识以服务的方式传递给客户。与一般有形产品的营销相比，基金对营销人员的专业水平有更高的要求。

3．多样性

开放式基金的销售是通过银行、证券公司及基金管理公司的营业网点实现的。不同的销售机构为客户提供的服务项目、服务内容、服务手段等也是不同的。

4．持续性

基金市场营销的产品是理财产品或服务，不是“一锤子买卖”，不能只为了销售而销售，而是需要提供制度化、规范化的持续性服务。营销人员只有提供优质的、持续性的营销服务，才能不断扩大客户群体，扩大基金规模。

二、基金的市场细分

对基金的营销策划而言，要研究基金市场，首先要进行市场调研，在此基础上细分基金市场，寻找市场的空缺点确定目标和定位，然后建立可行的市场营销模式，树立品牌形象，从而锁定目标客户群体。目标客户是基金市场营销的中心，基金公司的一切营销活动都要围绕这一中心展开。健全的基金市场营销要求营销者仔细地分析客户，选择最好的细分市场并制定战略，以便以优于竞争者的方式服务于选定的细分市场。

（一）基金市场细分的重要性

基金公司的资源是有限的，而客户需求是无限的。怎样将有限的资源发挥最大的效用，是进行基金市场细分的根本目的。同时，由于客户自身特征的差异性，导致基金客户对基金产品具有不同的要求，识别基金客户千差万别的投资需求，也必须通过基金市场细分来实现。此外，由于基金产品所具有的独特性，使基金客户的价值取决于客户对基金产品的持有期，进行基金市场细分，满足不同群组基金客户的需求，以此延长基金客户对基金产品的持有时间，使基金公司获得最大的价值。

在基金行业，基金公司进行基金市场细分的重要性表现在以下几方面。

1．了解客户需求

基金客户投资基金的根本目的是获得投资回报。但由于基金客户个体的差异性，以至于其在投资回报之外，对于基金投资还具有千差万别的需求。开展对现有客户的细分工作，能够将客户按照风险承受能力、资金规模、持有状态、收益能力、管理费贡献度、客户价值等进行分类，分离出高价值客户。这有利于基金公司将有限的资源向高价值客户倾斜，并针对不同群体的客户设计不同的服务策略和产品策略，从而激励基金客户回报更多的贡献。

基金公司掌握了大量的客户交易数据。对这些数据进行分析，可以清晰地描述客户的行为，了解客户的交易趋向、风险偏好、流动性要求等。基金公司可以根据这些需求，设计相应的产品，提供有针对性的服务。例如，不同客户有着不同的风险承受能力。基金公司通过开展风险承受能力调查，获知客户风险承受能力等级后，可以向客户推荐与其风险承受能力相匹配的基金产品。又如，向那些对流动性需求较高的客户推荐货币基金产品，能够获得较高的购买成功率。因此，基金公司开展基金市场细分工作，找出同类客户所具有的共同特征，开展有针对性的维护工作，是维护现有客户、提升公司管理能力的重要举措。

2．降低营销成本

维护一个老客户的成本要远远低于发展一个新客户的成本。做好对现有客户的维护，培养客户对基金公司的忠诚度，能够大量节省基金公司的营销资源。随着电子信息技术的发展，搭建公司电子化营销平台，利用社会化媒体开展客户营销和维护客户，已成为企业营销的趋势。基金公司可以通过数据挖掘技术，进行客户分类，识别客户需求；也可以利用微博、微信、电子邮件、短消息等新型手段，开展批量服务营销，有助于大幅降低运营成本。

3．保护小额投资者

小额投资者在以价值为唯一衡量标准的体系中往往被忽视。小额投资者由于承受风险能力较低，常常表现出不成熟的投资行为。基金公司有必要针对这类客户设计专门的产品，满足他们的流动性需求。另外，在现有基金产品运营阶段，经常会出现大额资金套利的现象。这种套利一旦形成，往往会导致较好的投资收益被大额资金摊平，使小额投资者利益受损。因此，基金公司应该针对小额投资者建立特殊的保护政策，对大额套利资金予以阻止。基金市场细分有利于基金公司为保护小额投资者制订和开展专门的保护计划。

4．发展直销业务

除利用代销渠道销售外，大型基金公司一般还保有直销客户，直销客户为基金公司带来的贡献远大于代销客户。目前，构成基金公司直销客户的有保险公司、财务公司、私人业主及基金公司网上交易客户等。对大型机构客户的维护工作基金公司还是相当重视的，一直以来都配备了素质较高的客户经理着力维护。但是对于小型机构客户、网上交易客户，由于他们带来的基金申购量较低，而往往不能得到充分的重视。随着保险公司销售基金牌照的放开，保险机构通过基金公司直销购买基金的状况在逐渐改变。

基金公司通过基金市场细分能够将客户按性质、金额、销售渠道进行细分，这将有利于公司加大对重点客户的直接维护力度。未来，电子化交易将成为基金销售的重要通道，各大电子商务平台将成为基金公司直营店的通道。直营店模式是“便利”服务概念的延伸，是依靠客户“黏性”发展的营销模式。基金公司可以根据网络直销客户的特点，为直销客户专门设计产品、提供特殊的优惠服务，这种模式本身就是市场细分的结果。如果能持续开展对基金持有客户的研究，促进原有代销客户向直营店的转化，便能使直营店模式发挥更大的效用。

5．迎接市场机会

我国正在步入老龄化社会，如何安享晚年成为很多客户现实的理财需求。让基金投资成为个人养老金的来源应该成为基金公司发展的新的推动力。做好客户需求的分析，开发与养老理财相关的产品和服务，应该成为基金公司的努力方向。此外，我国应借鉴国外养老金管理的制度，发展具有中国特色的养老金投资计划。我国政府目前正在开展有关个人养老金的制度设计，不排除将来会有类似的计划出台。这将为基金公司的发展注入新的活力，尽早开展这方面的客户需求研究，有助于基金公司迎接新的市场机会。

（二）基金市场细分的挑战性

如前所述，为提升基金公司的盈利能力和管理水平，开展基金市场细分工作非常有必要。但同时基金公司也应该清醒地认识到，全面开展基金市场细分工作、发挥基金市场细分的作用，还面临着众多的挑战，如下所述。

1．细分变量难以确定

基金投资的本质是人们对金钱的态度。基金客户的投资决策不仅取决于产品本身的风险和收益，往往还与客户的个人属性和特征有较大的相关性。个人心理因素是最难衡量的变量。基金客户对投资基金产品的态度、对持有产品所产生的投资体验等都是难以量化的因素。这些因素导致在基金市场细分过程中，很多数据难以收集，很多变量无法量化，给细分研究造成困难。

2．频繁操作

与国外的资本市场相比，我国的基金投资市场存在发展较晚、监管机制不健全、资产规模波动性大、客户成熟度不够等现象。其中，客户成熟度不够的一个主要标志是基金客户对开放式基金进行频繁操作。从开放式基金的本质来看，股票基金在构建基金组合时，投资管理人已充分调研了上市公司的基本情况，通过分散化投资降低风险，所以基金客户无须时刻根据股票市场的涨跌而频繁买卖基金。如果基金客户像操作股票一样频繁买卖基金，一方面手续费成本很高，另一方面开放式基金的净值波动远远低于单个股票的波动，所以几乎不存在炒作的空间。这种频繁操作增加了基金持有的成本，造成投资损失，影响了投资收益。同时，频繁操作混淆了客户真实的委托投资意愿，在分析细分变量时，造成变量失真，导致分类错误的结果，影响了基金市场细分工作的识别和判断。

3．波动性

客户细分的一个重要方面就是对客户价值的判断。基金公司的盈利主要来源于管理费收入，而管理费收入又与基金资产规模密切相关。如果基金资产的波动性较大，基金公司所获得的管理费的不确定性也会增大。基金资产规模的不确定性，一方面来自基金运作管理所产生的净值变化，另一方面来自客户的主动性申购和赎回的操作行为。

如果基金资产规模的变动主要来源于投资收益的高低，即主要来源于市场变化，那么衡量资产净值就变得相对容易。在现实基金业务中，基金资产规模的大幅度变化，容易造成人们对基金产品价值或客户价值的误判。例如，某基金投资产生了较大的收益，净值增加，从而带动资产净值增加。客户享受到了增值的益处，但客户出于“落袋为安”的心理，纷纷选择赎回该基金，则会造成基金资产的缩水。基金管理者为了应对相对集中的大规模赎回现象，往往需要抛出较多股票，可能导致基金执行层面的“巨额赎回”现象，一旦这种现象形成，不仅会对基金运作造成冲击，对基金公司的品牌和声誉也会造成重创。所以，在以基金资产规模作为变量计算客户价值时，往往会遇到资产净值与客户价值不匹配的情况。也就是说，当以基金管理费作为价值考察要素时，很难分清哪些价值来自客户，哪些价值来自基金经理的投资运作，从而影响到客户价值的准确计算。

（三）基金市场细分的一般方法

基金的潜在个人投资者，其行为特征、需求特点、影响购买决策的变量都是有差异的，如果不加以区别、拉长战线，只会无的放矢、广种薄收。我们可以对基金的客户群体依据不同的细分变量加以归类。

1. 根据客户投资目的细分

很多时候，投资都是客户圆梦的方式。梦想不同，选择的基金类型也会不同。根据客户投资的目的不同，国内的基金公司做出了如下市场细分（见表 6-1）。

表 6-1 根据客户投资目的细分

理财目标	分 析	相应基金产品
消费	追求资金的快速积累，可选择高增长、高风险的投资	股票基金
旅行	希望在短期内达成小额收益的目标，可以考虑高风险基金的投资	股票基金
购车	全款购车价较高的投资者，可以考虑高收益的基金；反之，应考虑混合型基金或加强型的债券基金	股票基金、混合型基金
结婚	通常，结婚的资金应该是可以立刻用到的基金，因此投资应该以收益相对稳定、风险适中的基金为主	股票基金、平衡型基金
购房	所在城市不同、房屋大小不同的房价会有较大差别，全款支付与分期付款也会影响基金的选择	股票基金、债券基金、QDII
子女教育	一次性投资可以考虑平衡型基金或基金组合，更合理的方式是定期定额投资	平衡型基金、股票基金、指数型基金
退休养老	退休金应该及早考虑，定期定额投资是制定养老规划的法宝之一	平衡型基金、债券基金、股票基金、指数型基金、货币市场基金

2. 根据客户与产品风险匹配细分

按照客户的风险偏好，可以将客户分为激进型客户、稳健型客户和保守型客户。激进型客户主要是指那些愿意冒很大风险的客户，这类客户心理承受能力非常强。稳健型客户是指那些愿意承担一定风险同时对收益有一定预期的客户。而保守型客户是指心理承受能力很差，对收益没有太多要求，以保本为主要投资目的的客户。

客户位于不同的人生阶段，每个人的“背景”和“筹码”也不一样，针对不同的年龄段，大致可以对客户的风险偏好进行划分，并结合风险平衡，对投资者进行市场细分（见表 6-2）。

表 6-2 根据客户与产品风险匹配细分

人生阶段	情 况	预期回报	风险偏好类型	相应基金产品
18～30 岁	未婚或刚刚组建家庭，经济基础不稳定	>10%	激进型+稳健型	股票基金、指数型基金
31～40 岁	人生的黄金十年，属于财富快速积累期	>10%	激进型+稳健型	股票基金、指数型基金
41～50 岁	收入稳定，开始规划自己的生活	8%～10%	稳健型	股票基金、指数型基金、混合型基金

续表

人生阶段	情　况	预期回报	风险偏好类型	相应基金产品
51～60 岁	职业生涯的顶峰	6%～8%	稳健型	债券基金、股票基金、混合型基金
60 岁以上	以富足的状态退休并享受生活	≤5%	保守型	债券基金、货币市场基金

在各人生阶段中，稳健型客户的分布是最广的，遍布 18～60 岁各个年龄段，是市场中主要的风险偏好类型。稳健型客户有一定的风险承受能力，希望获得稳健的投资回报，喜欢风险和收益均适中的基金产品。在产品策略方面，要更多的关注此类投资群体，推出合适的产品，满足其需求。例如，混合型基金中的“打新基金”和债券基金中的“二级债基”，风险和收益适中，可以更好地满足稳健型客户的需求。

3．根据客户持有基金的资金量细分

目前，在我国基金行业中许多基金公司根据客户持有基金的资金量来细分客户，如下所述。

（1）10 万元以下，普通客户。

（2）10 万～50 万元（含），中级客户。

（3）50 万～100 万元（含），中产客户。

（4）100 万～500 万元，大客户。

（5）500 万元以上，超级大客户。

不同的客户等级对应不同的客户关系管理方式，如下所述。（服务层次按照由低到高的顺序排列。）

（1）电子类服务：产品咨询，市场行情分析，特殊纪念日短信祝福。

（2）通信类服务：电话回访，基金份额清单寄送，期刊寄送，投资季报寄送。

（3）礼品回馈服务：生日礼品寄送，纪念品寄送，奖品寄送。

（4）俱乐部服务：金融博览会，投资者见面交流会，投资策略会，客户沙龙，走进基金公司等大型交流活动。

通过这些服务和活动的开展，基金公司保持同基金份额持有人的联系，以及进行产品售后的维护和新产品的推广，并且取得了较好的效果。除了上面提到的客户细分方式，基金公司还对资产量在 100 万元以上的投资者进行了再次的细分。100 万元以上的客户为一对多客户，5000 万元以上的客户为专户客户，2 亿元以上的客户为公司级客户。

4．根据客户需求和购买力细分

市场营销理论将市场定义为产品的现实和潜在的购买者，产品的市场是由它的买方组成的。消费者对某一产品购买行为的最终实现必须具备两个条件：一是该产品能够较好地满足他的某种需求；二是消费者必须具备相应的购买力。当两个条件同时满足时购买行为才会出现，市场才能形成。

将两个条件进行综合，用需求作为细分依据，将基金市场划分为以追求一种投资工具

为动机和享受专业理财服务为动机的两部分细分市场；在以购买力为细分依据时，将基金市场分为购买力强的投资者组成的和购买力弱的投资者组成的两部分细分市场，并且以坐标系的 *Y* 轴表示购买力强弱，以 *X* 轴表示需求的两种类型，将总的市场分成 4 个部分（见图 6-4），不同的象限代表了不同的细分市场。第一象限代表的是以投资工具为购买动机并有较强购买能力的消费者群体组成的细分市场，称为专家市场；第二象限代表的是以享受专业理财服务为购买动机同时具备较强购买力的消费者群体组成的细分市场，称为明星市场；第三象限代表了以享受专业理财服务为购买动机但购买能力较弱的消费者群体组成的细分市场，称为百姓市场；第四象限代表的是以投资工具为购买动机但购买力相对较弱的消费者群体组成的细分市场，称为股民市场。

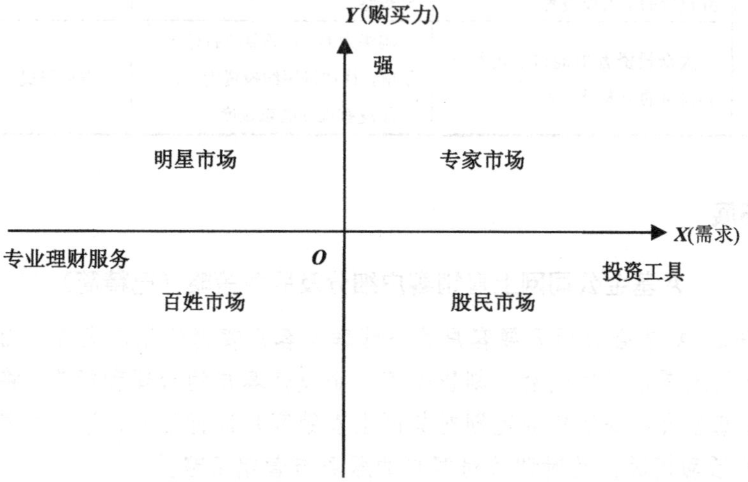

图 6-4　细分市场象限

表 6-3 中对不同市场类型细分市场的客户属性、特征及主要组成客户进行了归纳整理。明星市场中的投资者一般拥有数额较大的投资资金，但对证券投资不十分精通、往往不会亲自投资于证券市场，因此他们只能委托专业人员代其投资，他们对服务质量有一定的要求，投资某基金后往往忠诚度较高。该市场的主体便是那些拥有较多可支配资金的个人和不设专业投资部门的机构投资者。专家市场中的投资者同样拥有很强的购买能力，但他们具备证券投资的专业技能、有很强的信息收集能力和丰富的投资经验。他们往往是专业投资者，对证券投资有很强的主动性，他们需求的不是专业理财服务而是更多的市场投资工具，他们把基金产品作为投资组合中的组成部分，结合其他类型的金融工具，以求能最大化地消除非系统风险，实现收益最大化。这部分消费者由专业投资机构和以证券投资为职业并具备较多投资资金的个人投资者组成。百姓市场中的投资者不具备很强的购买能力同时又不具备自己投资证券市场的能力，大多数的个人投资者都符合这样的条件。股民市场中的投资者同样只具有较少的可用于投资的资金，但他们的投资能力却能达到专业水平，符合这一特点的主要是大众投资者中具备专业投资能力的那部分人群。

表 6-3　细分市场的情况归纳

市场类型	客户属性	特　征	主要组成客户
明星市场	中高收入个人投资者中不具备专业投资能力的部分，非专业投资机构	购买力强，对服务质量要求高，有一定的忠诚度	1. 保险公司； 2. 社保基金； 3. 三类企业（国有企业、国有控股企业、上市公司）
专家市场	中高收入个人投资者中具备专业投资能力的部分，专业证券投资机构	购买力强，以产品的投资策略和收益—风险属性为是否投资的重要参考标准	1. 专业证券投资机构； 2. 具有较高资产的个人证券投资者
百姓市场	大众投资者中不自主进行证券投资的个人投资者	平均购买力弱，对投资收益十分敏感	普通居民
股民市场	大众投资者中能自主进行证券投资的个人投资者	购买力弱，对基金产品有一定了解，往往以短线投资为主，对产品没有很高的忠诚度	普通股民

知识拓展

A 基金公司网上直销客户细分及服务策略（已精简）

客户细分是 A 基金公司开展客户关系管理与客户营销的先前准备，而且是一个动态的过程，尤其是股票市场的波动时刻影响着基金投资客户的心理和行为，将直接导致客户群的变化。A 基金公司每半年会定期对其网上直销客户进行细分，并关注客户在不同细分客户群之间的活动情况，及时调整对客户的服务与营销策略。

一、A 公司网上直销客户细分

A 公司以交易总平均金额和交易总次数为划分依据，将客户划分为优质客户、乐于投资型客户、经常型客户和不确定型客户。

（1）优质客户：该类客户的当前/实际价值和潜在价值都比较高，是公司利润的基石。一个公司拥有的优质客户越多，市场就越稳定，公司就越有发展的潜力。公司应当把重要资源投入保有和发展这类客户上，对他们设计和实施一对一的客户保有策略，不遗余力地做出各种努力保持住他们。例如，充分利用各种手段不断主动地与这类客户进行有效沟通，真正了解他们的需求，进而为他们提供市场投资资讯、定制化产品和服务。

（2）乐于投资型客户：该类客户的当前/实际价值比较高，而潜在价值比较低。从客户生命周期的角度看，该类客户可能已经进入稳定期，他们的盈利能力比较好，消费结构已经得到优化，未来在增量销售、提高利润方面已没有多少潜力可挖。但是，这类客户对公司也十分重要，公司是花了很大代价才使客户关系进入稳定期的，现在正是公司从他们身上获得回报的黄金季节。因此公司应在他们身上投入足够的精力，千方百计地保持住这类客户，延长该类客户的稳定期。公司也可以通过多种手段让客户尝试多样化的服务，促使客户产生新的需求，尽可能地将该类客户转化为优质客户。

（3）经常型客户：该类客户的潜在价值比较高，而当前/实际价值比较低。从客户生命周期的角度看，该类客户可能处于成长期，双方没有建立足够的信任和相互依赖的关系。如果改善与这些客户的关系的话，那么在未来这些客户将有潜力为公司创造可观的利润。对于这类客户，公司应当投入适当的资源，通过不断向客户提供高质量的产品、有价值的信息、优质的服务，甚至个性化解决方案等，让客户持续满意，使其形成对公司的高度信任，从而促使其成为优质客户。

（4）不确定型客户：该类客户的两类指标都处于比较低的水平，是最没有吸引力的一类客户，但该类客户在网上直销客户的占比高达95.7%，是不可忽视的客户群体。在该类客户的改进路径方面，公司应适当挖掘他们的潜力，把他们培养成经常型客户或乐于投资型客户，并使其最终成为优质客户。

二、A公司网上直营客户的服务策略

1．优质客户的服务策略

优质客户偏好频繁交易，且交易的金额大。对应的服务策略如下。

策略一：短期资产配置建议。

每月定期主动与客户进行电话沟通，回顾优质客户在基金公司的投资账户情况，结合产品特性、市场条件与客户期望做资产配置的调整建议，提升客户对基金公司服务的感知，给客户留下关心其投资的良好服务印象。

策略二：即时的金融资讯传递。

进行最新市场解读，研究各券商的行业报告、阶段投资策略、基金经理的阶段投资回顾与展望等资讯，帮助优质客户制定应对市场波动的投资理财策略。

策略三：理财课堂、理财沙龙的组织。

通过面对面交流平台的搭建，以理财课堂、理财沙龙的形式，定期或不定期地与客户沟通近期市场观点与基金的投资策略。

策略四：客户服务专线。

在优质客户拨打客户服务专线时，优先接入客户服务团队的人工服务，快速、专业地解决其在基金公司投资过程中的疑问。

2．乐于投资型客户的服务策略

乐于投资型客户交易的金额大，但交易相对较不频繁，定投的参与度低。对应的服务策略如下。

策略一：一对一的专属投资顾问。

招募沟通能力佳、具有金融理财师资格的服务人员，与乐于投资型客户建立一对一的联系，为其提供有关在基金公司投资的大小事宜的咨询与解决方案，提出投资顾问“一站式”解决的服务模式。

策略二：长期理财规划服务。

在与客户建立了友好信任的伙伴关系后，适时推出高端客户的理财规划服务，根据客户的实际投资现状、资金情况与投资期望提出客观、专业的理财规划建议书，打破基金公司投资顾问只推荐自家基金产品的固化行为，更为贴心地为高端客户理财投资出谋划策，加深客户的信任与对基金公司的忠诚度。

策略三：全面专业的金融资讯传递。

定期传递显示客户账户情况的对账单，研究各券商的行业报告、阶段投资策略、基金经理的阶段投资回顾与展望等资讯，为乐于投资型客户的投资做服务增值，为乐于投资型客户自身的投资理财策略提供参考。

策略四：礼品赠送与理财沙龙的组织。

中秋、新年、生日等重要日期的礼品赠送，理财沙龙可通过理财报告会或者与基金经理餐叙的方式开展。阶段性地进行投资情况汇报，搭建更多轻松、互动的平台，创造餐叙等见面机会，加深乐于投资型客户对投资顾问与基金经理的了解与认识。

策略五：客户服务专线。

在乐于投资型客户拨打客户服务专线时，优先接入客户服务团队的人工服务，快速、专业地解决其在基金公司投资过程中的疑问。

3．经常型客户的服务策略

经常型客户偏好定投，但交易的金额较小。对应的服务策略如下。

策略一：客户服务专线。

在经常型客户拨打客户服务专线时，优先接入客户服务团队的人工服务，快速、专业地解决其在基金公司投资过程中的疑问。

策略二：日常资讯的服务。

在资讯的内容上侧重定投组合、定投产品及定投功能的介绍与案例，帮助经常型客户了解其自身的投资偏好，增强经常型客户对定投的信心，从而增加交易笔数与申购金额，提升客户对基金公司的黏性。

4．不确定型客户

不确定型客户偏好定投高风险的产品，其交易金额与频率相对低。对应的服务策略为提供常规的服务项目，在资讯服务中多做定投的推荐，通过服务加营销的手段，促进不确定型客户向经常型客户转型。

三、基金的目标定位

目标定位就是对公司的产品进行设计，从而使其能够在目标客户心目中占有一个独特的、有价值的位置的行动。实现市场定位后，余下的营销活动，如营销传播和定价将紧随其后展开。为了制定更加稳健的定位战略，我们应该首先回答如下问题。

（1）我们目前是为哪些客户服务的？未来希望将哪些人作为目标客户？

（2）我们现在的基金产品及服务有哪些特点？他们分别针对哪些细分市场？

（3）我们的产品与服务和竞争者有哪些不同？

（4）在选定的细分市场中，客户是否认为我们的产品与服务能充分满足他们的需求？

（5）在这些细分市场中，我们需要做出哪些改变来增强我们的竞争力？

（6）在我们的利益相关者的心目中，我们的公司/品牌意味着什么？

产品差异化，对任何金融机构而言都是具有挑战性的。目前，国内各基金公司大多采用的是无差异营销战略。但随着社会、经济的发展，基金产品将会成为机构和个人的一个重要投资选择。对于有一定资源和实力的基金公司，应该采用差异性市场营销战略，针对各个细分市场设计相应的基金产品，也就是说，这些基金公司应该选择大多数的细分市场作为自己的目标市场，并且要向不同的细分市场提供相应的基金产品。通过这种战略，基金公司才能发挥出自己资源上的优势，从而拥有别人无法撼动的市场竞争地位。

因为基金管理公司的总成本中固定成本占有相当大的比例，而产品在数量和种类上的边际成本的占比都十分小，所以一个具有强大研究团队和较多服务营销人员的基金公司完全有能力针对这些细分市场设计出相应的产品并提供配套的优质服务。而对于实力有限的基金公司，或者在某些细分市场中竞争十分激烈的情况下，公司可以只针对个别的细分市场进行产品营销，以避开强大的竞争者、弥补自己资源有限的劣势。

从客户需求和购买力角度细分，一个具有较广的销售渠道和较强销售能力的基金公司，可以重点选择百姓市场，具备优秀的理财服务能力的公司可以考虑以明星市场作为目标市场，而在投资研究上实力雄厚的基金管理公司可以以专家市场和股民市场为重点目标市场。从客户风险偏好角度细分，股票基金应以激进型客户为目标市场，货币市场基金应以保守型投资者为重点目标市场。

【案例 1】

W 公司货币市场基金产品定位

货币市场基金自 2013 年以来得到了突飞猛进的发展，规模迅速扩大，基金公司更加注重通过提升流动性、拓展功能性和工具化的路径引领国内货币市场基金以创新的方式突出重围、再获新生。其主要有两个方向，场外余额宝、中信银行“薪金煲”代表活期储蓄闲置资金的创新，场内华宝添益、银华日利代表资本市场闲置资金的创新。

从场外货币市场基金市场来看，场外货币市场基金最有力的合作渠道可以分为三类。第一类是互联网平台。例如，支付宝由天弘基金独家占据，微信理财通由华夏基金、汇添富基金、广发基金、易方达基金四家占据。第二类是银行渠道余额理财平台。例如，中信银行“薪金宝”已与嘉实基金、信诚基金合作，兴业银行“掌柜钱包”与兴全基金合作，渤海银行“添金宝”与诺安基金合作。第三类为银行系基金公司，其利用股东银行代销渠道占尽优势。从 W 公司的角度出发，首先在与场外渠道合作方面已失先机，有效的渠道已被少数强有力的对手所占据，很难有挤入的空间。

在货币市场基金的规模得到有效增长之前，W 公司货币市场基金的基金经理受制于流动性安排的需求，以及在投资市场的议价能力，难以进一步提升收益。从以往 W 公司旗下货币市场基金的整体收益率水平来看，业绩排名基本处于中等水平，不具备明显的竞争优势，缺乏进场应对激烈竞争的资本。因此，场外货币市场基金在找到有效的合作渠道之前暂时不适合 W 公司未来的发展。

从场内货币市场基金来看，目前市场上这类基金的总体数量还不多，其交易形式是通过交易所统一挂牌，面向所有投资者群体和个人，不存在渠道垄断的情形，比拼得更多的是产品设计的前瞻性、合理性和公司持续的营销能力。因此，对后入场者而言，虽然入场晚了，但是就整体竞争环境而言相对比较公平。从客户需求来看，未来证券市场“转牛”会导致个人资产配置转变，保证金余额将呈现快速增长，保证金账户余额理财的需求必将得到相应的快速提升。场内货币市场基金买入起点仅为1万元，远低于券商现金管理产品5万元的起点，长尾效应突出。而对场内申赎型、交易型货币市场基金进行对比后，因为产品内生机制的原因，场内交易型货币市场基金在规模上比申赎型货币市场基金更容易做大，并且在收益性、流动性、便利性方面都更优于申赎型货币市场基金。

综合考虑以上各项因素之后，W公司货币市场基金产品将明确定位于场内交易型货币市场基金这一细分市场。它设立的目标将精准地针对股票投资客户大量闲置交易结算资金的增值需求，具有低门槛、便利性的明显特点。W公司有足够的能力利用现有的优秀的债券投资团队、独特的券商股东资源、完备的后台运营系统，来执行场内交易型货币市场基金的投资与持续的营销推广工作。

第四节 基金产品的营销战术

一、我国基金产品的主要营销渠道

我国开放式基金行业经过多年的发展，基金营销渠道已经形成了以商业银行为主，基金公司、证券公司、期货公司等机构共同参与的市场格局，但是不同销售渠道的发展极不均衡，银行优势明显。

（一）银行渠道

银行渠道主要是指国内的大型商业银行，它们在全国范围内有着非常庞大的网点资源和客户资源，是我国最早的一批代销基金的金融机构。其优点是资源多、渠道广泛，能够提供一定的营销支持；缺点则是售后服务不够完善。

（二）证券公司

证券公司相比于大型商业银行，网点和客户资源都要少很多，但是证券公司也有其自身的优点，即员工专业知识储备丰富，能够为客户提供优质、专业的咨询服务。

（三）独立的基金销售机构

独立的基金销售机构主要面向的是大型投资者，投资资金比较雄厚。在当前的互联网发展浪潮下，独立的基金销售机构拥有巨大的平台优势，很多大型的独立的基金销售机构都拥有自己的电子商务平台。

（四）基金公司

基金公司拥有自己的基金产品，销售的也基本是自己公司的产品。相对来讲，基金公司的产品类型较少，可供客户选择的空间较小，但是基金公司拥有专业的销售人员及自己的电子商务平台，在基金行业中也占据了一片天地。

（五）其他

保险公司、期货公司等机构的基金销售业务只是其副业，发展相对缓慢，得不到这些公司真正的重视，在人员和硬件设施方面都不占优势，发展前景较差。

二、基金产品的营销策略

（一）基金经理

在选择基金的时候，基金经理在客户心目中的分量较大，有时候甚至起着决定性作用。从“好基汇”统计数据来看，基金经理对基金的贡献占整体业绩贡献的 34.09%，换句话说，基金取得的业绩中约 1/3 是基金经理的功劳，其余 2/3 归功于基金公司的管理团队、基金风格等因素。

所以国内很多基金公司建立 CRM（客户关系管理）系统，要求基金经理针对潜在客户建立客户资料库，实现客户潜在需求向实际需求的转化，使潜在客户成为实际客户。与此同时，基金公司也以基金经理的能力作为一个基金的卖点，对基金经理进行有意识的包装，树立良好、专业的公众形象。

（二）广告

开放式基金的目标客户是投资意识不强的大众，因此广告成为其必要的营销策略之一。

在过去，基金公司在广告策略上也走过弯路。最初，基金的招募说明书、发行公告及代销银行的广告等一般只在几家证券报上刊登，这样就造成了广告媒体和目标市场之间的冲突。因为证券类报刊的读者群以股票类的投资者为主，投资意识不强的大众投资者较少阅读此类专业报刊。

工商银行代理销售的南方稳健成长基金的广告在个人销售期最后两天开始在多家大众媒体上刊登，这说明该基金公司在后期才醒悟到他们在媒体选择上存在偏差。华夏成长基金发行时，则采取了专业性媒体与大众媒体并重的策略，在《北京青年报》《新民晚报》

等地方性媒体上刊登了整版的软性广告，有效地向目标客户传递了有关的信息。

（三）网络营销

随着互联网的深入发展，网络成为基金公司比拼营销手段的“新战场”。网络直销、网络广告、网上客服，以及网络大型品牌宣传活动等不一而足。借助网络这个庞大的平台，基金公司不仅拓展了营销渠道，获得了更多的客户资源，还在一定程度上强化了自己的品牌效应。

对于客户而言，通过网上申赎基金，既方便快捷，又可以省去不少申赎费用，可谓一举两得。有专家预计，随着未来年轻人逐渐成为基金购买的主力军，偏好使用网络交易的他们，将促使基金公司将营销重心转移到网络营销上来。基金公司在网络营销领域的竞争才刚刚开始。

目前，网络直销已是基金公司的必争之地。许多基金公司都开通了网上交易平台，客户只要打开基金公司的网页或银行的相关网页，便可以登录交易平台，轻松完成基金的申购、赎回和转换等各项业务。

而在网络直销的形式上，各家基金公司也是绞尽脑汁。例如，上投摩根基金管理有限公司推出“兴业银行（股吧行情）卡网上直销定投功能”，持有兴业银行借记卡的用户，即可登录上投摩根网上交易平台签订最低 200 元的定投协议，享受费率 4 折的定投优惠。而中银基金则打造出“中银基金 e 网上直销平台”，与多家银行合作，使投资者在网上购买基金更加方便，费用也更加低廉。

（四）挂钩银行理财产品

事实证明，基金公司挂钩银行理财产品是一个成功的曲线营销模式，尤其在弱市基金发行艰难时作用更加明显。目前市场上这种模式的成功案例不在少数。例如，广发银行的“薪加薪”计划、深圳发展银行的“现金增利”计划和中国光大银行的“阳光理财月”计划等，这类银行理财产品主要针对基金公司的固定收益类产品。广发银行的“薪加薪”计划的投资标的为华安、南方、大成、易方达、博时、银河等旗下的货币市场基金和短债基金；深圳发展银行的“现金增利”计划的投资标的为博时和嘉实旗下的货币基金及博时的稳定价值债券投资基金；中国光大银行的“阳光理财月”计划的投资标的为大成货币市场基金。

这种模式使基金公司与银行实现了双赢。通过此项合作，基金公司可以借合作银行的信誉吸引一部分银行客户，同时也为合作银行吸收了大量的新增客户，扩大了合作银行的资金规模。

目前，很多基金公司已经感受到了银行理财产品对投资工具的需求，将银行品牌优势与基金公司的专业化投资能力结合、将基金产品与银行理财产品结合推向市场是基金营销的一个发展趋势。

三、基金产品的营销方法

基金销售人员在营销基金产品之前必须对基金产品的特点和基金公司的情况，以及对基金的投向、运作、策略、过往业绩、费率结构等做到全面掌握，然后从专业的角度，用通俗的语言向客户进行营销。下面列举几种基金营销的方法。

（一）找准目标客户

找准目标客户，即把基金推销给有需要的人。一个典型失败的例子：证券经纪人向追求当期收益存本取息的客户营销当期很少分红的成长型股票基金，遭到客户拒绝。很多证券经纪人感觉基金很难卖，最主要的原因是没有找准目标客户。没有找准目标客户，营销再多客户、营销再努力也是“白搭”！

【案例 2】

小王是××证券公司的一名证券经纪人，入职才一年，手中的客户资源有限。面对公司刚发行的××集合理财产品任务，小王感到压力很大。此集合理财产品的门槛很高，10 万元起步销售，小王感到有点力不从心。

小王翻开通讯录，给客户、亲戚、朋友挨个儿打电话，有点意向的全部做好标记，每天跟踪。其中有一个客户有点意向，小王喜出望外，把他约到驻点银行附近的咖啡厅详谈，让他对××集合理财产品有全面的了解。

当客户了解到该产品并不能保障一定的收益时，他表示该产品虽然有机会高收益，但很害怕它的高风险，于是一改前态，说再考虑考虑，容后再议。（没有找准目标客户）无奈！小王心痛不已！第一次见面约谈失败，虽说有点失落，但小王并没有灰心，依旧每天电话跟踪有意向的客户。

小王逐渐调整了营销思路，“哪些客户对此类集合理财产品会比较感兴趣呢？”他开始考虑。

小王突然想起以前一个客户经常问“××证券公司什么时候上市”，说他“要买××证券”之类的话。小王灵机一动，立马拨通了这位客户的电话，说××集合理财产品是为了配合××证券公司上市专门推出的，目的就是在上市之际，把利润提升一个台阶，收益可想而知。

客户一听，立马说好，只是他大部分的资金被套在股市，不方便动。小王马上问他还有没有别的方面的资金，他说有倒是有，就是在银行买了十几万元的纸黄金，刚买没多久，还没赚钱。小王建议他把银行的纸黄金卖掉一部分，拿出资金来购买这个产品。小王还特别跟他强调此集合理财产品截止日期是月底，只剩下几天时间，晚了就买不到了。（用最后期限敦促客户尽快下单）

第二天客户就去银行卖掉纸黄金，然后给小王打电话，接下来就是办理手续、下单，十分顺利。小王兴奋不已！

针对目标客户进行基金营销可以起到事半功倍的效果，对于基金销售人员来说，适合营销基金的目标客户可以分为以下几种。

（1）认可专家投资理念的客户。

（2）买过类似理财产品并且有盈利的客户。

（3）有理财需求，并有风险承受能力的客户。

（4）有闲置资金，愿意委托专家理财，做长期投资的客户。

基金销售人员需要平常积累这样的客户，了解客户的交易习惯、理财需求，关键时候即可向客户营销基金。

（二）开发客户的需求

作为基金销售人员要开发客户赚钱的欲望，如果没有需求，就开发客户的需求。

【案例 3】

把梳子卖给和尚，看上去是一件不可能完成的任务。张三和李四是卖梳子的业务员，每天到处推销梳子。有一天，二人结伴外出营销，无意中经过一处寺院。望着人来人往的寺院，张三大失所望，“唉，怎么会跑到这个鬼地方，哪有和尚会买梳子呢？”于是便打道回府了。

看到寺院的招牌，李四也是有点失望，但长期以来形成的职业习惯告诉自己：“不行动怎么会有结果呢？事在人为！”由于山高风大，李四看到进香者的头发都被吹乱了，于是想了想，便径直走进寺院，待见到方丈时他心里已想好了沟通的切入点。

见面施礼后，李四对方丈说：“方丈，您身为寺院主持，却做了一件对佛大不敬的事情。”方丈一听，满脸诧异，诚惶诚恐地问道：“敢问施主，老衲有何过失？”

李四说：“每天如此多的善男信女风尘仆仆，长途跋涉而来，只为拜佛求愿。但他们大多满脸污垢，披头散发，如此拜佛，是对佛之大不敬，而您身为寺院主持，却对此视而不见。”方丈一听，顿时惭愧万分：“阿弥陀佛，请问施主有何高见？”

“方丈勿急，此乃小事一桩，待香客们赶至贵院，你只需安排盥洗间一处，备上几把梳子，令香客们梳洗完毕，干干净净、利利索索拜佛即可！”李四答道。

“多谢施主高见，老衲明日便安排人下山购梳。”方丈觉得李四说得很有道理。

“不用如此麻烦，方丈，在下已为您备好了一批梳子，低价给您，也算是我对佛尽些心意吧！”经商讨，李四以每把 3 元的价格卖给了方丈 10 把梳子。

读完这个案例，不讨论案例的真实与否，但李四善于开发客户的需求非常值得基金销售人员学习，这是典型的中国式聪明的体现！

有些客户并非不想购买基金，而是不了解基金，或不知道买基金的作用和好处，自然就对基金没有需求。基金的作用和好处是什么呢？这是基金销售人员要搞明白的。

（三）声东击西营销

客户对主动推销上门的产品一般会持怀疑的态度，往往会有抵触心理。因此，基金销售人员在销售基金时可以先谈谈当前的股市行情，分析多变的证券市场，为客户灌输价值投资理念，然后再引出基金，建议客户配置。这样使用声东击西的方式更容易让客户接受。

【案例 4】

证券经纪人：你觉得我们公司每天发的股票短信对你有参考价值吗？（声东）

客户：还行吧，但是没有明确的买入点和卖出点啊，我自己又把握不准。

证券经纪人：你的意思是说，我们推荐的股票你不知道当前价格是否可以买入或什么时候适合卖出吗？（寻找机会引入话题，为下面营销基金做准备。）

客户：对，你看像我们这样不是很懂股票的客户，白天还上班，没有时间看大盘，对于买入点和卖出点是比较看重的，就怕自己被套。

证券经纪人：陈小姐，你这个建议我记下来了，我会向我们相关部门反馈，但我个人觉得像你这样做长线投资、注重价值投资的客户（夸奖客户）应该给你自己的投资进行分类，也就是常说的“不要把鸡蛋放在一个篮子里面”，这样可以帮助你规避一定的风险，也就可以解决你说的不能很好地把握买卖时点的问题。你可以把你的资产五五分开，五成放在开放式基金里面，五成放在自己的股票上。（引起客户对基金的兴趣）

客户：那基金的收益怎么样呀？

证券经纪人：你可以看到，2008 年年底大盘从 1600 多点到现在的 2900 多点，从点数上看是接近翻倍了，但是股民的资产真正达到翻倍的很少，因为大多数客户都无法把握住这样好的时点。

客户：对，这个也是我一直在强调的你们最好明确买卖时点。

证券经纪人：所以，陈小姐，我建议你把自己的资产分为股票和开放式基金的组合。你看，2010 年开放式基金股票型大多数达到了 30%的收益（拿最好的情况跟客户说），基金是专家管理的专业投资，风险要比我们个人投资小很多，个人投资的收益毕竟是不确定的，因此你可以让自己 50%的资产获取这样的收益。

客户：也是，那有什么好的基金呀？（客户主动询问基金，开始关注。）

证券经纪人：我建议你投资一些基金公司业绩比较好，规模相对比较大，比较稳定，有一定投资价值的基金公司的基金。（击西）

客户：那你帮我留意一下有什么好的基金告诉我。

证券经纪人：好的，如果近期有什么好的基金我给你留意一下。（该客户对基金的认知度不高，这个时候证券经纪人不要上来就推荐基金，营销意图太明显，也容易让客户产生一定的反感，也显得我们对客户的投资不重视，此时即使有销售基金，也不要提。此次作为营销的铺垫，为下面销售基金做铺垫。）

过了一天之后。

证券经纪人：陈小姐，前天你让我帮你留意有没有好的基金，我这几天认真地帮你研究了一下。下周一有一只新发的基金——银华 90 基金。银华基金公司实力很强，运作也比较稳健，这只基金是我们公司主推的基金，该基金注重价值投资，而且认购价格仅为 1 元，很适合你。

客户：好的。（客户容易接受）

（四）突出亮点营销

打开该基金公司旗下的基金重仓股，挑几只走势较强的股票（基金重仓股中总有走势很好的股票，只挑最好的），据此说明基金的选股能力。告诉客户，基金公司有研究团队在背后支持，有能力买到大牛股，但普通投资者获得的信息渠道很少，获得信息也不及时，选股能力有限，极少能买到这样的大牛股。

此方法往往可以说服客户买基金，特别是那些“一买股票就被套，一卖股票就上涨”的客户。

【案例5】

华夏大盘基金2010年第四季度的重仓股600086东方金钰，半年时间累计涨幅达到200%，而同期大盘涨幅仅为17%；银华优势企业基金2010年第四季度的重仓股002073软控股份，半年时间累计涨幅达到76%，而同期大盘涨幅仅为17%。

证券经纪人：某月某日××基金研究中心发布的中国基金业绩统计显示该基金公司旗下的××基金今年以来总回报率达38%，位居同类基金第一名。（第一名，了不起！）

证券经纪人：根据《中国证券报》××月××日发布的数据，该基金公司旗下的××基金当日涨幅达3.8%，位居所有同类基金中第一名。（真会选日子！）

过滤不利信息，选取基金的突出亮点营销，把客户带到有利于营销达成的逻辑环境中，购买便比较容易促成。

（五）赠送礼品营销

营销基金在关键时候送一些礼物，如一桶食用油、一袋香米、一张购物卡或一台豆浆机，甚至一台计算机，会吸引一些喜欢收到礼物的客户，购买基金。

具体做法是，基金销售人员对销售一笔基金自己能拿到多少提成应做到心中有数，从里面拿出一定比例的资金购买礼品来吸引客户购买基金。

课后习题

一、思考题

1．基金产品可分为哪些类型？

2．基金客户细分的方法有哪些？如何进行目标定位？

3．基金营销的策略有哪些？

二、案例分析题

A公司定投业务的开展

2007年我国证券市场进入史无前例的大牛市，最高点曾经达到6124点。随即就开始直线下跌，再加上世界性金融危机的开始，2008年我国又进入了史上最黑暗的大熊市。2008年11月，股市出现了最低点1664.93点。我国基金行业的市场规模在此期间大幅回缩，其中351只股票基金的跌幅超过50%。

伴随着股市的急挫，我国基金个人投资的投资热情也降至谷底。各家基金公司都在寻找新的突破口，希望能够打动投资者。A公司是我国最早成立的十家基金公司之一，目前的基金规模位列前十，同时也是具备行业全牌照的基金公司之一。该公司发展迅速，善于创新。2008年，该公司发现基金定投业务一次性投资小、风险低，类似于银行的零存整取，易于被个人投资者接受，于是开始着手定投业务的推出。

通过一系列的调研，A公司发现25~35岁的个人投资者有着稳定的工作和稳定的月收入，但是积蓄还有些薄弱，刚刚开始组建家庭并且有了下一代。这部分群体有着比较大的社会压力，如房贷和未来子女教育问题，所以有着比较强烈的理财需求，并且他们普遍注重生活的品质，有着理想化的需求。公司将好的投资工具——定时投资（定投）与固定的一类个人投资群体联系在一起。2008年9月，在股市持续走低的大环境下，A公司开展了"简单·爱"个人投资者定投活动。这个定投活动将受众定位于25~35岁的年轻父母，满足了他们现实的理财需求，还加入了情感元素，理财标语为"让时间沉淀爱"，并配备了专属的礼品——《宝贝理财纪念册》，用以收藏该公司为孩子寄送的定投资产报告、投资总监为孩子讲述的市场分析及投资故事。通过在全国重点城市组织多场专题讲座，以及银行渠道的联合努力，此定投活动推出当月就取得了十分轰动的效应，定投户数激增，9月的定投户数超过了7月和8月的综合定投户数，并且在之后的每个月里，定投户数持续上升。A公司在基金定投的活动中，做了很好的品牌宣传，也促进了产品的销售。

1．案例中A公司市场细分的依据是什么？

2．市场细分对基金营销的意义是什么？

第七章 信托产品营销

学习目标

【知识目标】

- 了解信托的概念、功能及种类；
- 了解信托的构成要素及当事人的权利与义务；
- 掌握信托业务的主要模式及相互之间的区别；
- 掌握信托产品营销的主要策略及风险防范。

【能力目标】

- 能够为客户选择适合的信托产品；
- 掌握信托产品的营销技巧。

【知识网络】

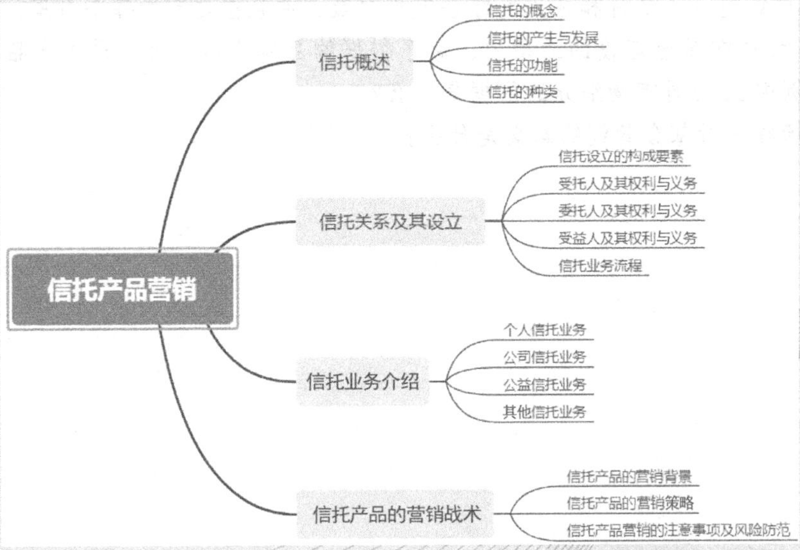

导入案例

信托是一种常见的行为。在汉语里，信托是由两个字组成的。“信”指的是信任，言下之意就是值得信赖。“托”指的是托付，或者委托。两个字合起来就有“因信赖而托付”或“由信任而委托”之义，所以应该是先有信任，后有托付。

在中华文明的历史长河中，因信任而托付的一个著名例子是白帝城托孤。三国时代，刘备与东吴大战失败后在白帝城病危，他自知不久于人世，于是将诸葛亮召到白帝城，对诸葛亮说：“君才十倍曹丕，必能安邦定国，终定大事，若嗣子可辅，则辅之；如其不才，君可自为成都之主。”

当时刘备的意思相当明确，就是把自己的儿子和未竟之业托付给诸葛亮，如果儿子刘禅无才无德，成就不了大事，则诸葛亮可以取而代之。在中国历史中，临终托孤的事件屡屡发生，只是很少有君王肯把皇位让给一个和自己一点儿血缘关系也没有的外姓人。

这个历史故事不仅令人震撼，还几乎符合信托的所有要素。第一要素是它源于信任。诸葛亮值得信赖，不仅因为他讲真话、讲实话，也因为其言行一致，说到做到，身体力行。而且他还才干出众，是一个治国能人，套句老话，就是德才兼备。自三顾茅庐、促膝恳谈后，刘备其实用了一生的时间来考察诸葛亮，才得出这样的结论。

第二要素就是这个故事具备托管行为。和常识理解有所不同的是，一般人托付的不过是财产，而刘备托付的却是江山！因为受益人，也就是蜀国后主刘禅年龄还小，又没有显示出什么才华，治国平天下的重任交给诸葛亮是当时刘备最好的选择。这个故事看上去是刘备将儿子和身家托付了出去，实际上交出去的还是统一中原的遗愿和使命。

第三要素就是这个故事的托管本身。作为受托人，诸葛亮在之后的日子里任劳任怨地践行着自己的承诺。他六出祁山、南征北伐的几次壮举都是自己根据实际情况决定的，而不是听从后主的指令。江山社稷虽然“姓刘”，但是诸葛亮拥有处置权和事无巨细的管理权。当然，这一切都是在履行先帝的遗愿，并为了蜀国的利益最大化。

综上所述，信用是托付的前提，托付是信用的结果，两者结合起来才有信托。即便这种信托只停留在口头上，没有文字记录，也没有合同约定。信用有多高，托付就有多重，在这个基点上，不仅是财产，而且连江山都可以托付！

第一节 信托概述

一、信托的概念

（一）信托的一般定义与实质

1. 信托的一般定义

信托是以信任为基础的一种委托行为。信托作为一种因信任而托付他人代为行事的行为，包含3个特定内容，如下所述。

①信托前提。在信托中，“信”是基础，是前提，有“信”才会有“托”。无“信”则无“托”，这是信托发展的一个重要前提。②信托关系。信托建立的是一种相互之间的关系，缺少任何一方，信托都会失去稳固存在和顺利发展的基础。也可以说，信托发展的另一个前提是委托方和受托方两方面共同参与，单靠一方的力量难以形成健全的信托市场。③信托事项。委托方所托之事一定是其力所不能及而又试图实现的事务，且此事务涉及范围非常广泛。因此，人们面对不熟悉或不了解的自然人或机构时，绝不会随意去托付另一方代为经办某事务，只有在了解了对方，认为其诚实可靠，且对方又具备托付条件时，才可能产生信托的行为。更为重要的一点是，委托方具有需要通过委托借用他人能力来实现一定意图的迫切需求。

2. 信托的广泛使用

信托是随着商品货币关系的发展而发展的，经历了从民事信托到现代金融信托的漫长历史过程。信托作为现代金融业的一部分，对促进经济发展起着重要作用。信托在社会生活与生产中广泛存在，适用于人们日常生活中发生的各种事务上的联系，既包含社会活动中的人事关系，又包含各部门之间的经济活动和财务往来关系。例如，刘备对诸葛亮的“托孤”，属于政治性托付；日常生活中托付可信的人照管房屋、捎带物品等，则属于一般的信任之托；目前个人与家庭普遍接受和采用的基金理财则属于经济范畴的托付。

3. 信托的实质

信托的实质是通过建立一种委托关系，受托人帮助委托人处理一些力所不能及的事务，并实现一定的意图。

（二）信托制度的定义与实质

1. 信托制度的定义

信托制度是指在法律约束和保护下所建立的信托体系，包括委托人、受托人和受益人之间明晰的法律关系，以及具有确定的法人组织形态的专业受托人与基于有偿性的信托报酬。信托制度对普通法做出了重要贡献，最初起源于中世纪英国解决土地用益关系的委托行为，在16世纪演变成信托制度。从信托制度来考察，伴随着社会各部门拥有的财富的形态更加非实物化，这种极为重要的财产管理制度越来越多地集中在经济或资金管理领域。

不同法系、不同国家对信托的定义不同。1985年，在荷兰召开的国际私法会议上通过的《关于信托的承认及其法律适用的国际公约》中，提出了一种能够被不同法系国家理解和适用的概念，即将信托定义为委托人在生前创设的一种法律关系，委托人为受益人的利益或者为某个特定目的，将其财产置于受托人的控制之下。2001年10月1日起实施的《中华人民共和国信托法》对信托的定义：委托人基于对受托人的信任，将其财产权委托给受托人，由受托人按委托人的意愿以自己的名义，为受益人的利益或者特定目的，进行管理或者处分的行为。

2. 信托制度的实质

信托制度就是委托人创设的一种在生前（或死亡后）生效的法律安排，并在相应的司法框架下受到法律约束。

3. 信托制度在现代社会中的应用

信托制度作为在英美法系国家中存在的一种特有的法律安排，应用极为广泛；而在大陆法系国家，由于信托制度缺乏可汲取的法律制度基础，一般人往往不习惯建立和使用这种信托关系。但是，随着经济、金融发展的深化及相关决策复杂性的提高，信托制度在非英美法系的国家生根发芽，并得到不同范围和程度的发展。其中主要原因是在个人财富种类多样化、财富虚拟化，以及通货膨胀等因素的影响下，越来越多的财产所有人会考虑在保值的基础上，尽量使财产实现增值。实现这一意愿的前提是财产所有人具备管理财产的能力，但是并非所有人都具备这种能力，因此把自己的财产交给可信任的人，委托其代为管理和处置，并按自己所希望的方式办理，将是非常方便、有效的财产管理方法。事实上，各界人士普遍以信托方式处理生前和身后事宜。在西方发达国家，占有相当比重的中年人或者中产阶级家庭将资金形态的财产投向各种基金并长期持有，这样既可规避理财中的风险，又能实现增值的目的。

4. 信托的概念外延

作为以信任为基础的财产管理制度，信托行为中的委托方式非常重要，委托的方式不同，信托的概念外延也不相同。信托行业三方关系如图7-1所示。

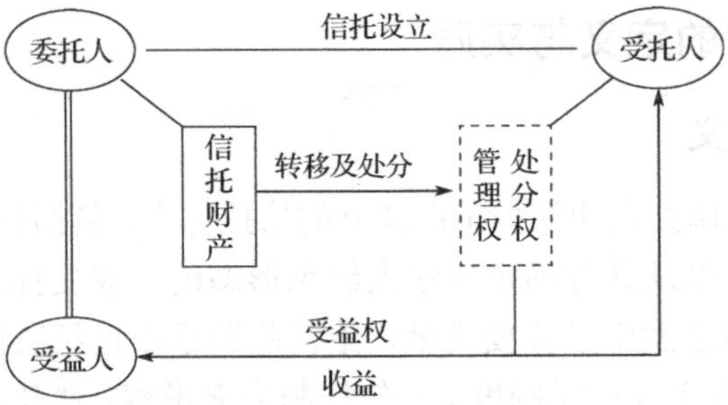

图 7-1　信托行业三方关系

二、信托的产生与发展

（一）信托的产生

信托行为最早可以追溯到公元前 2548 年的古埃及，最早的信托思想源于罗马法，但信托作为一种法律制度源于中世纪的英国。19 世纪信托传入美国，后来又为日本、韩国、法国等大陆法系国家和地区所接受。在信托的发展和传播过程中，信托制度也逐步得到发展和完善，各国在移植信托制度的过程中进行了本土化。

1. 原始的信托行为

公元前 2548 年古埃及的尼罗河畔，有人设立了遗嘱，让其妻继承自己的遗产，并为子女指定了监护人，还设立了遗嘱的见证人。这种以遗嘱方式委托他人处理财产并使继承人受益的做法，被认为是世界上最早的“信托”。

2. 罗马法中的信托遗赠

最初的罗马法只适用于罗马市民，只有罗马市民才享有罗马法所赋予的权利，通过遗嘱来安排继承和遗赠。而没有市民权的人（如外国人、异教徒、自由人、俘虏等）就没有主动立遗嘱的权利，也没有受遗赠的权利。这种规定，仍然保持了“在任何情况下，财产都要保留在氏族以内”的传统。但有的遗嘱人为了能给没有资格接受遗产的人留下财产，规避上述法律的限制，于是创设了信托遗赠。

遗产信托是罗马法中的一项法律制度，遗产信托制度是产生于继承和遗嘱之后的一项法律制度。罗马法规定，在按遗嘱划分财产时，可以把遗嘱直接授予继承人，当继承人无力或无权承受时，可以按信托遗赠制度，把财产委托或转让给第三者处理，即财产所有者以被继承人的地位，用遗嘱指定一个具有罗马法法律效力资格的继承人（罗马市民），先由这个继承人承受遗嘱指定的财产，然后由此人将遗产转移或赠予自己所真正要赠予的人，并在遗嘱中明确指出，合法继承人受领其财产就是为了把遗产日后支付给其所要赠予的人。这样，遗嘱人实际上就能够把遗产合法地转交给罗马市民以外的人。

由此可见，罗马法创立的遗产信托这种制度是从处理罗马市民以外的人的继承问题开始的，后来逐渐成为一种通行的制度。古罗马的信托遗赠已形成了一个比较完整的信托概念，并且首次以法律的形式加以确定。为了回避“市民法”对转移遗产的严格性要求，人们便开始利用遗产信托的方式。在奥古斯都执政期间，已经有“信托大法官”来处理信托纠纷，并确认了受托人的信托义务，从而使遗产信托成为一种具有法律意义的行为，并很快变成了一种得到承认的法律制度。

罗马法中体现的信托思想从信托遗赠中可以看出，遗产信托与现代信托制度的基本构成有着一定的共同性和某种程度的相似，它们的异同如下。

（1）遗产信托中的遗嘱人相当于委托人，继承人相当于受托人，而第三人实为受益人。但是，现代信托制度中信托关系人与罗马法中的关系人有很大的不同。如现代信托制度遵循信托当事人的意愿，尤其在委托人是否愿意设立信托、是否给予受托人报酬、受托人是否同意接受信托等方面都尊重其意愿而又有相当的自由度。然而在遗产信托中，信托当事人的意愿是不太被尊重的。首先在委托人意愿上，遗产信托为了保护受托人（即继承人）的利益，在委托人是否愿意给予受托人一定“好处”方面，限制了委托人的自由，法律也允许受托人可以留置所受托遗产的1/4作为自己的“好处”费用。另一方面，对于受托人的意愿，遗产信托也是不太关注的。在现代信托制度中，受托人是否接受信托依其意愿而定，法律不加以干涉。但在遗产信托中，如果受信托人不愿意接受继承（即信托），则执法官会强迫他接受。由此可见，在遗产信托中，受托人是否接受信托的意愿是受到相当程度的限制的。

现代信托制度重视对受益人的保护，因此确立了一系列的特殊规则，设置了忠实义务、分别管理义务、亲自管理义务、注意义务等独特而严格的受托人义务体系等。然而，在罗马遗产信托中，保护受益人的精神并不明显。例如，遗产信托尚缺乏现代信托制度中的分别管理义务、亲自管理义务及忠实义务等义务规则。

尽管遗产信托也强调了受托人的注意义务，但仅要求“对自己物所采用的勤勉注意”即可，同现代信托制度的“善良管理人的注意”相比，标准显然要低。在受益人对遗产（信托财产）的权利上，遗产信托仅发生债的关系，受益人对遗产仅是一种债权，而不是兼具债权和物权之双重效力的复合性权利，故在对受益人的保护上尚不如现代信托法有力。由此可见，遗产信托更倾向于对受托人有利，这与现代信托制度明显不同。

（2）信托的利益和权利形式上已两极化。评断信托的实质性标准用财产权益相分离，即“为他人的利益而持有”来分析较为科学。因为不管是英美法中的“普通法所有权”和“衡平法所有权”，还是大陆法中的“名义上的所有权”和“实质上的所有权”，都旨在说明信托的最基本特质——受托人所接受的财产仅是为他人利益而存在的，因此考察遗产信托是否为信托就必须看它是否符合此点。然而，在信托遗赠中受托人（合法继承人）所接受的财产仅是为他人（遗嘱人想给予财产的人）利益而存在的，而在信托遗赠中非继承人取得遗产所有权后，进而管理、支配遗产且将由此所产生的利益交付第三人，体现了信托思想的内核。

然而该制度毕竟体现的只是一种桥梁架设功能，就其性质而言，还是止于遗赠，并不具有财产管理职能，因此它不属于真正意义的信托。由于这种处分遗产的形式，仅是基于继承人将被继承人的遗产直接转移给第三人的需要而产生的，并且信托目的单一，财产限于遗产，运作与现代信托运作原理存在较大区别。所以，尽管罗马法存在信托，但不能据此认为罗马法存在信托制度。

（3）财产独立性的相同与不同。遗产信托中的财产也具有一定的独立性，虽然信托财产的独立性是信托的精髓，但也并非信托所独有，在一些场合，也存在财产具有独立性却并非属于信托的情况。

（4）现代信托运用极其广泛，财产管理和财产增值是其主要功能，尤其是在现代社会和现代信托中，人们就财产转移而利用信托的情况较少。

在现代社会人们事务非常繁忙且日益重视财产增值的情况下，将财产交给受托人管理并希望产生收益的情况越来越多。所以，现代信托的主要功能是财产管理功能和增值功能，投资信托在各国的兴起证实了这一点。与现代信托功能相比，遗产信托的差异是很明显的。根据前面的论述，遗产信托主要是基于遗赠的严格性而产生的，尽管如此，遗产信托最重要的作用并不在于为单个物的遗赠提供一种更为灵活的替代手段，而在于实现遗产继承（或部分遗产）的转移。因此，遗产信托的功能主要是财产转移功能，而非现代信托之管理功能和增值功能。

所以，我们认为遗产信托是基于遗赠的严格性而产生的，体现出了一些信托思想。从信托的基本特征来考察，信托遗赠已具有信托元素，但不能据此认为罗马法存在信托制度。作为一项法律制度，它必须具备一套系统的规则体系且能够独立存在。然而，罗马法中的信托始终是与遗产转移纠葛在一起的，它仅是用来满足遗嘱人死后将遗产用于一定目的的一种设计，在遗嘱之外尚无适用的余地，因此这一制度和我们今天所熟知的信托制度不同。因此，在罗马时代，我们很难发现法学家和裁判官对信托进行单独的研究和探讨，信托尚未被独立化和体系化，实践中也没有被扩及、适用于其他领域。从这个意义上讲，罗马法中的信托仅停留在思想的层面上而已，还未上升到制度的层面，也就是说，那时的信托制度还没有形成。

3．现代信托的起源

（1）英国的USE制度与信托制度的起源。

USE制度是英国宗教团体和封建主之间矛盾斗争的产物。在公元13世纪前后英国的封建时代，宗教氛围特别浓厚，教徒们受教会“活着要多捐献，死后可升天”宣传思想的影响，常把身后留下的土地遗赠给教会，于是教会就占有了越来越多的土地，并且按当时英国法律的规定，教会的土地是免税的。因此，英国王室征收土地税就遇到了困难。同时，在英国封建制度下，本来君主可因臣下死亡而得到包括土地在内的贡献物，教会作为公共团体却没有死亡期，这样教会拥有的土地越多，对君主利益的触犯就越大。为制止这种触犯君主利益的情况继续发展，英国国王亨利三世于13世纪颁布了《没收条例》，规定凡以土地让与教会者必须经君主的许可，否则没收其土地。当时英国的法官多是教徒，为了对付《没收条例》，他们参照罗马法的“信托遗赠”制度而新创了USE制度。

USE制度的具体内容：凡要以土地贡献给教会者，不做直接的让渡，而是先赠送给第三者，并表明其赠送的目的是维护教会的利益，然后让第三者将其从土地上所取得的收益转交给教会，这种行为称为“替教会管理或使用土地”。这样，教会虽非自己直接掌握财产权，但可实际享受其利益，也达到了教徒要多做贡献的目的。后来这种制度不再局限于对教会的捐献，逐步扩展到逃避一般的土地没收和财产的继承方面；而在信托财产方面，这种制度不仅被应用于土地，也被应用于其他不动产、动产等。这就是USE制度的产生。由于USE制度极大地触犯了封建君主的利益，因此，封建君主总是极力反对USE制度。后来，由于英国封建制度衰落及资产阶级革命的成功，到了17世纪，USE制度终于为“衡平法”法院所承认，从而发展为信托制度。由于信托制度有利于资本主义经济的发展，当时的资产阶级极力推崇信托制度，使信托的内容得到了极大的丰富。信托不仅被应用于宗教，也被应用于社会公益、个人理财等；标的物也从土地延伸到商品和货币等。信托的概念日益明确，信托的做法逐渐完善，到了19世纪逐渐形成了近代较为完善的民事信托制度。

（2）信托业务制度在英国的确立。

19世纪中叶，英国完成工业革命后，随着商品经济的快速发展，社会分工越来越细，经济交易越来越频繁，经济关系也越来越复杂。人们为了有效管理和处理自己的财产，就非常需要有专业性、稳定性的受托人为之服务，这为信托事业的发展提供了有利条件，也使信托业务制度在英国得以确立。其确立的标志是英国的信托机构纷纷成立。1886年，伦敦出现了第一家办理信托业务的信托机构——伦敦信托安全保险有限公司；1888年，伦敦法律保证信托协会成立；1908年，政府的信托机关——官营受托局成立。此外，各种信托法规也纷纷出台，如1893年的《受托人条例》、1896年的《官营受托人条例》等。

虽然信托业务制度在英国得以确立，但一些传统习惯和历史的原因致使信托业务在英国没有得到进一步的发展。当时英国的信托业务主要是民事信托，其建立的信托业务制度也可说是民事信托业务制度。信托业务从民事信托发展到商事信托则主要出现在美国。

（二）信托的发展

1．信托业务在美国的发展

18世纪末到19世纪初，美国开始从英国引进民事信托。英国的信托是以个人之间的信任为基础发展起来的，而美国则一开始就把信托作为一种事业经营，用公司组织的形式大范围地经营起来。19世纪上半叶，资本主义生产关系在美国建立起来，并得到迅速发展。股份公司的创立使股票、债券等有价证券大量涌现，社会财富由土地、商品等实物形态向有价证券的形态转化。在这种情况下，办理集资、经营和代理各种有价证券的专门机构逐渐出现。在这一时期，美国逐渐成立了保险业务和金融信托业务兼营的专业信托公司，如1818年成立的麻省医疗人寿保险公司、1830年成立的纽约农民火灾保险及放款公司等。19世纪后半叶，美国开始进行经济建设。随着铁路建筑、矿产资源开发等建设事业的开展，建设急需的资金数额急剧增长。信托公司积极参与资金筹集，承购这些铁路及矿山公司发行的债券，然后广泛出售给民众。这就使有价证券的发行、管理、买卖等业务逐步取代实物而成为信托的主要业务，信托公司具备了金融机构的性质，金融信托业务由此形成。

目前，美国信托业基本为美国商业银行，特别是大型商业银行所垄断，由商业银行的信托部兼营。美国信托业的发展已超过英国，成为当今世界上信托业十分发达的国家之一。

2. 美国金融信托业务

美国的金融信托业务在经营管理上按委托对象划分为个人信托、法人信托及个人和法人兼有的信托3种。

（1）个人信托。个人信托是指信托机构承办的为个人管理与监护财产、执行遗嘱、管理遗产及代理账户等的信托业务。

（2）法人信托。法人信托是指信托机构接受法人团体的委托，以法人团体的受托人或代理人身份为其提供服务。这种服务对象主要是企业或非营利性机构，如教堂、工会、公益团体、学校等。其最主要的受托业务是发行公司债信托和商务管理信托。

（3）个人和法人兼有的信托。个人和法人兼有的信托主要包括公益信托、年金信托及职工持股信托等。这几种信托业务在美国比较普遍，特别是公益信托，其公益款项除来自富户捐款外，多数为劝募所得。

3. 美国金融信托业务的特点

（1）信托业务与银行业务职责分工管理。美国法律允许信托公司兼营银行业务，银行兼营信托业务。1999年，美国颁布的《金融服务现代化法案》更是打破了分业经营的界限，美国开始实行混业经营的金融管理体制。但是，信托业务和银行业务在银行内部必须严格按部门职责进行分工，遵循分别管理、分别核算、信托投资收益实绩分红的原则。同时，美国还禁止参加银行工作的人员担任受托人或共同受托人，以防止信托当事人违法行为的发生。

（2）有价证券业务开展普遍。这是美国金融信托业发展中的一个显著特点。美国是世界上证券交易十分发达的国家之一，几乎所有信托机构（包括兼营信托业务的商业银行）都办理证券信托业务，既为证券发行人服务，又为证券购买人或持有人服务。特别是商务管理信托，受托人代表股东行使股东的职能，并在董事会占有董事地位，从而参与控制企业。

（3）个人信托与法人信托并驾齐驱。美国的个人信托业与法人信托业都发展迅速，并随着经济形势的变化而交替占据优势。如果经济发展不景气，个人信托的业务量就会迅速超过法人信托的业务量；如果经济回升，法人信托的业务量又会超过个人信托的业务量。故从个人信托与法人信托业务量的起伏变化，就可窥见美国经济形势变化的大体情况。

（4）严格管理信托从业人员。美国各银行十分重视企业管理，从信托业务的种种特性出发，对信托从业人员制定了严格的管理守则，如下所述。

① 禁止从业人员向银行客户购买或出售信托资产。

② 禁止从业人员向客户收受礼物或参与信托账户收入的分配。

③ 禁止从业人员谈论或泄露信托业务及有关客户的情况。

④ 任何一个参加银行工作的人员都不能担任受托人或共同受托人。

4. 发达国家信托发展的趋势

随着经济的发展，发达国家在金融方面出现了许多新的情况。20 世纪 80 年代以后，由于金融工具不断创新，发达国家逐渐放宽金融管制，金融市场逐渐全球化，发达国家的信托制度和业务也随之发生变化。

（1）在强调财务管理职能作为信托基本职能的同时，其他职能越来越受重视。财务管理职能是金融信托的基本职能。其基本含义是金融信托机构通过开办种种业务，广泛发挥为财产所有者管理、运用、经营和处理财产的作用。财务管理职能在发达国家是一种非常广泛的职能，一切信托业务都体现着财务管理职能，都为财产所有者提供有效服务。

除了财务管理的基本职能，其他职能也越来越受到重视。其一是融通资金职能，是指金融信托机构通过办理自身业务所起到的融资作用，如日本信托业具有很强的资金聚集能力，对日本的经济发展做出了巨大贡献。其二是理财服务职能，是指金融信托机构为客户提供的种种与理财业务有关的服务，如纳税服务、经纪人服务、保险服务、会计服务、租赁服务、保管服务、投资咨询服务等。其三是社会福利职能，是指将金融信托业运用于社会福利事业和社会保障事业，如目前发达国家广泛开展的公共基金信托、年金信托等。其四是投资职能，是指将金融信托业务运用于投资领域所发挥的职能，如目前普遍开展的投资基金等。信托的这些职能正发挥着越来越重要的作用。

（2）金融信托机构与其他金融机构的业务界限越来越模糊。金融管制放松化已成为发达国家金融制度变革的潮流。20 世纪 90 年代以来，受金融管制放松的影响，金融信托机构与其他金融机构呈现出趋同化的趋势，如下所述。

① 信托和银行。信托面临的一个问题是，信托机构和银行的业务是否应明确分开。从目前西方发达国家的金融改革来看，混业经营已成为一种潮流。虽然信托机构内部对两种业务有所区别，但在信托机构所提供的金融产品和金融服务上，很难辨别两者的不同。另外，信托业务的开展也几乎遍布银行的每家分支机构，更为重要的是，银行还把信托业务与其他银行产品重新组合，以便向客户提供崭新的金融服务。

② 信托和证券行业。信托业与证券业也有着密切的关系，没有证券业务的信托机构是很难想象的。这一点无论是在具有金钱信托特色的日本，还是在现代信托比较发达的英国、美国，信托业务和证券业务都很难分离，信托机构在经营证券业务方面限制较少。

（3）金融信托业务不断创新。20 世纪 70 年代以来，随着金融工具的不断创新，金融业务逐渐走向综合化，发达国家的信托业务也随之发生变化。

美国传统的信托业务主要分为个人信托业务和法人信托业务两大类。其中，个人信托业务主要与处置和管理委托人（死后）的资产有关，法人信托业务通常与债券合同要求有关。20 世纪 70 年代，由于非银行金融机构进入金融服务行业，并扩大业务范围，由此产生了非银行金融机构与银行信托部门之间的业务竞争。为了扩展信托业务领域，提高信托业务的盈利能力，20 世纪 80 年代以来，美国的个人信托业务和法人信托业务都发生了很大的变化。

在个人信托业务方面，信托部门越来越注重客户所要求的流动性、灵活性和货币市场利率，而不是计划（死后）资产的处理。20 世纪 80 年代以来，随着信托业务的不断发展，新的综合性业务战略把银行传统的信用技术和贷款技术同信托部门的投资、计划和为个人服务的技术结合起来。在此基础上，银行信托部门开始把自己的计划转向为不同类型客户提供特定服务项目上，包括特种储蓄与支票账户、大额定期存单和旅行支票、个人贷款额度、个人退休金账户和发布金融业务简讯、提供纳税与遗产咨询服务等。传统的信托服务依然存在，但被分类交易，与私人银行业务、纳税计划、财务计划和咨询、为特定客户设计的其他服务等新增业务重新组合。因此，传统的零售银行业务职能与信托职能相融合，以开拓更广阔的业务范围为客户服务，是美国个人信托业务的发展趋势。

在法人信托业务方面，投资和养老金管理正在发生变化。养老金资产增长很快，20世纪80年代初法人信托业务投资的市场份额也比20世纪70年代大大增加，养老金资产的保值与增值需求也日益增强。展望未来的美国金融信托业务，银行将把注意力更多地集中于客户的需求上，通过维持与客户的关系、提供高技术的产品和服务以满足客户需求。另外，银行信托部门在运用计算机技术实现自动化的同时，也尽力降低成本，以实现规模经营，增强竞争能力。

金融信托业务逐渐走向国际化。20世纪70年代以来，在发达国家的经济普遍出现衰退，国内金融业务竞争激烈和盈利不断下降的情况下，西方很多商业银行除在国内开拓新业务以增强其竞争能力外，还积极拓展国外业务领域，从而使银行国际化的进程大大加快，银行业务的国际化也带来金融信托业务的国际化。1995年成立的世界贸易组织（WTO）将《服务贸易协定》纳入其章程。金融业的国际化趋势将随着经济全球化的推进变得势不可当，信托业也将如此。

（三）信托在中国的发展

1. 中国信托业的发展历程

中国信托业自20世纪初诞生以来，经历了艰难曲折的发展过程。具体而言，中国信托业的发展历程如下。

我国的信托业始于20世纪初的上海。1921年8月，上海成立了我国第一家专业信托投资机构——中国通商信托公司；1935年，上海成立了中央信托总局。到1936年，我国实有信托公司11家，银行兼营信托公司42家，当时这些信托机构的主要经营业务有信托存款、信托投资、有价证券信托、商务管理信托、保管信托、特约信托、遗产信托、房地产信托、代理信托等。

中华人民共和国成立至1979年，金融信托因为处于高度集中的计划经济管理体制下，没有得到很大的发展。中共中央十一届三中全会后，随着国民经济的调整和实行改革措施，我国出现了多种经济并存、多层次的经济结构和多种流通渠道，财政分权，企业扩权，国民收入的分配比例发生了变化，这对资金的运作方式和供求关系产生了重大影响。经济体制的变革促进多样性的信用体制的形成，金融信托作为一种重要的信用形式开始发展。

1979年10月，中国国际信托投资公司在北京成立，揭开了信托业发展的序幕。1982—

2001年，由于信托业的不规范经营，国家对信托投资公司先后进行了5次清理整顿。

1982年开始，第一次整顿，重点是行业清理。

1985年开始，第二次整顿，重点是业务清理。

1988年开始，第三次整顿，重点是业务清理和行业整顿。

1993年开始，第四次整顿，重点是信托业和银行业分业经营。

1998年年底，全国具有法人资格的信托投资公司239家，其中全国性公司为21家，地方性公司为218家。

1999年开始，第五次整顿，重点是回归信托本源业务，实现信托业与银行业、证券业的严格分业经营、分业管理，保留少量规模较大、效益好、管理严格、真正从事受托理财业务的信托投资公司。

1999年年底，全国信托投资公司资产为人民币6323亿元，其中总资产超过100亿元的公司有11家；负债为人民币5245亿元，其中总负债超过100亿元的公司有9家。

2001年是中国信托业发展史上重要的一年，1月10日，中国人民银行颁布施行《信托投资公司管理办法》；4月28日，第九届全国人大常委会第二十一次会议通过《中华人民共和国信托法》；10月1日，《中华人民共和国信托法》正式实施，第一次在中国确立了信托制度的法律地位。2002年7月18日，《信托投资公司资金信托管理暂行办法》的颁布施行，规范了信托投资公司资金信托业务的经营行为。

2001年9月30日，中国人民银行总行批准中煤信托为首家完成重新登记的信托公司，第五次整顿接近尾声。苏州信托投资有限公司因自身合规经营、业绩稳健、资产质量较好，于2002年7月获准重新工商登记，为历经5次清理整顿后人民银行南京分行所辖江苏、安徽两省内首批获准重新开业的信托投资公司。

2. 我国信托事业发展中存在的问题

虽然我国信托业在经济建设中发挥了很大的作用，但是也存在许多问题，并历经曲折，几经整顿。究其原因，如下所述。

（1）历史原因和客观条件。第一，在传统的计划经济体制下，社会财产的所有者归于一体，经济形式趋于单一，信托关系较难存在，信托业自然失去了存在的基础和前提。第二，当时我国商品经济不发达，经济实力薄弱，大部分实物、货币由国家计划调拨，可用作信托财产的数量较少，信托业缺乏客观需求。因此，改革开放以前我国面临着历史原因和客观条件的双重限制。

（2）我国信托业目前所遇到的困境，除了历史原因和客观条件的限制，信托业的自身条件和主观认识也存在一些问题。

第一，信托机构自身的资信和实力不强。我国大多数信托机构是由银行或政府部门投资建立的，其经营主要是为了给这些主办单位提供利益，而主办单位为其提供资金和行政保护等便利。遇到困难，信托机构除自己努力克服外，主办单位也常常出面协调有关关系和帮助其"排忧解难"，普遍存在着经营管理不善、运行机制不合理的现象。如今，这种格局已打破，一部分信托机构在面临由"脱钩剥离"和"分业管理"所引发的困难时，缺乏市场应变能力，仍延续前些年的习惯，不认真研究、探讨信托业务和进行信托市场开发，仍期待主办单位通过协调为其单开“口子”，维护其过去的经营范围和业务活动。这一状况严重制约和延缓了信托机构的素质提高。另外，部分信托机构资本金过低或资本金不到位，实力普遍较弱，资信状况难以保证，因此，其要想承揽以信任为基础的信托业务实属不易。

第二，市场定位不准，主线业务不突出，是影响信托业稳步发展的又一重要原因。在1988年第三次信托业整顿之前，我国大多数信托机构将主要精力集中于资金融通、证券、投资等业务，许多机构甚至连什么是“信托”都不清楚，更不用说开展信托业务了。这样一来，信托机构要开展“受人之托，代人理财”的信托业务，不免会遇到专业人才、经营管理、市场开拓等方面的诸多问题，而这一切又是信托业存在与发展的根本所在。

第三，信托业的法律法规不够健全，使信托业的定位和信托机构的运作长期缺乏必要的制度保障。信托关系是一种高度复杂的权益——责任及义务关系，信托直接关系到有关当事人的权利、义务和财产处置。不论是商业性信托还是公益性信托，不论是金融（包括资金、证券等）信托还是财产（包括不动产）信托，都涉及一系列非常具体的权益、责任及义务安排，都具有关系复杂、内容繁多、范围广泛、时间长久等特点，需要有具体的法律法规予以界定、规范和保障。2001 年 4 月 28 日，《中华人民共和国信托法》在第九届全国人大常委会第二十一次会议上被通过，标志着我国规范的信托法律框架开始形成。

三、信托的功能

1. 信托的职能

（1）财务管理职能。财务管理职能又称财产事务管理职能，是信托机构受托对信托财产进行管理和处理的职能，是信托的基本职能。这种职能具有以下特点。

① 受托人受托经营信托财产，只是为受益人的利益而进行管理和处理，受托人不能借此为自己谋取利益，而只能受托进行服务性的经营。

② 受托人虽然得到了委托人的授信，接受了财产所有权的转移，但受托人只能按照信托目的管理和处理信托财产，而不能按自己的需要随意利用信托财产。

③ 受托人通过管理或处理信托财产而产生的收益最终要归于受益人。对于受托人为管理或处理信托财产而提供的劳务，受托人只能收取手续费作为劳动报酬。

④ 受托人经营信托财产时，如发生亏损，只要符合信托契约的规定，受托人可以不承担此种亏损。

很显然，信托的财务管理职能与日常生活中的财务管理职能有着明显的区别。在我国，信托的财务管理职能的内容十分丰富，与各种金融业务有着千丝万缕的联系，具有理财的性质，如目前信托机构开办的资金信托、财产信托、委托贷款、委托投资等，都属于财务管理职能的运用。随着我国市场经济的不断发展，信托的财务管理职能将会得到更大的发挥。

（2）融通资金职能。融通资金职能是指信托作为一项金融业务，具有筹集资金和融资的职能。在货币信用经济下，个人财产必然会有一部分以货币资金的形态表现，因此对这些信托财产的管理和运用就必然会与货币资金的融通相伴。这一职能作用的大小视各国对信托业务的认识和利用程度高低而定。例如，日本把信托机构视为融通长期资金的机构，因而在整个日本信托业务中金钱信托占90%以上；在我国，信托融通资金职能主要反映在长期资金的营运上，信托机构筹集长期资金用于生产和建设，同时也通过吸引外资引进国外的先进设备和技术。信托融通资金职能具体表现在以下3个方面。

① 货币资金的融通。信托机构按照信托方式，受理委托人的信托资金，从而形成信托存款。当信托机构将信托存款资金用于投资、贷款或发行、买卖有价证券时，信托就发挥了融通资金的职能。

② 物的融通与货币资金融通相结合。当信托机构受理委托人的信托财产时，受托人便可以按照信托目的，通过融资租赁形式，解决承租者购买设备资金不足的困难，实现货币资金融通。

③ 通过受益权的转让而实现货币资金融通。随着受益权通过受益证券的易主转让，货币资金得到了融通，实现了融通资金的职能。

（3）沟通和协调经济关系，提供信任、信息与咨询的职能。信托业务具有多边经济关系，受托人作为委托人与受益人的中介，是天然的横向经济联系的桥梁和纽带。通过信托业务的办理，特别是通过代理和咨询业务（如代理发行有价证券、代理收付款项、代理保管资财、信用签证、经济咨询、资信调查等），受托人以代理人、见证人、担保人、介绍人、咨询人、监督人等身份为经营各方建立相互信任的关系，为经营者提供可靠的经济信息，为委托人的财产寻找投资场所等，从而加强了横向经济的联系和沟通，促进了地区之间的物资和资金交流，也推进了跨国经济、技术的协作。

（4）社会投资职能。社会投资职能是指信托机构运用信托业务手段参与社会投资行为所产生的职能。信托机构开办投资业务是世界上大部分国家的普遍做法。我国自恢复信托业务起就开办了投资业务，投资业务已成为我国信托机构的主要业务之一，我国大多数信托机构都命名为“××信托投资公司”。由此可见，信托还具有社会投资职能，主要表现在以下几个方面。

① 证券投资。在当今世界经济舞台上，股份公司扮演着重要的角色，证券投资是其基本的投资方式之一，因而西方信托机构的大部分业务是各种有价证券的管理和应用。目前，我国正在扩大股份制试点和改革力度，证券投资方兴未艾，这种改革将推动信托公司证券投资业务的发展。

② 信托投资。信托投资是指信托机构对参加经济联合的企业单位，根据需要给予投资性的贷款，用于企业资金周转。信托投资业务包括指定信托投资，代理信托投资和一般信托投资3种。

综上所述，在信托的各种职能中，财务管理职能是其最基本的职能；融通资金职能，沟通和协调经济关系，提供信任、信息与咨询的职能，以及社会投资职能也是信托的重要职能。这些职能是否能够起作用，以及发挥作用程度的大小，依各国政治、经济制度及社会习俗等因素而定，特别是一国市场经济发展的程度和金融深化的程度对信托职能的发挥起着决定性的作用。

2. 信托的作用

信托通过具体的信托业务发挥信托职能，对社会经济产生影响。

（1）促进市场经济的发展。市场经济要求按市场机制配置社会资源。在现实社会里，由于交易成本或信息成本的存在，这种配置功能的发挥受到很大影响。信托是一种以信任为基础的财产管理制度，通过信托活动的开展与信托制度的完善可以大大降低社会交易成本，提高资源配置效率。另外，随着我国经济体制改革的不断深化，我国也迫切需要信托以其灵活多样的方式来满足不同经济关系和不同经济利益的特殊要求。通过信托业务活动，将其他部门、企业的资金筹集起来，既能满足委托人的一定目的和要求，也能使受托人按照国家产业政策及搞活经济的需要积聚资金，从而支持社会再生产，进一步促进我国市场经济的发展。

（2）运用各种渠道，筹集社会闲散资金。随着市场经济的发展，以及货币流通量的扩大，沉淀的间歇资金越来越多，要挖掘这部分资金，单纯依靠银行是不够的。信托作为一项金融业务，也具有筹集资金的作用。信托机构利用其经营方式灵活的优势，根据国家有关规定，吸收劳动保险机构的劳保基金、各种学会和科研机构的基金及各主管部门自主支配的委托基金，发挥理财、管理的职能，有效地利用信托资金，满足委托单位的要求。同时，信托机构还可以利用代理发行股票、证券，以及代理收/付款等手段，筹集社会闲散资金，促进社会经济的发展。

（3）充分发挥“代人理财”的特长，促进企业生产发展，加快商品流通。信托是一种多边信用关系，信托机构既是关系人，又是中介人，应充分发挥财务管理和融通资金的中介作用。信托机构的主要业务是“受人之托，代人理财”，信托机构通过这项业务的开展，为各主管单位、公司及科研机构“拨改贷”提供新的信用工具，推动资金由无偿使用向有偿使用转化，在一定程度上克服了企业资金来源上依赖主管部门的思想，加强了用款单位的责任感和紧迫感，有利于提高经济效益。同时，由于企业在经济交往中，赊销、分期付款、预收/预付款等行为时有发生，难免形成三角债，造成企业之间相互拖欠。信托机构可以利用其与各金融机构业务往来多的优势，代企业清收欠款，缓解三角债，促进企业生产发展，加速企业资金周转，加快商品流通。

（4）大力发展代理业务，为社会提供全方位服务。代理业务是主要的信托业务之一。由于信托业与各方面经济往来密切相关，经营技术娴熟，且有较高的信誉，因此信托机构开展代理业务，对方便客户、满足社会各方面的需要具有重大作用。信托机构开展代理资产处理、代理发行股票和证券等信托业务，可以弥补企业在财产处理和资金运用方面经验与能力的不足，降低企业成本，加速资金周转，满足各种不同的财产管理和处置要求。信托机构在受理代理业务的过程中，可以从代理活动中发现企业经营管理中存在的问题，或是从企业所提供的经济资料中发现问题，及时向企业提出建议，从而协助企业改善经营管理，加强企业的经济核算。信托机构开展代理业务，不仅拓宽了自己的业务范围，而且为社会提供了全方位的服务，补充了银行业务的不足，促进了经济的发展。

（5）发展社会公益事业，健全社会保障制度。设立与发展各项公益信托，可以支持我国科技、教育、文化、卫生、慈善和环保等事业的发展。同时，社会保障基金的运用与管理，也可以交由专业的信托机构负责，这样不仅可以拓宽基金资产的运用渠道，有助于其保值、增值并化解风险，还可以帮助其抵御通货膨胀的压力。此外，信托机构还受托管理企业年金，通过信托机构的专家理财，有助于企业将员工的福利和保障落到实处，保证员工的合法利益。

（6）信托业务有利于促进我国的对外开放。改革开放以来，我国经济建设虽然取得了一定成绩，但同西方发达国家相比，在经济技术方面仍存在一定差距。这就需要我国加快改革开放的步伐，大力开展对外贸易，引进国外的先进设备和技术，开展国际经济合作。在这些活动中，许多国内企业急于寻找合作伙伴，了解客户信息，掌握国际市场行情；而国外的各种机构、客户也急于了解国内企业的资信情况及产品信息。信托机构可以利用自己的优势为国内外各方面牵线搭桥，通过开展咨询、资信调查等业务，沟通并协助国内外双方达成协议，签订经济合同；接受外商委托，引进国外资金，经营其他代理业务，开展对外经济技术交流活动，加速我国市场经济的发展进程。

（7）开辟新的融资渠道，促进我国金融市场的发展。目前，我国的融资方式发生了变化，正由间接融资方式向直接融资方式转化。这是因为，一方面，随着统收统支资金管理制度被打破，财政收入占国民收入的比重和基建投资占财政支出的比重逐步下降，企业想要筹集生产发展资金，不能再像过去一样依赖财政拨款，而必须增加独立筹资的能力，但是单一的资产结构远远不能适应企业独立筹资的需要。另一方面，企业扩大自主权以后，企业、个人可支配的货币收入增多，企业承担的责任和拥有的权利也增大，闲置的货币资金不可能全部集中于银行，游离于银行体系外的资金数量日益增多，单一的资产结构受到严峻挑战。因此，对我国金融结构的改革要求我国积极发展直接融资，通过发行股票和证券的形式直接向社会筹集资金。信托机构通过代为发行股票、证券，帮助企业解决生产过程和流通过程中的资金需要，同时通过代理证券的买卖，促进金融市场的发展。

总之，信托业作为银行业的有益补充，在满足社会各方面的需求、发展市场经济、促进经济体制改革等方面发挥着重要作用。同时，信托机构作为社会主义金融体系中的一支新生力量焕发着勃勃生机，其自身的发展不但促进了新的金融体系的创立，而且也促使其他非银行金融机构不断发展和完善，以适应我国金融体制改革的需要。

四、信托的种类

（一）按信托性质划分

1. 狭义信托

狭义信托是真正本源意义上的信托，即财产所有者作为信托行为当事人的一方，为其指定人或自己的利益，将财产托付给可信任的另一方，要求按交办信托的目的，代行有效管理或妥善处理。

2．广义信托

广义信托是指在狭义信托基础上，加上单纯代理性质的委托。广义信托的特点如下。

（1）不需要进行财产处置权的转移。在这里，受托人以（财产所有者）代理人的身份，按代理要求行使一定的理财权利。

（2）对财产处置权限相对较小。受托人以代理人的身份，依据代理要求行使权利时，仅限于在管理、处分财产手续上的代理，且必须保证财产的安全、完整，不能随意改变财产的存在形态，承担的责任也相对较小。

（二）按信托关系发生的基础划分

1．自由信托

自由信托是指信托关系主要出于委托人的自由意志，经受托人同意而成立，不受外力干预，而且信托当事人（委托人、受托人、受益人）的意志表示明白并记录在有关信托文件（契约或遗嘱）中，故又称“明示信托”。自由信托以委托人的意思表示为最主要的依据，但前提是受托人同意受托，受益人乐于受益。这类信托是信托中最为普遍的一种。

2．法定信托

法定信托是指由司法机关依法律规定，推测当事人可能的意思表示，并以此确定信托关系。这种信托的成立缺少信托关系形成的明白表示，须经司法机关根据该项关系的内容，参考有关文件资料来确定当事人的信托意思表示，然后断定各当事人之间是一种真正的信托关系，所以又称确定信托或指定信托。法定信托是英美法律上的一种特有现象。例如，某人去世后留下一笔财产，但未留有遗嘱。其所留财产被亲属A所掌握，亲属B、亲属C不服，上诉到法院要求分割。法院立案后初步认定事实成立，将继续受理其他亲属要求分割财产的要求。在分割财产的一系列工作开始前，需要妥善安排财产，保护当事人权益，于是法院出面依法确立亲属A与其所掌握的财产之间为法律上的信托关系，而非所有关系。

知识拓展

诉讼阶段的法庭指定信托

诉讼阶段的法庭指定信托是指在处理遗产争议的诉讼过程中，由法院指定一位名望高、信誉好的律师作为信托人管理所争议的财产，将有关收益存入律师事先指定的账户，并根据法院的指示将收益交付受益人的一种做法。此种做法有效地避免了财产因争议而处于无序管理的状态。

3．强制信托

强制信托是一种强制的法定信托。司法机关以公正公平的法律观念，用法律上强制的解释权，不问当事人的意思，强制断定有关当事人之间的关系是一种信托行为关系。强制断定这种信托是为了制止某人用诈欺、错误或不法行为攫取他人财产，即只承认该人是法律上的受托人，不承认其是产权的绝对所有人。例如，乙凭借某种手段，计诱甲以极低的价格将产业售与乙，事后甲发觉上当后诉诸司法机关，而乙辩称是双方自愿。司法机关洞察乙的动机后，强制乙成为法律上的受托人，为甲的利益代理其产权，不确认此产业绝对归乙所有，乙对此产业不得进行买卖。所以强制信托实际上是当事人之间没有信托的意思表示，而由法院司法确认其信托关系。这是对甲在经济上免受更多损失的一种法律援助，对乙的欺诈行为则是一种无形的惩罚。

（三）按信托服务对象进行分类

1. 个人信托业务

个人信托业务是指个人委托人设定的信托业务。

2. 法人信托业务

法人信托业务是指法人委托人设定的信托业务。

3. 个人和法人通用信托业务

个人和法人通用信托业务是指个人和法人均可以作为委托人设定的信托业务。

（四）按信托目的进行分类

1. 民事信托

民事信托是指依据各种民事法律而建立的信托关系和发生的信托事项。民事信托旨在调整财产关系和人身关系。例如，财产的管理、遗嘱的执行、遗产的继承和管理、财物的买卖、财物的抵押和寄托等，由此发生的信托事项均为民事信托。

2. 商事信托

商事信托是指依据各种“商事法”而建立的信托关系和发生的信托事项。商事信托旨在调整企业商业活动和经济活动关系。例如，股份公司的设立、改组、合并、解散与清算的信托，公司债（企业债）的发行、还本付息的信托，商务管理的信托，商业人寿保险的信托等。

3. 民事商事通用信托

商事信托与民事信托有时没有明显的区别，因为两者有很多密切联系，所以有些信托事项两者可以通用，既可划分为商事信托类，也可划分为民事信托类。例如，附担保公司债信托即是如此。凡发行公司债券则属于商事法规范畴，而提供担保品给受托人的做法，涉及抵押品问题，则属于民法范畴。若要真正判断这种信托属于哪一类，可以以其设定信托的动机来加以区分。设定信托的动机偏重于债券发行的目的，即为商事信托；设定信托的动机偏重于抵押品的确实与安全，则为民事信托。

（五）按信托受益对象进行分类

1. 公益信托

公益信托是指为增进社会公共利益，使社会公众或者一定范围的社会公众受益而设定的一种信托。具体来说，就是为了发展救济贫困、救助灾民、扶助残疾人、教育、科技、文化、艺术、体育、医疗卫生事业和发展环境保护事业、维护生态平衡，以及发展其他社会公益事业而依法设立的信托。公益信托通常由委托人提供一定的财产设立，由受托人管理信托财产，并将信托财产用于信托文件指定的公益目的。其受益人不是特指某一个人，而是社会中所有有资格享受这种利益的人。例如，诺贝尔奖就是诺贝尔本人在 1901 年以 170 万英镑本金设定的信托，由特定受托人管理运用，每年将一定数额的收益奖励给有突出贡献的学者。

知识拓展

诺贝尔经济学奖

诺贝尔经济学奖并非诺贝尔遗嘱中提到的五大奖励领域之一，该奖是 1968 年瑞典为庆祝瑞典银行成立 300 周年而专门设立的，全称为瑞典中央银行纪念阿尔弗雷德·诺贝尔经济学奖，该奖项的奖金由瑞典中央银行提供，委托瑞典皇家科学院评定，原则与诺贝尔奖原有奖项的评定相同。1969 年第一次颁发的诺贝尔经济学奖，由挪威人弗里希和荷兰人丁伯根共同获得。美国经济学家萨缪尔森、弗里德曼等人均获得过此奖。

2. 私益信托

私益信托是指委托人为了特定受益人的利益而设立的信托，受益人范围窄，一般又可分为自益信托和他益信托。

（1）自益信托是指信托的目的为保障委托人自身的利益，从理论上讲，委托人和受益人都是信托关系人，虽同为一个人，但信托关系仍存在。信托早期主要是为他人受益，随着社会的发展，委托人开始利用信托为自己谋利益，也就出现了委托人将自己定为受益人的情形。通过这种形式，委托人可以把自己不能做、不便做的事项委托给信托机构去做，利用信托机构的专门人才和专业设施，使财产获取更大的收益。例如，共同基金就是一种典型的自益信托。

（2）他益信托是指信托的目的是为委托人指定的第三者谋利。例如，身后信托就属于他益信托。

（六）按信托目的进行分类

1. 担保信托

担保信托是指受托人掌握信托财产产权之目的在于保护受益人的合法权益，如附担保公司债（企业债）信托。某公司（企业）将某种财产移转给受托人（信托机构），发行公司（企业）债券于销售市场。各债券持有人（受益人）不能分管某公司（企业）受押的财产，但如果把财产移转给受托人（信托机构）保管，就可以保护各持券人（受益人）的抵押权利。把财产移转给受托人以保护受益人的权益，即为担保信托。这种信托的目的在于保证信托财产的确实与安全，不在于对此种信托财产进行管理和运用。需要注意的是，担保信托不同于保证信托，并非受托人接受委托为单位或个人提供某种信托担保。

2．管理信托

管理信托（或称财产管理信托）的受托人掌握信托财产的目的在于保护财产的完整、维护财产的现状，不变更财产的方式或形态，并收取该项财产的固有收益和应支付的必要费用，使财产不致有任何损失。例如，受托管理某委托人的房产，受托人只能负责管理，使之不受损坏，收取规定的租金，支付必要的维修费用；但受托人不能随意变卖此房产或重新拆建此房产，即受托人有管理信托财产之权，而没有支配信托财产之权。

3．处分信托

处分信托（又称使用和处分信托、财产处理信托）的受托人掌握信托财产的目的在于使用和支配信托财产，以使信托财产的本身价值增加，或使信托财产收益增加。为了实现上述目的，受托人掌握信托财产物上代位权，可以变更信托财产的方式和形态。例如，为了使信托财产增值，受托人按信托文件的要求，可以将信托资金换成不动产或有价证券，再把不动产或有价证券换成现金。

（七）依据信托的标的物分类

1．资金信托

资金信托是指受托人受领的信托财产是货币形态的资金，在信托终了或依信托契约规定，给还原本金（信托财产）时，仍以金钱交付受益人的信托。例如，信托贷款、证券投资信托或年金信托等都属这种信托。

2．动产信托

凡以工业企业的设备和用于交通事业的车辆、船只、飞机及其附属设施，以及其他运输工具作为信托标的物，再由信托机构将这种信托财产贷放给有关的使用单位或运输部门的信托就是动产信托。信托标的物也可以由受托人代为管理或处分，如信托标的物是某种商品，委托受托人出售的信托，也是动产信托。

3．不动产信托

凡以不能移动的财产，即移动后会引起性质、状态等变化的财产作为信托财产而成立的信托称为不动产信托（或称房地产信托）。例如，把土地、地上建筑物的产权移转给受托人，受托人根据一定的信托目的，对此加以管理或处分。其中，代收地租或房租、代付房产税和地产税、代为维修房屋等信托事项为不动产管理信托；委托出售土地或建筑等不动产的信托事项为不动产处分信托；代为发行不动产债券等信托事项为广义的不动产信托。

4. 金钱信托

金钱信托是指委托人将债权移转给受托人，在此项债权给付清算后再交委托人或受益人管理、使用或支配。以人身保险信托为例，委托人保有人身险，对保险公司享有赔偿的债权；在信托关系成立时，委托人移转给受托人的产权不是实物形态的信托财产，而是将来用以收取保险公司赔偿的保险金的债权。又如催还信托，受托人受托的是催还欠款的债权证书，而不是实物，目的是要经过代为催要或诉讼，收回所欠款项交付受益人。

（八）按设定信托涉及地域范围分类

1. 国内信托

国内信托是指信托业务所涉及的范围限于一个国家境内，或者说信托财产的运用只限于一国的范围之内的信托。

2. 国际信托

国际信托是指信托业务所涉及的范围超出了一国的范围，信托财产在国与国之间的运用。

第二节 信托关系及其设立

一、信托设立的构成要素

（一）信托行为

1. 信托行为

信托行为是指以信托为目的的法律行为，或者合法设定信托的行为。关于信托行为的法律性质有不同的说法。一种认为，应将财产权的转让或做其他处理的“处理行为”（物权行为）与使他人按照自己一定的目的进行财产管理或处理的“原因行为”（债权行为）分开加以理解。另一种认为，应将二者作为一个整体的特殊的法律行为加以理解。信托行为的用语也用于记载建立信托的法律行为的文件（如契约、遗嘱）中，它意味着建立信托的法律行为即信托行为。

2. 信托约定

信托约定（信托关系文件）是信托关系确立的书面依据，受法律保护。人们通常使用的信托关系文件是指信托契约。其主要内容如下。

（1）明确规定信托目的。

（2）明确规定信托关系各方的地位，分清界限。

（3）指定信托财产范围、名称、数量等。

（4）明确规定受托人的权限和责任。

（5）规定信托业务处理手续和方法。

（6）指定信托财产转交的方法。

（7）明确规定信托关系存在的期限。

在信托关系文件中，关于受托人权限的规定，首先，应特别注意受托人不能同时是受益人，否则就不能认为是一种信托关系。其次，应注意信托关系的期限问题，要明确规定有效期，规定得越具体越好。信托关系的存在不能是无期的，要定期解除。信托文件是承认信托关系成立的重要依据，具有法律效力。但是，也有不形成文字的信托关系；或者虽然有形成文字的信托关系文件为依据，但其关系的“确认”要在委托人去世后才能成立，此时可视事实的需要用国家有关的法令条例作为信托关系是否成立的依据。信托关系文件的形式视信托行为、目的等要求而具体规定，除契约形式外，其他形式可以多种多样。例如，公司债信托可用制定公司债发行条例的形式规定信托内容，并报有关方面备案。又如，保管信托可采用代保管贵重金属委托书的形式。

（二）信托目的

信托目的是指委托人通过信托行为所要达到的目的。

1. 合法的信托目的

合法的信托目的包括以财产转移为目的（如遗嘱信托、 公益信托等），以财产保管为目的，以财产增值为目的，以代办事务为目的，以食利为目的等。

2. 非法的信托目的

法律常规定某些信托行为是非法的，究其根本是因为该信托目的是非法的。例如，日本《信托法》规定，诉讼信托和诈害信托是违法性信托，如以提起诉讼为目的进行信托（即为了提起诉讼，利用信托来接受无意诉讼人的权利）。又如，已有明确规定不允许甲占有某土地，但委托人却把甲作为受益人而信托该土地，使甲得到与占有该土地相同的利益。再如，债务人明知将危害其债权人的利益而进行信托。

总之，信托目的必须同国家和集体的利益无冲突，不能同国家法令相抵触，不能对社会秩序有妨碍，也不应破坏正常的风俗习惯。

（三）信托主体

信托主体是指完成信托行为的行为主体，即委托人、受托人、受益人。这三方必须具备一定的资格或条件，享有一定的权利，承担一定的义务，形成信托关系，才能使信托业务顺利进行。

1．委托人

委托人就是进行信托的人，即通常所说的信托财产的所有人。

一般情况下，未成年人不能成为委托人。因此，即便是财产的合法权利人，如果他是一个没有民事行为能力的人，那么在签订信托契约时，应改由代理人来签订契约，或必须征得法定代理人和保护人的同意。另外，破产人要成为委托人，必须征得债权人的同意。委托人可以是一人，也可以是数人，两人及两人以上的财产共有人也可以作为共同委托人，将其共有物信托给他人。反之，财产共有人中的某一人也可将自己在共有物中的份额信托给他人。

2．受益人

由于受益人不是签订信托合同的当事人，因此其无须具备有行为能力的条件。凡是具备权利能力的人都可以担当受益人。例如，未成年人、尚未出生的婴儿，以及非公司组织的社团、外国人等都可以成为受益人。被指定为受益人的人有拒绝受益的自由。

受益人可能是现存或特定的，也可能是非特定或尚未存在的。在后一种情况下，虽然法律上承认设立的信托，但为了保护非特定或尚未存在的受益人的权益，应设置信托管理人。

3．受托人

受托人必须由具有法律上的完全民事行为能力的自然人或法人担任，不具备法律上的完全民事行为能力的人，如未成年人、禁治产人及破产人等，不能成为受托人。从要求上看，受托人的资格要求比委托人和受益人的资格要求严格，也比代理人的资格要求严格。《日本民法典》规定，没有法律上的完全民事行为能力的人也可以担当代理人，但是在信托关系中，没有法律上的完全民事行为能力的人不能担当受托人。

受托人必须是委托人充分信任的人（个人或法人）。受托人为取得委托人的信任，必须忠于职守。目前，受托人的主要形式是法人，即信托机构，法人自身的经营状况、信誉状况、办事效率、资产规模等是取得委托人信赖的重要条件。

受托人必须具有办理信托业务的能力和专业技能条件。能力主要指专业知识，专业技能条件主要是指受托人本人的资产、经验、品行等。法人为了从事信托业，必须具有符合信托法律、法规、条例的关于受托人尤其是金融信托机构规定的资格。如日本《信托业法》对受托人的资格有详尽规定，包括营业许可（信托业非经主管大臣批准不得经营）、资本额、商号名称（信托公司在其商号名称中须标明“信托”字样）、信托财产及兼营业务，准备金、监督、罚则等。又如，我国《信托投资公司管理办法》规定，设立信托公司应当具备下列条件：（1）有符合《中华人民共和国公司法》和中国银行业监督管理委员会规定的公司章程；（2）有具备中国银行业监督管理委员会规定的入股资格的股东；（3）具有本办法规定的最低限额的注册资本；（4）有具备中国银行业监督管理委员会规定任职资格的董事，高级管理人员和与其业务相适应的信托从业人员；（5）具有健全的组织机构，信托业务操作规程和风险控制制度；（6）有符合要求的营业场所、安全防范措施和与业务有关的其他设施；（7）中国银行业监督管理委员会规定的其他条件。

（四）信托客体

1．信托财产的范围

信托财产是委托人通过信托行为转移给受托人并由受托人按照一定的信托目的进行管理或处理的财产，也包括信托成立后，经受托人管理或处理而获得的新的财产，如利息、红利和租金等。通常我们将前者称为信托财产，将后者称为信托收益。信托收益是广义的信托财产。

关于信托财产的具体范围，不同的国家有不同的规定，即使在同一国家，不同时期、不同法律所做的规定也不尽相同。如日本《信托法》对信托财产并无限制，只要是财产即可成为信托财产，从有形的金钱、有价证券、土地、房屋等到无形的专利权、著作权、渔业权、矿业权等。而在日本《信托业法》中，信托银行能受理的信托财产仅限定为金钱、有价证券、金钱债券、动产、土地及其附属物、土地使用权和租赁权及综合信托。这种限制从保护受益人的角度出发，防止信托机构搞投机或承接有危险的财产，影响信托机构的信誉。《中华人民共和国信托法》对信托财产的范围没有具体规定，只是说明“受托人因承诺信托而取得的财产是信托财产。受托人因信托财产的管理运用、处分或者其他情形而取得的财产，也归入信托财产。法律、行政法规禁止流通的财产，不得作为信托财产。法律、行政法规限制流通的财产，依法经有关主管部门批准后，可以作为信托财产”。

2．信托财产的特性

（1）转让性。信托的成立以信托财产的转移为前提条件，因此，信托财产的首要特征就是转让性，即信托财产是委托人独立支配的可以转让的财产。转让的方式包括如下几种：单纯信托财产物的位移；信托财产物发生位移，并且信托财产的使用权、处置权、管理权也转移到受托人手中；信托财产的所有权和使用权一并转移到受托人手中。

（2）独立性。独立性也称排他性，是指信托财产具有一种独立于其他财产之外的特性，主要有3种表现：信托财产与受托人的固有财产相互独立、不同委托人的信托财产或同一委托人的不同类别的信托财产相互独立、同一委托人的信托财产与其他财产相互独立。

（3）有限性。信托财产只能在一定的时空上有限：信托财产在空间上具有有限性，即其范围受法律限制；信托财产在时间上具有有限性，即信托财产有时效性（个别信托财产除外）。

3．信托财产的管理

（1）分别管理。为保证信托财产的独立性，信托财产必须与受托人自己的固有财产及其他信托财产分别管理。只有分别管理，才能保障各个受益人的利益。如果信托财产是货币，可以放在一起管理、运用，但必须分别计算。

（2）信托公告。信托公告是为了维护信托财产的独立性而从侧面采取的措施。对信托财产的财产权按规定手续进行登记注册，就是信托公告。有价证券的证券票面上应标明“信托”字样（公司债底账、股东名册上也应标明“信托”字样）。信托财产的使用权属于受托人，从外部看，信托财产与受托人的固有财产混在一起，不易分清，所以应事先对作为信托财产的不动产进行登记和标明，如不登记，则债权人可以对这部分信托财产申请强制执行，受托人对此不能提出抗诉，其结果是受益人要遭受损失。由此可见，信托公告是很重要的。

（五）信托报酬

信托作为经济行为，必然带来收益分配问题，这就产生了信托报酬。信托报酬是指受托人承办信托业务所取得的报酬，它通常按信托财产或信托收益的一定比率计算。信托报酬可以向受益人收取，也可以从信托财产中提取，均依信托合同而定。受托人为信托财产所负担的捐税和费用，以及在处理信托事务中并非由于自己的过失而造成的损失，可在应得报酬之外另行向受益人索取，以作补偿。

（六）信托结束

信托结束是指信托行为的终止。信托不因委托人或者受托人的死亡、丧失民事行为能力、依法解散、被依法撤销或者被宣告破产而终止，也不因受托人的辞任而终止（信托文件等另有规定的除外）。有下列情形之一的，信托将终止。

（1）信托文件规定的终止事由发生。

（2）信托的存续违反信托目的。

（3）信托目的已经实现或者不能实现。

（4）信托当事人协商同意。

（5）信托被撤销。

（6）信托被解除。

信托终止的，信托财产归属于信托文件规定的人；信托文件未规定的，按下列顺序确定归属。

（1）受益人或者其继承人。

（2）委托人或者其继承人。

二、受托人及其权利与义务

受托人是信托关系中重要的当事人之一。由于受托人对他人的信托财产具有很大的权限，为保证信托财产的完整性和受益人的利益，各国信托法规对受托人的资格要求比信托关系中其他当事人的资格要求严格得多。各国信托法规专门做出了对信托监督的规定，而信托监督实际上是对受托人的监督。

（一）受托人的资格

受托人是按照信托行为的规定对信托财产加以管理或处理的人。受托人可以是自然人，也可以是法人。无民事行为能力人、限制行为能力人、破产人，不得作为受托人。除法律法规另有规定外，自然人作为受托人只能接受自然人的委托，且不得超过三人。未成年人、法律上没有民事行为能力的人（如赌徒等），不能成为受托人。

当一笔信托合同的受托人为多人时，称为共同信托。共同受托人共同处理信托事务。在共同信托的情况下，信托财产由共同受托人合有，即每个受托人对信托财产没有分块持有权。例如，甲、乙、丙、丁合有的信托财产为一块土地，丙去世后，这块土地就由甲、乙、丁三人合有。共同受托时，受托人中如有一人辞任，则信托财产由其他受托人合有。此外，在共同信托时，既然信托事务由受托人共同处理，则委托人或第三人对共同受托人之一所做的意思表示，对其他受托人同样有效。日本《信托法》规定，受托人为多人时，因信托行为对受益人所负的债务应为连带债务，受托人对因处理信托事务所负的债务也应当负连带清偿责任。例如，共同受托人甲、乙、丙、丁对受益人负有100万元的债务，受益人可向其中任何一人要求收回这100万元的债款。如果向丙索取，丙不能要求受益人向其他受托人分摊索取。丙偿还100万元以后，受益人与受托人之间就解除了债权、债务关系。

《中华人民共和国信托法》规定，共同受托人应当共同处理信托事务，但信托文件规定某些具体事务由受托人分别处理的，从其规定。共同受托人共同处理信托事务，意见不一致时，按信托文件规定处理；信托文件未规定的，由委托人、受益人或者其利害关系人决定。共同受托人处理信托事务对第三人所负债务，应当承担连带清偿责任。第三人对共同受托人之一所做的意思表示，对其他受托人同样有效。共同受托人之一违反信托目的处分信托财产或者因违背管理职责、处理信托事务不当致使信托财产受到损失的，其他受托人应当承担连带赔偿责任。

（二）受托人的权利

信托银行或信托公司在取得从事信托的信托权的同时，也就拥有了受托人的权利。受托人的权利是指得到信托权的信托银行、信托公司具备的从事或不应从事某些活动的法定权利。具体地讲，这些权利包括销售权、购买权、借款权、抵押权和租赁权等，这是法律授予的。受托人为履行其基本职责，按信托的规定进行信托财产的管理和处理，这是受托人的基本权利。此外，还有两个重要的权利，一是在营业信托中受托人要求获得信托报酬的权利；二是受托人因处理信托事务所支出的费用、负担的债务或人所受到的损害，要求从信托财产中获得补偿的权利，但因受托人过错造成的除外。当信托财产不足以补偿前述规定所支出的费用，或负担的债务或人所受到的损害时，受托人可以要求委托人或受益人给予适当补偿，但公益信托或者信托另有规定的除外。

受托人的权限是受托人为完成信托目的所应当具有的权限。受托人的权限由两部分组成。一是固有的权限。这是被委托的权限，是根据各种不同的业务种类在信托合同中给予的权限，是附加的权限。受托人固有的权限比信托关系中其他关系人的权限更受限制，并随着信托内容的不同而变化。二是受托人的具体权限，一般要加以明文规定，以避免受托人在执行中不明确或无法行使。例如，美国的信托条例对受托人的一般权限做了如下规定。（1）支出受托人为完成信托目的所必要或适当或未由信托条例禁止的费用，以及信托条款所承认的其他费用；（2）依照信托条款，以适当的期间与条件将信托财产出租；（3）在不违反信托条款的前提下，受托人为完成信托目的，必要时可出售信托财产；（4）受托人应以合理的慎重态度，处理有关信托财产债权的和解、仲裁、接受调解或放弃债权等事务；（5）在不违反信托条款规定的前提下，行使股票或其他证券的决议权。

（三）受托人的义务

受托人最基本的义务是按信托行为的规定，进行信托财产的管理或处理。如果委托人仅把财产权在名义上过户给受托人，使受托人承受财产，但对财产的管理和处理仍由委托人进行，这样的信托行为是不被允许的。受托人从委托人手里承受信托财产以后，要很好地加以管理和运用。各国一般会在信托法中规定受托人在对信托财产进行管理或处理时的具体义务。

1．忠实服务的义务

这是首要的义务。受托人绝对不能利用受托人的地位谋取私利，除了领取信托业务的正当报酬，不许直接或间接地取得信托财产的收益。受托人在办理业务的过程中，要严格按照契约、遗嘱、信托合同或法院命令的条款行事。受托人无权更换或变更条款内容，也不允许擅自中断条款的执行。受托人在履行这项职责时会出现两种情况。一是信托机构订有各类业务的详细条文，委托人根据某一具体的业务内容办理信托，此时委托人的意愿已体现在信托业务的具体内容之中，所以信托机构只要严格地按照已订条文办理就是遵照了委托人的意思。二是根据具体的、特定的要求办理的信托，这时签订的信托合同或法院的命令中，一般都有特定的要求和条款，信托机构要严格按此执行。

受托人既有自己的固有财产，也有承受的信托财产；既有个人的立场，也有信托的立场。受托人应当遵守信托规定，为受益人的最大利益处理信托事务。受托人不得利用信托财产为自己谋取利益，不得以固有财产与信托财产产生任何交易。在管理和处理这两种财产时，如果将固有财产与信托财产进行买卖，可能对信托财产不利，也可能给固有财产带来损失，各国法律一般规定把固有财产与信托财产区分开来，它们之间不准买卖。例如，信托银行出钱购买作为信托财产的有价证券，虽然价格正当，但也要受到限制。受托人也不能将固有财产作为信托财产，如信托银行承受出租大楼的信托业务，随后把其中一部分出租给信托银行的分支机构。即使租费正当，甚至高于市价，也是不允许的，因为楼房属于信托财产，这样做等于出租的是信托银行，租用的还是信托银行。信托的目的是保障受益人的权益，因上述做法不符合信托宗旨，一般为各国法律所禁止。

2．分别管理的义务

除信托财产属于金钱的情况外，受托人必须将信托财产与其固有财产及其他财产分别进行管理。

3．善于管理的义务

受托人应当充分利用自己的专业知识、机构设施，妥善管理和慎重运用信托财产，在确保受益人权益的同时，最大限度地提高信托财产的效益。日本《信托法》规定，受托人要根据规定的信托行为，对信托财产进行管理和处理，在执行业务时，应注意做一个善良的管理人。美国《信托法》则提出受托人应有能力而且勤勉。有能力是指受托人要承担委托，应有善于运用信托财产的能力，并充分发挥其高度的责任心。勤勉是指在办理信托业务时要完成业务，且热心努力，不得怠慢。受托人必须按照信托宗旨，做善良的管理人，慎重处理信托事务。假如受托人的固有财产受到亏损，理所当然必须由自己承受。而信托是为别人管理和处理财产，如果信托财产发生亏损，则有害于受益人。因此，受托人一方面要妥善处理信托财产，另一方面要慎重选择委托人并对委托人进行必要的监督和约束。

4．亲自执行的义务

受托人是在受到委托人信任的前提下受托管理和处理信托财产的。为了满足委托人的要求，在办理信托业务时，受托人一定要亲自去执行，如果让别人去处理，便违背了委托人对自己的信托。只有在信托行为另有规定时或迫不得已的情况下，受托人才能让他人代替自己处理信托事务。

5．负责赔偿的义务

因受托人管理不当，或未能有效地管理、运用信托财产，或违反信托目的和信托合同的规定处理信托财产造成损失的，受托人负有赔偿信托财产损失的义务。这种赔偿包括按信托财产价值赔偿和恢复信托财产原状两种情况，具体的赔偿方式和赔偿条件一般由法律条例或信托章程加以规定。当然，如果受托人能出具证明说明损失是不可抗拒的，便可不负责任。受托人的义务以“物质的有限责任原则”为限，即受托人根据信托行为对受益人所承担的债务，仅限于在信托财产的限度内履行其责任，而不必用信托财产以外的财产进行补偿。受托人为多人时，因信托行为对受益人所负的债务为连带债务，故他们处理信托事务所负的债务也相同。

6．分配收益的义务

受托人应当根据信托契约的要求，公正地分配信托财产和信托收益，并将分配情况通知受益人。当信托财产和信托收益无契约规定的受益人时，应将信托财产完整地退还给委托人。当信托财产无明确的归属人时，应将信托财产依照有关法律或条例的规定公正地加以处理。

三、委托人及其权利与义务

（一）委托人的资格

委托人是让受托人遵从一定的目的对信托财产加以管理和处理的人。各国信托法对委托人的资格都有比较明确的规定。一般来说，委托人应当是具有完全民事行为能力的自然人、法人或者依法成立的其他组织，即凡具有签订合同能力的人都可以成为委托人。

除未成年人外，个人、法人，甚至不具备法人资格但合法的团体，均可以成为委托人，同时也不计国籍。两人以上的共有者和合有者也可将财产共同委托。一般共有财产中若能划分每人持有的部分，并能分割，则本人有权处理属于自己的部分。因此，每个共有人对共有财产中属于自己支配的那部分可以单独信托。

（二）委托人的权利

信托是受托人为受益人的利益而管理财产的行为。因此，无论是他益信托，还是自益信托，信托一旦成立，委托人实际上已经游离于信托关系之外，一般不会对信托关系产生什么影响。但在各国的信托法中，由于委托人作为设定信托人对整个信托有利害关系，因此给予委托人以权利。委托人拥有的最主要的权利是授予权，即委托人可以对受托人授权，要求其遵从一定的目的对信托财产进行管理或处理。信托关系建立后，就他益信托而言，委托人等于将信托财产赠送给受益人；就自益信托而言，委托人对信托财产持有的权利是从受益人的角度来持有的，因而委托人失去了对信托财产的处置权，或者说信托成立后，委托人离开信托关系也不会有影响。但由于委托人处于信托关系的主动地位，对整个信托有利害关系，故法律上允许委托人保留下列权利。

（1）当受托人管理不当或违反信托目的时，委托人有权要求其补偿信托财产损失及复原、提出异议。

（2）委托人有权查阅处理信托事务的有关文件和询问信托事务。

（3）委托人有权要求法院选出信托管理人，要求法院免去受托人。

（4）委托人有权准许受托人辞职。

（5）委托人有权向法院提出变更信托财产管理方法。

（6）当委托人是信托利益的全部受益人时（自益信托），其有权解除信托。

（7）当信托结束且没有信托财产的归属人时，委托人有权得到信托财产。

（8）委托人有权对信托财产的强制执行提出异议。

以上权利，在委托人去世后，其继承人也同样持有，对受托人辞任予以承诺的权利除外。

对于自益信托，如果受益权转让，则委托人的权利应该转移到新的受益人手中，否则就有可能发生处理不当的情况。例如，甲为委托人兼受益人，从委托人的角度出发，甲有查看账簿、接受受托人辞职的权利。如果甲把受益权转让给了乙，乙就成为受益人。由于是自益信托，转让受益权等于委托人将自己原先持有的权利也转让给了乙。如果此时甲仍然行使查看账簿、接受受托人的辞职等委托人的权利就是不合理的。

（三）委托人的义务

委托人的义务就是让渡一定的财产权，对受托人授予一定的权利，要求其遵从一定的目的，对信托财产进行管理或处理，并支付一定的佣金和费用给受托人。如前所述，信托关系一经确立，委托人相当于游离于信托关系之外，不应过多干预信托活动，以确保受益人的利益，这也是信托关系中“受益人利益核心原则”的体现。

四、受益人及其权利与义务

（一）受益人的资格

和委托人一样，受益人的资格在各国信托法中一般也有比较明确的规定。凡是具备权利能力的人都可以成为受益人。由于受益人不一定是信托合同的当事人，因此，信托受益人无须具备有民事行为能力的条件，未成年人、精神病人，甚至罪犯都可以成为受益人。受益人一般分为两种。一种是委托人本人就是受益人，即自益信托中的受益人；或者受托人是受益人，但不得是同一信托的唯一受益人。另一种受益人是在他益信托中产生的，即受益人不是信托合同的当事人，遗嘱信托、监护信托都属于这种情况。

受益人还可以从另外的角度分为两种情况。一种是享受相当于信托本钱利益的人，称为本钱受益人；另一种是享受相当于收益部分的人，称为收益受益人，即将本钱和收益分别给予不同的人。例如，甲拿出 100 万元信托给信托银行，让其运用后将收益部分付给乙，本钱经过数年后自己收回。在信托合同中，可以规定甲为委托人兼本钱受益人，乙为收益受益人。目前，在信托银行业务中，本钱受益人和收益受益人为同一人的占多数。

（二）受益人的权利

受益人的权利是享受信托财产所产生利益的权利，这种权利称为收益权或受益权。在经济上，受益权被看作与所有权同等的权利，有关信托财产的利益和损失全部归属于受益人，即受益人享受信托利益、承担信托亏损。既然受益权等同于财产权（所有权），按法律规定，持有财产权的人可以自由处理财产权。因此，受益权也可以买卖、赠送和典当（充当抵押品），受益人去世后，受益权还可以继承。另外，受益权具有时效性，即受益权具有有效行使期限。任何受益权都应该有时效的限制（个别永久性信托除外），人们对于如何确定受益权的时效有不同看法。债权说认为，应将受益权理解为向受益人的受托人要求付给收益的权利，因此可运用债权的失效规定；管理权说认为，受益权不局限于以上所述性质，它还具有对信托财产直接支配权性质的特殊权利（这是大多数日本人的看法，以此来说，受益权的消失时效为 20 年）；还有人认为，受益权与所有权属相同的权利，不应因受益权的时效而作废。

在各国信托法中，受益人除享有受益权外，还享有以下特权。

（1）受托人违反信托宗旨或信托条款处理信托财产时，受益人有权取消这种处理。例如，委托人委托受托人管理房地产，但受托人接受房地产后，违反信托目的，把房屋卖给了甲，受益人这时就有权取消买卖合同，将信托财产复原。不过，这种取消一般是有条件的。

（2）在受托人更迭时，受益人有权会同有关信托关系人到场监督办理信托交接事务。

（3）向法院要求解除信托的权利。在他益信托中受益人享受全部信托利益的情况下，在非以信托财产不能偿还其全部债务或有其他迫不得已的事由时，受益人可以申请解除信托。在自益信托中，受益人可随时解除信托。

（4）信托结束时，承认最终决算的权利。受托人办理信托业务的最后决算，经受益人承认后，受托人的责任才算完成，整个信托关系才告结束。

各国对受益权都有有效期约束。假如权利在一定时间内不行使，就要失去效力。时效即有效时期。目前，世界各国大多数民法学家认为受益权不同于所有权、物权和债权，是一种特殊的权利，因此主张为受益权限定时效。

（三）受益人的义务

受托人在处理信托业务的过程中由于非自己的过失而蒙受损失时，受益人有义务接受受托人提出的费用或补偿损失的要求。当然，如果受益人放弃受益权利，就可以不履行这一义务。

法律在承认受益人有较大权利的同时，也要求受益人向受托人承担义务，而且认为这种承担义务的行为特别有效。这反映了受益人在法律上是信托财产的实际所有者。

五、信托业务流程

一个完整的信托业务至少包括信托项目前期考察、信托项目立项、信托项目预审、信托项目终审、信托项目成立和信托项目后续管理 6 个流程，如图 7-2 所示。

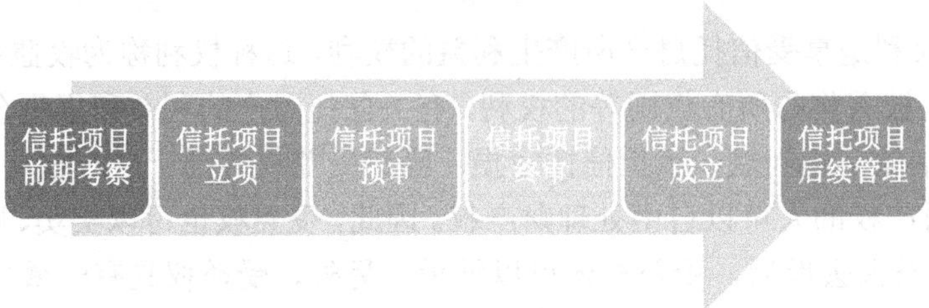

图 7-2　信托业务流程

（一）信托项目前期考察

1．项目受理

接受融资方提供的项目资料，一般包括以下几项内容。

（1）项目概括性介绍。

（2）项目投资计划的构成及基本的财务分析。

（3）融资计划及本次融资说明。

（4）项目方的各种资质：法人营业执照、特许行业准入资格许可证、上年度财务报告等可以提供的相关证明复印件。

（5）关于此次融资的股东会决议。

2．业务人员初审

根据项目方提供的资料，判断是否可操作，并提出资金来源渠道，是单一大客户还是向社会公众发行的集合资金信托产品。

信托项目成立之前至少需要1～2个月的时间进行调研考察工作，复杂的项目需要半年以上的时间通过审核。

（二）信托项目立项

信托项目立项流程如图7-3所示。

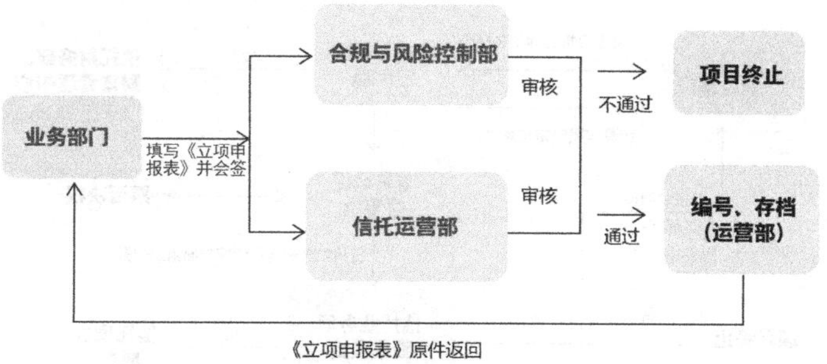

图7-3　信托项目立项流程

信托项目立项流程说明如下。

（1）业务部门内部审核填写《立项申报表》。

（2）业务部门将《立项申报表》及项目相关资料交给合规与风险控制部及信托运营部审核。

（3）经主管立项部门签字后，由运营部为该《立项申请表》编号、存档；

（4）《立项申报表》返回业务部，立项完成。

（三）信托项目预审

信托项目预审流程如图7-4所示。

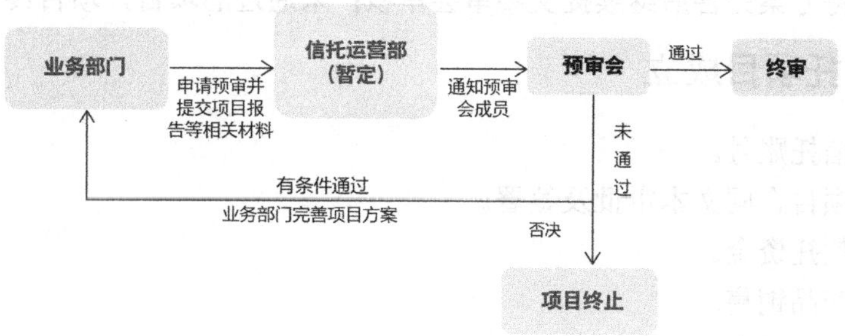

图7-4　信托项目预审流程

信托项目预审流程说明如下。

（1）由业务部门向信托运营部（暂定）提出预审申请，并提交项目报告等相关资料（电子版）。

（2）由信托运营部（暂定）向信托项目预审会成员发出预审会通知并召开预审会。

（3）预审会召开后，由各预审会成员提交《信托项目预审单》。

（4）预审结果：通过的项目进入终审程序；有条件通过的项目，需要由业务部门继续完善项目方案，待方案完善后继续提交预审会审核；未通过的项目，项目终止。

（四）信托项目终审

信托项目终审流程如图 7-5 所示。

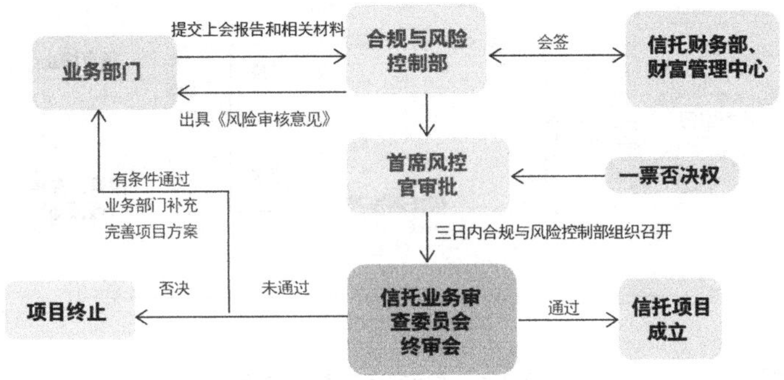

图 7-5　信托项目终审流程

信托项目终审流程说明如下。

（1）业务部门撰写上会报告。

（2）由业务部门将上会报告和相关材料报合规与风险控制部审查，并由合规与风险控制部出具《风险审核意见》。

（3）由合规与风险控制部会签信托财务部、财富管理中心，并提交首席风控官审批，首席风控官拥有一票否决权。

（4）由合规与风险控制部将项目上会报告及相关材料提交信托业务审查委员会审查。

（5）终审结果：上会通过的信托项目成立；有条件通过的项目，需要业务部门继续完善项目方案，待方案完善后继续提交终审会审核；未通过的项目，项目终止。

（五）信托项目成立

（1）开立信托账号。

（2）信托项目合同文本审批及签署。

（3）收取信托资金。

（4）信托产品销售。

（5）项目成立报告。

（六）信托项目后续管理

1. 项目组进行后期管理

（1）项目组应建立项目管理台账，并将相关资料上传信托业务管理系统。

（2）现场检查及报告制度：项目经理对项目进行实时监管，须按月形成定期管理报告报送分管副总经理和合规与风险控制部。

（3）做好还款资金落实及风险预警工作：项目组应做好《还款资金支付提示通知单》（还款前2个月）、《还款资金落实情况检查表》（还款前1个月）、《风险预警信号认定表》（一般预警在发现后5个工作日内，重大预警在发现后的2个工作日内）等，并将上述相关后期管理文件及表单及时扫描并上传至系统。

2．相关部门及领导检查督导

合规与风险控制部：每月对项目组的后期管理工作进行一次非现场检查，每半年对存量项目进行一次现场检查，将发现的问题及时反馈给项目组进行整改，并形成书面报告提交给风险总监，必要时对重大项目及逾期风险的项目进行不定期抽查或全面检查。

3．系统处理流程

（1）非委托人收付资金的业务处理：项目组应在资产管理系统（AM）中提交相应业务流程，经业务管理部审核通过后，提交财务部进行账务处理。

（2）向委托人支付本金、利息及委托人收益权变更业务处理：项目组应在登记过户系统（TA）中提交相应业务流程，经业务管理部审核通过后（主动管理类集合资金信托需经金融市场部一并复核），提交给资金财务部进行账务处理。

4．解押审批流程

企业提交解押申请，项目组接到申请后发起线上审批流程，部门负责人和分管副总经理审核同意，经合规和风险控制部审查和风险总监审核后，报总经理审批。合规和风险控制部根据审批意见协助信托业务部门办理相关抵（质）押物解押手续。

5．资金划付审批流程

项目组在填制《资金划付审批表》的同时需要提交融资企业的用款申请、工程合同、工程进度、监理报告及其他相关用款证明资料等附件，如图7-6所示。

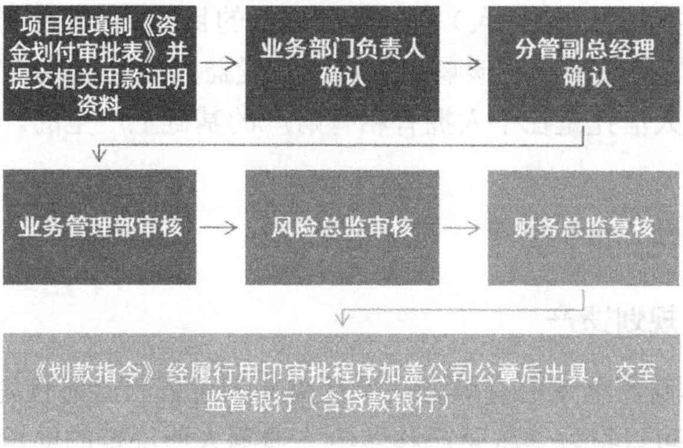

图7-6　资金划付审批流程

6. 项目终结认定流程

项目终结认定流程如图 7-7 所示。

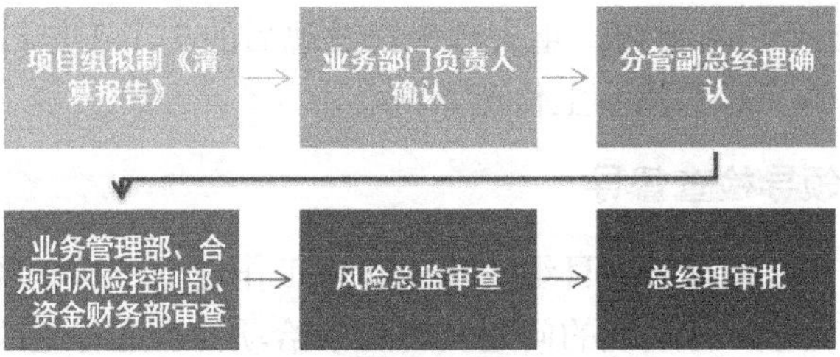

图 7-7　项目终结认定流程

项目终结后，信托业务部门将相关终结资料录入系统，金融市场部及时在公司网站上发布相应的信息披露。项目组按照《业务档案管理办法》要求将后期管理阶段档案整理完成，并填写《项目文件归档审核记录单》，于 3 个工作日内交业务管理部、合规与风险控制部、资金财务部审查后，填写《项目档案交接登记表》，在 5 个工作日内将档案移交档案管理部门。

第三节　信托业务介绍

一、个人信托业务

（一）个人信托业务概述

个人信托，是指委托人（自然人）基于财产规划的目的，将其财产权移转给受托人（信托机构），使受托人依信托契约或遗嘱的本旨，为受益人的利益或特定目的，管理或处分信托财产的行为。个人信托是在个人拥有私有财产的基础上产生的。信托最早是从个人信托发展来的。

（二）个人信托的特点

1. 照顾遗属，规划遗产

个人信托是安排财产继承的有效方法，让委托人可依照心愿预先安排财产分配事项。例如，通过遗嘱信托可以很好地将财产移转给立遗嘱人所决定的继承人，减少因遗产产生的纷争，特别是中立的遗嘱执行人的介入，使财产的清算和分配更公平。在有继承限制的国家，信托可帮助立遗嘱人弹性安排资产继承，使立遗嘱人的财富无须受到复杂冗长的遗嘱认证程序的影响，让立遗嘱人指定的受益人能尽快继承应得资产。

2．专业管理，累积财富

委托人通过签订信托契约，将财产权移转给受托人。由于受托人是专业的理财专家或信托公司，可借助其专业的管理、经营能力，利用信托财产创造最大的效益。由专业人员依合同内容做有计划的投资管理，可使财产充分发挥其累积效果，不致因财产过早分散或流失，而丧失创造财富的机会。同时，信托财产具有独立性，信托财产的债权人对信托财产不得请求强制执行或拍卖。再者，信托财产不属于受托人破产财团的范围。另外，信托财产的债权，不得主张与不属于信托财产的债务抵消。第三，在法律许可的情况下，成立信托可使委托人的资产获得长期保障，因为信托资产在法律上登记于受托人或指定人名下，而非委托人居住地或加入的国家，因此，个人信托可以消除地方或国家的政策性风险带来的受益人的收入损失，也可保障委托人的资产免受债权人索赔。

3．财产规划，合法节税

个人信托可根据每个人的信托财产及信托理财的目的提供包含投资、保险、节税退休计划、财富管理等的全方位的信托规划，满足个人及其家庭不同阶段的需求，为委托人妥善规划财产。通过信托财产规划，可实现合法节省赠予税及遗产税、所得税、资本利得税等目的。就财产规划的角度而言，个人信托合理避税的优点，可在人们处理家族的全球税务时提供参考，当信托对受益人执行资产分配，受益人所在地的税法将决定此分配是否应课税。现在，我国的个人财产移转大多数采取的是赠予或遗产继承的方式，但考虑到赠予税或遗产税未来可能要颁布实行，而对照国外相关的法律，此二者税率均高达 50%。因此，税赋就成为移转财产所面临的主要问题，如何降低移转成本，将成为个人信托财产规划的重心。

4．财产妥善，存续管理

人的生命再长，也有终止的时候。因此，如何让财产保有完整性，并使财产权在原所有人生命终止后，仍可依照其意志去执行，让财产权的效益得以持续，就成为财产规划的重心。而在信托法中明确规定信托关系并不因委托人或受托人死亡、破产或丧失行为能力而消灭，因此，信托法律关系的建立使信托财产得以达到继续经营的目的。

个人信托在实际运作上极富弹性，在符合法令的要求下，其目的、范围或存续期间等均可依委托人的个别需要而制定，进而达到保存财产、避免浪费、执行遗嘱、监护子女、照顾遗属等多样化的目的。

（三）个人信托的主要业务种类

西方发达国家的个人信托业务主要有财产处理信托业务、人寿保险（保险金）信托业务、监护信托业务和特定赠予信托业务等。目前，个人信托的主要业务种类如表 7-1 所示。

表 7-1　个人信托的主要业务种类

序　号	信托业务		业务种类
1	财产处理信托业务	合同信托	退休养老信托
			子女保障信托
			个人资金（金钱）信托
			有价证券信托
			不动产信托
			证券投资基金
		遗嘱信托	遗嘱执行信托
			遗产管理信托
2	人寿保险（保险金）信托业务		被动信托
			不代付保费信托
			代付保费信托
			累计保险信托
3	监护信托业务		未成年人监护信托
			禁治产人监护信托
4	特定赠予信托业务		特定赠予信托

1. 财产处理信托业务

财产处理信托业务是信托机构接受个人的委托对信托财产进行管理、运用的一种信托业务，按其设立方式可分为合同信托和遗嘱信托两种。

1）合同信托（生前信托）

合同信托是委托人和受益人订立合同并在委托人生前发生效力的信托，它属于生前信托。合同信托的主要种类如下。

（1）退休养老信托。退休养老信托是由委托人（即客户）和受托人（即信托机构）签订信托合同，委托人将资金转入受托人的信托账户，由信托机构依照约定的方式替客户管理、运用的一种信托。委托人和受托人在信托合同中明确约定信托资金用于未来支付受益人（客户或其配偶）的退休生活费用。只要是信托合同持续期间，信托机构就会依照信托合同执行受益分配，让信托财产完全依照委托人的意愿妥善处理，使委托人的退休生活无后顾之忧。

（2）子女保障信托。子女保障信托是指由委托人（即父母、长辈或子女本人）和受托人（即信托机构）签订信托合同，委托人将财产（一般为金钱）转入受托人信托账户，由受托人依照约定的方式管理、运用，通过信托机构的专业管理及信托规划的功能，定期或不定期地向受益人（子女）给付信托财产，满足其生活、教育和创业的需要。

（3）个人资金（金钱）信托。个人资金信托是委托人基于对信托机构的信任，将自己合法拥有的资金委托给受托人（信托机构），由受托人按委托人的意愿，以自己的名义，为受益人的利益或者特定目的，管理、运用和处分资金的信托。资金信托业务是信托机构一项重要的信托业务，也是信托机构理财业务的主要存在方式，分为单一资金信托和集合资金信托。

（4）有价证券信托。有价证券信托是指有价证券所有人（即委托人）将有价证券所有权移转给受托人，由其依据信托契约为受益人的利益管理、运用有价证券的信托关系。有价证券信托成立交付财产时，委托人交付给受托人的信托财产必须是有价证券，但到信托合同结束归还信托财产时，信托财产不一定要保持有价证券的形式，还可采取其他形式，如一定量的货币。

（5）不动产信托（房地产信托）。不动产信托是指不动产所有权人（即委托人），为受益人的利益或特定目的，将所有权移转给受托人，使其依照信托合同来管理、运用信托财产的一种信托。例如，将建筑物、土地（不含耕地）等不动产作为信托财产，由受托人按照信托合同，对不动产进行开发、管理、经营及处分，以提高不动产的附加价值，并最终将受托成果归还给受益人的信托业务。无论是个人还是法人组织，凡是涉及房地产的建设开发、买卖租赁或其他有关房地产的业务，都可借用不动产信托进行有效管理。所以，无论是个人还是法人组织都可以从事该项业务。

（6）证券投资基金。证券投资基金是一种利益共享、风险共担的集合证券方式。它通过发行基金证券，集中投资者的资金，交由专家管理，以资产的保值、增值等为根本目的，利用股票、证券等金融工具投资，投资者按投资比例分享收益并担当风险。它既可以被个人使用也可以被法人组织使用。

2）遗嘱信托

遗嘱信托是根据个人遗嘱设立的并在遗嘱人去世后发生效力的信托业务，属于身后信托。遗嘱信托可以使财产顺利地传给后代，并可以通过遗嘱执行人的理财能力弥补继承人无力理财的缺陷。同时它还可以减少因遗产产生的纷争。因为遗嘱信托具有法律约束力，特别是中立的遗嘱执行人的介入，使遗产的清算和分配更公平。遗嘱信托一般可分为遗嘱执行信托和遗产管理信托。

2. 人寿保险（保险金）信托业务

人寿保险（保险金）信托业务是一项结合保险与信托的金融信托服务产品。它是以保险金给付为信托财产，由人寿保险的投保人和信托机构签订保险金信托合同书，当被保险人身故发生理赔或满期保险金给付发生时，由保险公司将保险金交付受托人（即信托机构），并由受托人依信托合同的约定管理、运用保险金的一种信托。由于人寿保险的目的在于被保人的遗嘱所指定的受益人可以在将来得到生活赡养费，所以信托机构还需按信托合同约定的方式，将信托财产分配给受益人，并于信托终止或到期时，交付剩余资产给信托受益人。

3. 监护信托业务

监护是指依法对某人的人身、财产及其他一切合法权益加以监督和保护的一种法律行为。监护信托是利用信托方式，由信托机构对未成年人或禁治产人人身财产及其他权益进行监督和保护的行为。所以监护信托可分为未成年人监护信托和禁治产人监护信托。监护信托的最大特点是对充当监护人的信托机构来说，对人的责任重于对物的责任。

监护人按监护的标的物分为财产的监护人、身体的监护人、财产和身体的综合监护人，所以，未成年人监护信托也相应地分为财产监护信托、身体监护信托、综合监护信托等业务。目前，监护信托业务中很少有单独的身体监护，监护信托一般都与财产的监管、保护、营运有关，是一种财产和身体的综合监护信托。

4．特定赠予信托业务

特定赠予信托以资助重度身心残疾者生活的稳定为目的，以重度身心残疾者为受益者，个人委托人将金钱或有价证券等委托给信托机构，委托其对受托财产进行长期、安全的管理和运用，并根据受益者生活和医疗上的需要，定期以现金支付给受益者。

特定赠予信托的财产必须是能够产生收益并可以变卖的财产，所以该信托的客体一般限定为金钱、有价证券、金钱债权、树木及其生长的土地、能继续得到相当代价的租出不动产、供重度身心残疾者（受益人）居住的不动产。这种信托业务在日本比较普及，我国目前尚未开设此类业务。

5．家族信托业务

“家族信托”是由个人信托发展而来的。它是根据个人的需要，将个人信托业务种类有机结合的运用。它以家庭财富的管理、传承和保护为目的，即信托机构受个人或家族的委托，代为管理、处置家庭财产，受益人一般为本家庭成员。其设立主要用于解决财产跨代传承问题，实现有效、平稳的股权转移和管理。家族信托一般是为高净值人士定制的理财产品，不设预期年化收益率，也没特定的项目投向，而是根据客户的风险偏好来配置各类投资产品。这类信托根据客户的需求，一般都有超长的存续时间，接近于“受人之托、代人理财”的信托本意。

在实际生活中，人们一般把家族信托当作一种通过转移财产所有权而进行财富传承的工具。委托人要将资产的所有权移转给受托人（通常是一家信托公司），并将资产托管在一家商业银行，然后受托人根据双方契约管理这份信托资产，并将资产收益再移转给受益人（通常为企业家的子女、直系亲属）。家族信托的实施不仅关系到受益人的利益，也关系到委托人的意愿能否实现。相对于其他类型的信托，家族信托产品可以定制，能够为高净值人士提供针对个人需求的差异化产品；并且在产品存续期间，资产配置方式和策略也可以根据委托人的实际情况和风险承受能力进行灵活调整。在受益人设置及信托财产的分配上，家族信托可设置他益受益人，可中途变更，限制受益人权利。在信托利益分配上，家族信托可选择一次性分配、定期定量（比例）分配、不定期不定量分配、临时分配、附带条件分配等多种方式。对高净值人士来说，家族信托可以使其避免将来可能出现的家产纠纷。

【案例 1】

家族信托的事例

家族信托在发达国家非常普遍，几乎每一个历史悠久的名门望族背后都有一个设计复杂的家族信托。下面举一些家族信托的实例。

美国的洛克菲勒家族从1934年便开始为后人设立一系列遗产信托。遗产由信托机构进行专业管理，家族中有能力的人可以参与企业管理，大部分人则定期从信托基金获得一笔生活保障金。这样既保证对家族产业的控制力，也不会导致子女因争夺财产而反目成仇。中国香港的李嘉诚家族和郭氏家族也采取了类似的方式管理自家财富。

比尔·盖茨早在2000年就设立了比尔及梅琳达·盖茨信托基金会，并陆续将其与妻子名下的资产转入该信托基金。

传媒大亨默多克家族持有信托基金。新闻集团发行两种不同的股票，其中A类是没有投票权的股票，B类是拥有投票权的股票。默多克家族持有新闻集团近40%的B类股票，其中超过38.4%的B类股票由默多克家族信托基金持有，受益人是默多克的子女。如此一来，新闻集团的控制权牢牢掌握在默多克家族的手中。

此外，肯尼迪家族、班克罗夫特家族等全球资产大亨都通过信托的方式来管理家族财产，以此来保障子孙的收益及对资产的集中管理。

在家族信托中，最典型的莫过于遗产信托。遗嘱人立下遗嘱，将自己的遗产设立为专项基金，并把它委托给受托人管理，基金收益由受益人享有。受益人既可以是继承人，也可以是慈善机构或者任何个人或组织。此外，遗嘱人还可以根据自己的需要，为基金的管理和支配设定各种条件和要求。例如，戴安娜王妃为其两个儿子设立的遗产信托。1993年，戴安娜王妃就立下遗嘱，要求自己去世后，将遗产交给信托管理人管理，她的两个儿子则作为受益人，平均享有信托收益。遗嘱还规定，他们从25岁开始可以自由支配一半的收益，从30岁开始可以自由支配一半的本金。1997年戴安娜王妃因车祸去世后，信托基金立即成立，当时基金总额为1296.6万英镑。10年后戴安娜王妃的大儿子威廉年满25周岁时，该基金仅收益就已经达1000 万英镑。

二、公司信托业务

公司信托是法人信托的一种，是由信托机构向公司法人提供的一种信托业务。公司信托业务主要有证券发行信托业务、商务管理信托业务、设备（动产）信托业务和收益债券发行信托业务。

（一）证券发行信托业务

证券发行信托是信托机构向公司法人提供有关证券发行事务的信托，其中最常见的是抵押公司债券发行信托。证券发行信托是公司信托的主要业务，因而有人把公司信托称为有价证券信托、证券发行信托或者发行公司债信托、抵押公司债信托等。在美国，公司信托一般是指抵押公司债信托。这里仅介绍抵押公司债信托业务的要点。

抵押公司债信托（或称发行公司债信托，但实际工作中的公司债多为带抵押的）是指信托公司接受发行公司的委托，代替债券持有者行使抵押权或其他权利的信托业务。

为了保障债券持有者的权利，约束债券发行公司的行为，大部分上市债券的发行，都附有限制性协议。但因为债券持有者是分散在社会中的众多的个人，他们无法对债券发行公司实行有力的监督，也无法共同保管抵押物品，而信托机构可代办发行的烦琐事务，对债权人、债务人都有利。因而，这种信托与一般意义上的信托相比有其独特之处。其一，抵押公司债信托中的受托人并不具有财产的所有权，除非发生违约情况，受托人才具有这权力；其二，对作为受托人的信托机构来说，这种信托中的受益人常常是不确定的，它随着债券的不断交易而不断变换。其三，这种信托中的受托人同时对债券发行人和债券持有者负有信托职责（对债券发行人负有发行债券的职责，对债券持有人负有保管抵押物品的职责），而在一般信托中，受托人只代表收益人的利益。

（二）商务管理信托业务

持有股票有两方面的好处。一方面可以得到分红，股票涨价时还可以增加收益，即享有收益权；另一方面可以在股东大会上行使表决权，审查和批准公司经营的基本方针，即享有表决权。收益权和表决权是统一的整体。然而，在信托业务中却需要将这两者割裂开来，单独将表决权进行信托，即所谓的行使表决权信托，或称商务管理信托。早在 19 世纪后期，美国就开始办理商务管理信托业务，铁路公司运用较多，到 19 世纪末推广到一般实业界。随着信托观念的普及、信托事业的发达及信托成效的显著提高，商务管理信托逐渐成为美国信托机构的重要业务之一。而在日本，一般来说是不允许将收益权和表决权割裂开来的。一个例外的案例是，1974 年五十铃汽车公司和美国的通用汽车公司合作，在引进通用汽车公司的资本时，外资审议会在讨论确立日本股东权的问题上争执不下。因为通用汽车公司资本雄厚，而日方股东无法以一家之力与之抗衡，只有集合各大股东的力量来巩固地位，这时有人提出利用信托的方案，采用了以行使股东表决权信托并由所有的信托公司共同受托的方式。后来，日本的国际经济贸易地位上升，五十铃汽车公司发展为实力雄厚的大企业，不再担心股份会被侵占，当初的目的达到了，于是 1978 年 8 月该信托结束。

总的来说，商务管理信托行为的发生和它的信托关系的建立主要有如下 4 个原因。

（1）委托人在业务上处理不得法，经营不振，需要专业人才和可靠的经营人员来改进经营管理、振兴业务。

（2）委托人在营业顺利的时候，谋求施行某种新方针，谋求有经验、懂业务的人来加强管理，使之更加兴旺。

（3）委托人试图增加对公司的影响或避免股份被侵占。

（4）股份公司的决策人员由选举产生，经理或副经理等人员由董事会招聘，都有一定的任期，任满改选，办事和决策人员的变动，必然会影响公司的经营方针、经营作用和经营方法，倘若把经营决策权委托给信托机构，则有利于事业的持续发展。

商务管理信托将股东的收益权和表决权分离，由公司全体或多数股东推举信托公司作为受托人，将其所有股票过户、移转于受托人，交与受托人保管，换取收据；受托人在信托期内代表股东行使表决权，此时，股东除投票表决权外仍享受股东应得的其他一切权利，受托人的职责主要是保管股票、代股东行使表决权、处理公司事务、将每年收入兑换发给

"收据"持有者等。如果事业成功，各股东及债权人共同受益，受托人获得手续费收入。

在美国，为了避免因受托人的职权过大而操纵公司，各州法律规定，商务管理信托的成立，一是必须有特定的信托目的，如改组或新创的公司为了稳定基础、经营继续，而需要熟悉商情、有经验、有能力的信托机构帮助其渡过难关；二是必须在一定的年限内，如美国纽约州规定为10年，其他地方规定为5～15年不等；三是对受托人的职权有相当的限制，如有的州规定对股票的出售与其他公司合并等诸事，受托人无权自主。

目前，商务管理信托对于改善我国公司法人治理结构，克服国有股独大、所有权虚置、经营机制不合理等现象，具有重要的现实意义。

（三）设备（动产）信托业务

设备信托业务是一种特殊形式的公司信托业务。它是由设备的所有者即委托人与信托机构即受托人签订信托协定，将设备信托给信托机构，并同时将设备的所有权转移到后者手中的。受托人发给委托人信托受益权证书，而将财产出租或出售给资金紧张的用户，委托人将其得到的信托受益权证书出售获得款项。显然，设备信托起到了金融作用。

在美国，设备信托曾是铁路部门为筹集购买设备资金而采用的一种特殊的信托形式，目前，逐渐为航空部门采用。

在日本，设备信托称为动产信托。动产信托是以管理和处理动产为目的的信托，此项信托是专为委托人（兼受益人）将受益权转让给机构投资者为前提而受托的。"夹金块信托"是动产信托的一个特例（1982年开始)。动产信托于1922年日本《信托业法》中得到承认，直到1956年才出现车辆信托的实例。

这里所指的动产主要是由有关法律规定的财产。如日本东洋信托银行的《业务种类及方法》一书中规定的动产主要有三类。第一类是车辆及其他运输用设备，具体包括车辆、船舶、汽车、海运办理用集装箱；第二类是机械用设备，如电子计算机、建筑机械、机床、电梯、药品机械、停车场设备等；第三类是金钱及其他贵金属。

动产信托按照对动产的不同处理方法，可分为管理处理方式、处理方式和管理方式3种类型。

1. 管理处理方式

管理处理方式的动产信托是指将动产最终出售，在出售之前租给用户使用的业务。

2. 处理方式

处理方式的动产信托是信托银行接受委托人信托的同时将动产出售给用户的业务。

3. 管理方式

管理方式的动产信托是信托银行接受委托人信托的同时将动产出租给用户的业务。

动产信托的优点如下。

（1）从委托人角度看：

① 通过出售信托受益权证书，可以尽早收回动产的贷款。

② 在用户资金不足的情况下，采用分期付款，扩大了动产设备的销路。

③ 由信托银行代办委托人延期收款的销售事务，减轻了委托人的负担。

（2）从设备用户的角度看：

① 缓解资金不足的困难，通过分期付款的形式取得设备的使用权及所有权。

② 利用动产信托，能达到同通过借款和发行债券去筹资而取得设备的同样效果。这是因为用户分期付款的利息和现金，可以做税前处理。

③ 一般来说动产信托的期限达 5～10 年，属长期性的，从而使用户能利用设备投产后的收益、折旧费用有计划地偿还贷款。

（四）收益债券发行信托业务

收益债券发行信托是为公共建设而发行的市政公债，其特点是债券的偿还是以公共设施得到的收益作为担保的。信托机构受托发行收益债券，负责债券的过户登记，以及接受公共设施产生的用于偿还债券的收益，并将收益分配给债券持有者。其他方面均与上述几种业务相似。

（五）公司代理业务

公司代理业务是指信托机构充当代理人或总代理人为公司法人代理有关证券方面事务的业务。公司代理与公司信托的显著区别就在于前者不存在财产所有权转移的问题。公司代理业务主要有过户代理业务、登记代理业务、支付代理业务、交易代理业务、保管代理业务和其他代理业务。

1. 过户代理业务

过户代理业务是指与股票的所有权转让相关的代理业务，通常又称转让代理业务。股票过户代理的必要性和优点如下。

（1）对公司来说，股东过户等系列事务与公司本来的业务没有直接的关系，这些事务的合理化非常必要。尤其是在股东大会上行使的权利和支付分红金的请求权，通常集中在营业年度末的股东身上，因而过户等股票事务的大部分都集中在这一时期，这样会使公司的事务繁杂而无头绪，难以合理化。而作为过户代理人的信托机构在股票事务中能在某种程度上实现标准化，通过大量的受托，可以做到在每个公司无法实现的股票事务的合理化，而且事务成本低廉，从而有助于公司的事务合理化，提高公司的效益。

（2）对股东来说，股东即使取得股份，如果没有及时办理过户登记，也不能行使股东权利。对上市公司来说其股东总是分散在全国各地，远离总公司的股东要出售股票必然会花费不少时间和经费，而且在此期间股票不在手中则无法进行股票买卖。如果由在全国拥有很多分支机构的信托机构代理过户事务，则可以在很短的时间内，用少量的费用完成过户事务，因此对股东很有利。另外，有些公司发行许多假的或未经批准的股票对投资者权益产生了极坏的作用，而作为代理人的信托机构对此会严格把关，杜绝此类欺诈现象，保护股东或潜在股东的权益。

（3）对股票交易所来说，其常要求上市公司股票必须在各该交易所的所在地的过户代理机构中办理过户手续，以维护交易秩序。

（4）对过户代理人来说，代办证券事务除了可以获得手续费收入，还可以使股份公司与信托机构的联系更加牢固，从而发挥作为很多投资者窗口的作用，提高股份公司的声望，也为信托机构办理咨询业务打下基础。

股票过户代理业务就是代理客户在股权证书上签字和在股东名册上登记股票所有权转移事项的业务。其基本程序和内容如下：核实公司的签字，鉴定转让者的签字，办理过户的记录。除此而外，还有如下代理事务：保管股东名册、保管股权证书、处理股权证书、补发股权证书和分配股票等。

（5）其他证券的过户代理业务。

① 债券的过户代理业务。信托机构在办理债券的登记和过户代理时被称为登记代理人，它主要负责记名债券的过户代理业务。

② 存单、委托表决权证书、登记过的股权购买书的过户代理业务。这些证券的过户代理业务的程序和内容与股票的过户代理业务基本相同。

2. 登记代理业务

登记代理业务是代公司对记名证券（股票、债券）登记注册的业务。从事这一业务的信托机构（或其他机构）称为登记代理人。一般来说，登记代理人和过户代理人应由不同的机构担任，如美国纽约证券交易所就曾强调过这一点。但近年来的情况却不完全是这样的，即同一信托机构越来越倾向于同时担任过户代理人和登记代理人，一身二任。这是因为这两种业务存在许多联系，在同一家机构中办理，有利于二者之间的协调，提高办事效率。应当注意的是，同一机构同时办理过户和登记两种业务时，要把二者独立开来。

3. 支付代理业务

支付代理业务是代公司支付股票的股息、红利，以及债券的利息和本金等事务的业务。信托机构在进行这一代理业务时，往往可以利用延期兑现的特点，运用该笔资金获得收益。信托机构作为过户代理人掌握证券持有人的详细情况，进而担任支付代理人可谓水到渠成。信托机构可以调动其拥有的物力和人力准确、高效地承担公司的繁重的、周期性的支付事务。

4. 整合代理业务

整合代理业务是代公司办理有关证券变换方面事务的业务，主要包括股票分割代理业务、股票转换代理业务、证券重整代理业务。

（1）股票分割代理业务。股票分割又称股票分裂或股票拆细，是指在保持股票面值总额不变的前提下，减少股票面值、增加股份数的行为。股票分割使股票价格水平下降，从而能吸引更多的投资者购买股票，使投资阶层扩大、市场流通性提高、交易增加。

（2）股票转换代理业务。公司在发行优先股或债券时，常附有可转换条款，即允许债券持有者或优先股股东在一定时期、一定条件下将债券或优先股转换为普通股，最常见的是可转换债券的转换（相反的情况，即普通股转换成其他证券则很少见）。

（3）证券重整代理业务。证券重整代理业务是指信托机构（或其他机构）在某些情况下代公司对其各种证券进行重新安排的业务。其主要工作是以新证券代替旧证券。在公司重组，或被另一家公司吞并，或打算调整资本结构，或自愿（被迫）重新安排证券代理工作等情况下，都需要进行证券重整。

5. 保管代理业务

保管代理业务主要是指信托机构（或其他机构）为公司保存证券及其代理相关事务的业务。公司将证券交给保管代理人时取得保管人的收据，保管期满后，公司凭收据取回证券。

在保管代理业务中，值得一提的是为投资者保管外国证券的业务。例如，日本公司要在美国上市，通常是在美国发行代替日本股票的相应的证券。日本索尼公司于 1961 年 6 月第一次在纽约发行新股票时，以每 10 张索尼股票购买美国存托凭证（American Depositary Receipts，ADR）股票 1 张。在美国，由美国摩根信托公司发行 ADR（而索尼原股票由日本东京银行保管），然后以 ADR 的形式买卖索尼股票，美国的 ADR 持有者凭 ADR 取得股票利息。另外索尼公司股票在伦敦市场上用伦敦存托凭证（LDR）、在欧洲市场上用欧洲存托凭证（EDR）发行和买卖。

6. 其他代理业务

（1）优先股赎回代理业务。信托机构在代理这项业务时，要负责证实公司董事会决议向信托机构发出的指示书与公司章程是否相符，向可赎回优先股的持有者发出赎回通知，接受用于赎回优先股的资金，以赎金赎回优先股，最后将已赎回的优先股股票交给过户代理人。

（2）股票认购代理业务。一般来说，股份公司的原有股东享有优先认购公司新发行的证券的权利，信托机构可以代公司办理股东优先认购本公司股票的各项事宜，如准备和寄发股权认购证、对认购证进行整理并过户、收取资金并发行新证券等。

（3）股票临时收据代理业务。股票临时收据是代替零额股份的票据，当股票临时收据积累到一定数额后就可以兑换成真正的股票。信托机构可以代公司处理有关临时收据的一切事宜，如收集信息、保管临时收据、发行与临时收据相对应的股票等。

（4）购买代理业务。通常，公司的普通股是不可由公司买回或以其他形式收回的，但是在特殊情况下，经法律允许，按照法定程序也可以购回其部分股票或不可赎回的债券，这项业务称为“购买”。信托机构可以代公司办理“购买”业务，其程序如下：向证券持有者发出通知、检查持券者的开价、拒绝或接受持券者的开价、收回股票并向原持券者付款等。

三、公益信托业务

公益信托业务是以公共利益为目的，为将来的不特定的多数的受益人而设立的信托业务。

（一）公益信托的特点

1. 与私益信托比较

（1）目的不同。私益信托是完全为委托人自己或其指定的受益人的利益而设立的；而公益信托是为公共利益而设立的。

（2）设立不同。私益信托的设立是以信托行为（契约或遗嘱）为依据的；而公益信托的设立除了以信托行为为依据，还必须取得有关公益事业管理机构的许可。因此，公益信托设立时，受托人应向有关公益事业管理机构申请许可承办公益信托。

（3）监督不同。一般来说，私益信托受法院监督，而公益信托主要接受社会公众和行政机关的监督。

（4）终止不同。私益信托可以因中途解除契约而终止，信托终止若因解除合同的，则信托财产归属受益人所有；若因其他原因，对信托行为新规定的信托财产无归属权利的，其信托财产应归属委托人或其继承人所有。而公益信托一般不得中途解除合同，信托终止时，若信托财产无归属权利的，受托人经有关公益事业管理机构批准，可以按照其信托宗旨，运用于类似目的，使信托继续下去，但不能归属委托人或其继承人所有。

2. 与公益法人比较

公益法人和公益信托的目的都可以是公益事业，但二者又有很大的区别。

（1）公益法人必须进行注册登记取得法人资格，而公益信托的设立不需要注册登记，可以不是法人。

（2）公益法人要设置专职董事和职员以及办事场所，开销的费用较大，而公益信托则与之相反。

（3）公益法人是以永久性为前提设立的，公益信托则没有永存的必要。

（4）公益法人受民法的限制，而公益信托主要受《中华人民共和国信托法》的限制。

（二）公益信托的目的

笼统地说，公益信托的目的是保障公共利益，但究竟什么是公益，却没有一个一成不变的普遍的客观标准，因此有关法律应对此有明确规定。《中华人民共和国信托法》规定："为了下列公共利益目的之一而设立的信托，属于公益信托：救济贫困；救助灾民；扶助残疾人；发展教育、科技、文化、艺术、体育事业；发展医疗卫生事业；发展环境保护事业，维护生态环境；发展其他社会公益事业。"日本《信托法》规定，公益信托是为了祭祀、宗教、慈善、学术、技艺和其他公益而设立的。对于未列举的信托，如确属以公益信托为目的，仍承认其为公益信托。另外比较公益法人设立目的的限制，对于诸如同学会、互助会成员等，以相互亲睦、联络和交换意见为主要目的者，以及仅以特定团体的成员或特定职业者作为对象，以福利、相互救济为主要目的者不得设立公益信托。因此，养老金信托和财产积累信托等信托业务均不属于公益信托。

（三）公益信托的主体

公益信托的主体（当事人）包括委托人、受托人、信托管理人、受益人和经营委员会。

1．委托人

凡欲转让财产权或者做其他处理的自然人均可成为公益信托的委托人，但对于法人来说，要视其性质而定。营利性法人当然可以成为公益信托的委托人，而公益法人只有在其章程许可时才能成为公益信托的委托人（对此各国法律有所不同，此为日本《信托法》的规定，我国对此无具体规定）。另外，国家或地区的公共团体能否成为委托人，人们对此观点不一。

2．受托人

个人和法人均可成为受托人，但实际上，多是由信托机构（信托银行）作为公益信托的受托人。受托人除完成诸如信托财产的管理、日常的经营等一般私益信托共有的事务外，还需要完成其特有的一些事务。例如，编制事业计划、收支预算和决算，募集赞助人，提供资助金，与信托管理人、经营委员会、管理机关联络，编制信托事务和财产状况的公告，等等。

3．受益人

公益信托的受益人一般是将来的、不特定的、多数的社会大众。例外的情况也是有的，即存在指定的受益人，但必须有充分的理由证明其为公益信托，多半是以国家、地方公共团体、公共法人等作为受益人。

4．信托管理人

因为公益信托的受益人是尚不存在的非特定的人，所以为了保护受益人的利益有必要设置信托管理人。信托管理人负责信托财产的管理和运用。信托管理人一般是由委托人事先确定的，有时也由公益事业管理机关根据利害关系人的请求直接选任。

5．经营委员会

经营委员会相当于公益法人的理事会或评议委员会，是由与公益信托目的有关的各领域有学识、有经验的人士组成的。经营委员会负责对公益信托目的的把关，即主要负责向受托人提出最适当的受益人的意见。对经营委员会的名称、职务、委员人数等，根据公益信托的具体情况在信托契约中加以规定。

(四)公益信托业务概述

下面以公益信托比较发达的美国为例介绍几种主要的公益信托业务。在美国，公益信托就是所谓的慈善性信托——为法人慈善机构（指那些不同于个人信托中的为单个个人的、不确定的人的利益而行使教育、宗教、科学、医学或其他慈善性职能的机构和组织）的利益而设立的信托。按照其具体的受益对象的不同又可分为公共基金信托和公共机构信托，以及慈善剩余信托和公共机构代理。下面就分别概述这 4 种业务。

1. 公共基金信托

基金是指为建设某个项目而专设、积累的资金，按其设立的方式可分为私人基金和公共基金。私人基金是由某个人出资设立的，而公共基金是由一定范围内所有公众或某一社团的所有成员捐款设立的。公共基金信托就是为实现公共基金的宗旨而设立的信托，它可以分为两种：社会公众信托和专项基金信托。

（1）社会公众信托是指对由某一特定范围内的公众为了该范围内的人的利益而捐赠的款项（公共基金）进行管理和运用所设立的信托。

社会公众信托的委托人是捐款者或捐款组成的基金（如最早的社会公众信托的克利夫兰基金），受益人是该特定范围内的所有社会公众。这里所说的特定范围可大可小，小到一市、一县、一镇，大至一个国家乃至整个世界。由于受益人是一定范围内的不特定的人，为了保证捐款意图的实现，维护尚未存在的受益人的利益，有必要设置一个专门的委员会（类似于经营委员会）来负责对信托财产（本金和收益）进行有利于受益人的合理分配。在美国，该委员会的大部分委员都由公共官员如市长、州长、州法院最高法官等任命，一般为 5～11 人。

社会公众信托的受托人是由信托机构担任的，有时是一家（单一受托），有时是数家（共同受托）。但目前，社会公众信托越来越倾向于由数家信托机构共同受托，共同负责对信托财产进行各种方式的管理和运用，如保管、投资、管理及编制会计报表。值得一提的是，在社会公众信托中，对捐款的运用具有较高的灵活性。虽然建立信托时，委托人对捐款的使用可能会有许多具体要求，但随着时间的推移、环境的改变，如果委托人当初的要求不可能达到或者变得不切合实际的话，那么受托人应根据该信托的宗旨，依据具体情况来对信托财产进行合理的管理和运用。

（2）专项基金是由宗教团体、专业协会、互助会、市民俱乐部或其他类型的社会团体设立的一种共同基金。其宗旨是专门为了本团体自身发展或为某些被指定人谋取利益。为实现其宗旨，将基金委托给金融信托机构管理和运用，就是专项基金信托。由专门的委员会负责对基金的使用和分配把关。

2. 公共机构信托

公共机构信托是为公共机构（如学校医院和慈善组织等）的利益而设立的信托。公共机构信托的委托人一般来说就是公共机构，但是，个人为了某公共机构的利益，也可以捐款设立公共机构信托，从而成为该信托的委托人。公共机构一般都有其自身的事业（慈善性事业）而又缺乏管理和运用财产的精力和能力，因而乐意将与财产管理有关的事务委托给专门机构办理，以便更好地、更专一地致力于公共机构事业。同时，信托机构对信托财产的良好的管理和运用，又能使作为委托人的公共机构的信誉更佳，从而更多地获得社会各界的认可和赞助。该信托的受益人一定是从事慈善性事业的公共机构，公共机构信托因此而得名。

公共机构信托的信托财产是这些机构所得到的捐款，随着社会经济的发展和人们对慈善公益事业的普遍关心，这种捐款的范围和数量越来越大。公共机构将这些捐款除用于正常开支外，一般都付诸信托。信托机构作为公共机构信托的受托人，在符合公共机构宗旨的前提下，可以灵活地运用信托财产。同时，受托人必须经常与负责公共机构不同事务的各个部门代表保持良好的联系，这是该信托管理上的一大特点。

3．慈善剩余信托

慈善剩余信托是一种形式较特别的慈善性信托。慈善剩余信托的捐款者（委托人）在设立信托时，要求获得一定比例的信托收益以维持自身和其家庭的生活，而将其剩余部分全部转给某个特定的慈善性机构。可以享受免税待遇的慈善剩余信托有以下几种。

（1）慈善剩余年金信托。这种信托的受益人称为年金受益人。受益人是捐款者自己或其遗嘱中被指定的人。年金受益人生前可获得以年金形式发放的、不低于信托财产5%的信托收益，死后则信托财产（本金）和剩余收益全部归某一特定的慈善性机构。

（2）慈善剩余单一信托。这种信托是慈善剩余年金信托的一种，即捐款人单独建立信托关系，一般数额较大，捐款人生前每年可以从其信托财产中得到一定比例的按当年市价计算的净值，死后则信托剩余全部归于某一确定了的慈善性机构。

（3）共同收入基金信托。这种信托是指慈善机构将其所获的小额捐款集中成“共同收入基金”，并将它进行信托，每个小额捐款者生前都能得到一定比例的收益以维持生活，死后的所有信托剩余转给该慈善性机构。

4．公共机构代理

公共机构代理是指信托机构为那些不能或不愿办理信托业务的公共机构提供的代理业务，主要包括以下几项。

（1）捐款代理。捐款代理是指信托机构为慈善性公共机构代办有关捐款的接收、登记、所有权的转移、有价证券的过户等事务的业务。

（2）现金管理代理。现金管理代理是指信托机构为慈善性公共机构提供的对现金及其共同物进行短期的有效投资以获取最大收益的代理业务。

（3）保管代理。保管代理是指信托机构为慈善性公共机构代为保管贵重物品、有价证券，以及负责剪息票和报告股票信息的代理业务。

（4）账目代理。账目代理是指信托机构为慈善性公共机构代办由信托财产管理而产生记账和会计等方面事务的业务。由于慈善性公共机构常常缺乏财会方面的专业人员，因此，账目代理最为需要。

（五）公益信托案例

1. 案例简介

诺贝尔奖奖金（基金）是一项成功的、具有示范效应和广告效应的公益基金信托业务。诺贝尔基金会成立于1896年，其基金为诺贝尔本人捐献的980万美元。基金会每年须颁发5个（以后又创设经济学奖，现共为6个）奖项，支付高达500万美金的奖金。迄今为止，该基金在奖金发放与管理费用方面的支出已超过了 5 亿美元。诺贝尔基金会成立之初，为了保证能够按期发放奖金，其章程曾明确将投资范围限制在安全且收益稳定的项目上，如银行存款等。但随着每年奖金的发放与基金会运作的开销，到1953年，该基金会的资产只剩下了300多万美元。面对这种困境，诺贝尔基金会及时做出决定，更改基金会章程，增强管理和运作，投资方向以股票和不动产为主。随着投资报酬的滚动增长，通过信托的手段，1993 年诺贝尔基金会的总资产已上升到 2 亿多美元，这是典型的公益信托业务。

2. 案例分析

（1）诺贝尔奖奖金的成功管理和运作给我们的启示。

① 信托对公益事业资金的增值极为重要。信托机构作为资本市场上的资产管理机构，它以专业化的资产管理水准来保障公益基金的正常管理，进而可以保障用于某项特定目的的事业的基金增值，使之以充裕的、逐期增长的资金保证按照基金设立人的理想和预定目标来发展其事业。

② 借助诺贝尔奖奖金的影响，可以提高公众对公益信托的热情，达到广告宣传、普及信托知识、推广信托理念、提升信托公司知名度的作用，从而增强社会公众对信托的认同感，提高社会效益。开展公益信托也可以促进公益事业的发展，如可以确保公益资产、资金的保值增值，提高资金使用的透明度，让公众放心，这样又可激发更多的人捐赠公益信托财产。公益事业的资金财产大多数来源于全国各地、各界、华侨、海外的捐赠，其管理、投放、运作是一个极为复杂的系统工程，容易出现纰漏和问题。近年来，几起涉及公益基金使用纠纷的案件给人们以深刻启示，如果进行公益信托，受托人、托管人共同对公益资金进行管理并向全社会广而告之，以示清白，则可以尽量避免基金使用纠纷事件的发生。

由此可见，信托在公益事业方面发挥的作用对于现代社会进步，以及信托机构本身的发展都有着非常积极的意义，公益事业的发展需要以信托的方式管理公益财产。

（2）本信托案例所反映的信托原理。

① 信托是权利主体与利益主体相分离的财产管理制度。

② 信托责任有限性。

③ 信托长期规划。

④ 对受益人利益的充分保护。

（3）公益信托的优势。

信托制度凭借灵活的管理财产手段、对受益人权利的全面保护等优势，成为许多国家在发展商品经济的进程中纷纷引进的重要制度。公益信托在解决国家和社会贫困问题、推进现代福利的发展进程中的作用也是不可忽视的。其制度本身的优势发挥了重要的作用，如受托人的忠实和谨慎义务；信托具有弹性设计的功能，资金雄厚和信誉卓著的机构受托人凭借较低的信用风险和破产风险赢得了广大投资人的青睐；信托财产的独立性使信托具有了其他财产制度所不具有的风险隔离和权益重置功能，增加了信托财产的安全性；信托设计从两方面满足效率追求，一是受托人的专业管理，二是可以根据现实的需要进行信托的设计。具体而言，公益信托的优势表现在以下 4 个方面。

① 完善的管理体系，提高了公益基金的使用效率。通过信托的方式对公益基金进行管理，有助于完善各个公益基金的管理机制，确保基金的使用达到其预定的公益目的，降低基金的运作成本，提高基金的使用效率。

② 信托专业理财优势，确保基金保值增值。目前，我国有大量从事慈善、科技、学术、宗教、环保等公益事业的基金会，拥有庞大的公益基金。但是，由于基金会的理事多为社会知名人士和文化人士，缺乏理财的专长，难以使公益基金保值和增值，以致影响了公益事业的继续与发展。若采用公益信托的形式加以管理，将基金委托给专业的信托机构去经营，便能充分发挥信托公司的专业理财优势，在确保基金资产保值和增值的基础上，促进公益基金事业的持续发展。

③ 强化监督机制，保障基金公益目的的实现。根据信托法中关于公益基金的信托监察人制度，以信托的方式管理和运用公益基金，可以加强对基金使用方向的监督，避免基金被挪为他用，从而有利于公益事业的发展。

④ 开展公益信托，有利于社会捐助资产的保值增值，并最大限度地发挥社会捐助的作用，提高社会公益组织的影响力和社会信誉。

四、其他信托业务

由于各国情况不同，划分信托的标准相异，再加上信托业务本身就是一种纷繁复杂、名目繁多的业务，因此很难通盘介绍。下面补充介绍其他几种常见的信托业务。

（一）养老金信托

养老金信托也称年金信托，是信托机构受托对养老金进行管理，负责对定期积累的养老金的运用和雇员退休后以年金形式支付的一种信托形式。养老金制度是养老金信托的前提基础，公司根据养老金制度制订养老金计划，然后根据计划定期从雇员的工资或公司利润中扣除一定比例的资金，将它作为信托财产委托给事先选定的信托机构来管理和运用。作为受托人的信托机构，办理养老金信托的方式主要有以下 3 种。

（1）受托人收到委托人的信托财产后立即购买保险公司的个人养老金契约，待雇员退休后再交给雇员。

（2）受托人按信托契约的规定将信托财产（现金或有价证券）加以运用，到雇员退休时，受托人再为之购入保险公司的个人养老金契约。

（3）受托人负责信托财产的管理和运用，当雇员退休或缺钱时，受托人用信托财产（本金和收益）中向雇员支付养老金。

（二）形成财产信托

按照日本1971年6月公布实施的《促进劳动者形成财产法》创立形成的财产体系如下：援助和促进劳动者以其工资的一部分进行长期储蓄的劳动者形成财产储蓄制度；为了使劳动者形成储蓄，由雇主筹资援助和促进劳动者形成财产奖金（给付金）或基金制度；以金融机构等积累的形成财产储蓄作为原资，使劳动者取得或改善自己住宅条件，开学所需的费用进行融资的劳动者形成财产的融资制度；援助和促进劳动者以工资的一部分进行养老金储蓄的劳动者形成财产养老金储蓄制度。根据这些制度，信托业界于1978年1月创设形成财产信托业务，1975年10月创设形成财产奖金（给付金）信托业务，1978年11月创设形成财产基金信托业务，1982年10月创设形成财产年金（养老金）信托业务。

（1）形成财产信托是一般以雇员作为委托人兼受益人的自益信托，雇主（企业）只是代扣、代交信托金。信托银行是受托人，负责运用信托财产，不过对于形成财产信托业务并没有专门的运用信托财产的方式，而是利用已有的共同运用指定金钱信托和贷款信托两种信托业务，因此，可以将形成财产信托分为金钱信托型和贷款信托型两种。

（2）形成财产奖金信托是以雇主为委托人，以雇员为受益人的他益信托。该信托的受益人是不确定的（因退出和加入产生变动）的多数雇员，所以必须设置信托管理者。

（3）形成财产基金信托是以基金为委托人，以章程规定的加入者为受益人的他益信托。

（三）职工持股信托

股份大众化是职工持股的背景。日本的职工持股制度是职工以买进本公司的股份为目的而设立职工持股会，用工资和奖金定期买进本公司股份的制度。此制度中以信托契约规定的业务称为职工持股信托。职工持股信托包括两种方式，即金钱信托以外的信托（简称金外信托）方式与管理有价证券信托方式。

（四）个人退休金储蓄信托

这是根据美国《雇员退休收入保障法案》的规定设立的。其做法如下：个人从其总收入中拿出一部分资金（一般不超过1500美元的现金）交给信托机构管理，信托机构为其设立个人账户，到雇员退休时，将信托本金及收益支付给雇员个人，这是一种自益信托。另外，按照有关法律的规定，如果这笔资金投资于人寿保险契约，则雇员个人可享受到延期交税的优惠。

（五）自我雇用者的退休金信托

这项业务是根据美国1962年通过的《自我雇用者税收退休金法案》（即“柯欧夫法案”）设立的。由自我雇用者出资，委托银行信托部门保管和运用，自我雇用者退休时可获得一笔退休金。《雇员退休收入保障法案》为此项信托业务提供了更优惠的待遇，进一步促进了它的发展。

（六）利润分享信托

这是为使雇员将来分享公司利润而设立的一种信托。公司是该信托的委托人，将每年净利润的一定比例委托给信托机构管理和运用，并在一定时期后将信托本金及收益支付给公司的雇员。这一信托的主要特点如下。

（1）信托本金和收益是不确定的。公司根据每年的盈利情况确定的出资额总是变化的，因而信托本金是不确定的，信托收益也随之波动。

（2）信托本金和收益与雇员的年龄和工龄无关，雇员不负担信托本金的分摊额。

（3）雇员可以较灵活地支用款项，即雇员在退休、死亡、致残、辞职、被解雇等任何期间都可要求支用信托本金及收益。

（4）法律对该信托当事人的资格的要求较为灵活、宽松。

（七）储蓄计划信托

这是公司把养老金计划和储蓄计划结合在一起而设立的一种信托。委托人是公司，信托财产来自雇员的储蓄和公司的捐款两部分。作为受托人的信托机构负责信托财产的管理和运用，以及雇员退休时支付收益等。该信托的目的是向雇员提供更多的退休收入。与养老金信托相比，储蓄计划信托更加灵活，并允许提前向雇员支付收益。

第四节 信托产品的营销战术

一、信托产品的营销背景

2018 年，《关于规范金融机构资产管理业务的指导意见》及一系列配套政策的出台，标志着新的监管框架形成。随着相关政策的落地实施，整个金融市场发生了变化，尤其是银行理财子公司的发展，深刻影响了其他机构的竞合策略，带动整个资管行业进入新规时代。以下从信托业务的角度进行分析，涉及资金通道、非标债权业务、投资类业务、创新业务、财产类信托、资金来源、运营管理及风险处置等方面，为信托营销发展提供思考空间。

（一）对资金通道业务的影响

资金通道业务管理成本低、风险小，当前规模估计为 10 万亿元左右，占比达 40%以上。资管新政的实施，对资金通道业务的影响较大，具体如下。

（1）资管产品仅可以再投资一层不包括公募证券投资基金的资管产品，不可以进行多层嵌套，多层嵌套资金通道业务停止。

（2）单层嵌套进行穿透监管，向上识别产品的最终投资者，向下识别产品的底层资产（公募证券投资基金除外），不得违反投资范围、杠杆约束等规定。由于杠杆约束力加强、比例统一，杠杆套利型通道业务减少，投资范围、资金来源等穿透检查不合格的产品纷纷退出。

（3）分级产品要求自主管理，不能委托给劣后级的委托人，不得直接或者间接对优先级的委托人提供保本、保收益的安排，资本市场的相关配资业务减少。

（4）不符合监管要求的通道业务，被清理、退出。而符合监管要求的善意通道业务，也要加强管理。上一层机构作为委托者，要对下一层采取名单准入管理，并开展尽职调查，明确双方的责任、义务、退出机制等。

在资金通道业务中，银信、信保合作是重点。而银信合作在资管新政实施前，已要求融资类余额比例不超过30%，并要求银行转表和进行拨备、资本计提，甚至明确提出信托公司开展银信理财合作时不得开展通道类业务。资管新规落地，尤其是银行理财子公司成立后，通道合作业务会进一步减少。不过，银信合作在主动管理业务方面仍存在发展空间。资管新规对信保合作的影响相对较小。信保合作的条件之一是，信托公司近三年没有受到监管处罚。目前满足这一规定的信托公司较少，未来标准有可能放松。新标准公布后，市场费率会降低，不同信托公司，业务量将增减不一。

（二）对非标债权业务的影响

信托非标债权业务中，最主要的是直接贷款。而包括银行理财子公司在内的其他机构，是被禁止或严格限制从事直接贷款业务的。信托在直接贷款形式的非标债权业务中，依然占有绝对优势地位。

其他非标债权业务，如应收账款、各类受（收）益权、名股实债业务等，各类资产管理机构都可以开展。尤其银行理财子公司的入局，会带来更激烈的竞争，从而分流出一部分业务。

而直接贷款和其他非标债权业务，甚至非标债权与标准化债券业务，有时是可以转化的。从直接贷款转化为应收款、受（收）益权等融资方式，其他资产管理机构就可以参与，间接冲击信托的非标债权业务。

总体来说，资管新规（资产新政的一部分）加大了非标债权市场的竞争，但信托仍具有不可比拟的优势。信托非标债权业务的隐忧，可能更在于短期的经济下行和去杠杆，以及长期的经济结构调整。

（三）对投资类业务的影响

信托的投资类业务，包括股票、债券等证券投资和未上市股权投资等。资管新规对于结构化产品分级、资金来源的限制，以及净值化管理的要求，使证券投资的资金通道业务受到较大影响，证券投资业务未来需要向主动管理方向发展。各家机构在主动管理的证券投资，以及未上市股权投资方面面临的监管比较统一，信托公司与其他机构的竞争，主要发生在投资能力和业绩方面。在证券投资方面，信托公司强调将资产端确定为标准化债权资产，而不是“非非标”业务。交易商协会向信托公司开放了非金融企业债务融资工具承销业务资格，有利于信托公司债券业务的发展。股票投资的一个限制是，全部产品投资单一上市公司发行的股票，不得超过该公司可流通股票的30%。未上市股权投资领域的规范较少，主要是要求投资业务符合国家法律法规和政策，打破刚兑（刚兑即刚性兑付，是指信托产品到期后，信托公司必须分配给投资者本金及收益，当信托计划不能如期兑付或兑付困难时，信托公司应通过发行新产品兜底处理），不得进行资金池操作。

整体来说，投资类业务是符合新的资管政策导向的业务，信托公司可以大力发展。从国际上信托公司的发展经验来看，随着经济转型升级，适合信托高融资成本、低风险的房地产开发、基础设施贷款等业务的占比会逐渐减少，而投资类业务的规模的占比上升。不过从专业经验、客户积累看，信托公司在这一领域的优势尚不明显，而且目前市场形势也相对艰难，投资类业务的发展并不容易，对人员、系统、管理等各方面都提出了更高的要求。

（四）对创新业务、财产类信托等的影响

资产证券化业务、养老金产品、慈善信托等创新业务和财产权业务，均不在资管新规的适用范围内。目前，信托资产证券化业务规模大幅上升，已经成为信托公司的第一大转型方向。我国成功备案了100单左右的慈善信托，规模超过10亿元。财产权信托在2018年第三季度末，规模为3.65万亿元，相对占比达15.75%。以上业务从市场规模和收入贡献上，还很难完全代替传统业务。不过新政实施后，信托公司失去的规模和利润，需要其他业务去补充，一定程度会加快创新业务的发展。

（五）对资金来源的影响

1. 直销难度有所加大

首先，对合格投资者的要求有所提高。自然人家庭金融总资产从 100 万元提高到500万元，收入从3年内每年超过20万元提高到年均40万元；法人单位要求最近1年末净资产不低于1000万元，而之前并无限制。不过，从提供证明角度看，之前的要求更为严格。

其次，银行理财子公司的入局，使客户的产品选择范围变得更宽。银行良好的品牌信誉、强大的销售渠道、丰富的管理经验，构成了强有力的竞争。

再次，刚兑如果真正打破，可能会逐渐降低客户对信托产品的信赖，造成一部分低风险偏好客户流失。

不过，在我国高净值客户总量不断增加的背景下，面向高净值客户的直销，仍然有很大潜力。

2. 代销渠道审查更严

（1）无资质机构代销被取缔。在新的监管制度下，金融机构代理销售其他金融机构发行的资产管理产品，应当符合金融监管部门规定的资质条件，未经金融监管部门许可的机

构不得代理销售资产管理产品。

(2) 有资质的发行机构，机构代销审查更加审慎严格。发行机构要建立销售授权管理体系，明确代销准入标准和程序等。代销机构要对发行机构开展尽职调查，对产品进行充分的风险审查。

3. 同业直投考验专业能力和业绩

虽然资管同业合作、纯通道业务会下降，但是资产配置需要的直投业务仍会持续。这为优质的信托产品提供了机会。实际上，其他资产管理机构在直接贷款上，限制依然十分严格。低风险、高收益的信托贷款非标产品有很强的竞争力，而对其影响较大的是银行理财子公司的入局。理财产品起售点没有强制要求，且无须面签，预计总规模会快速扩大。不过一些银行理财子公司的定位可能是资产配置，而不是直接投资，对于其他资产管理机构的主动管理产品，其同业采购规模甚至可能更大。因此，相较于信托机构与其他资产管理机构，信托机构与信托机构之间，在直投机会、专业能力和业绩方面的竞争会更加激烈。

4. 禁止资金池业务

资管新规重申每只资产管理产品的资金要单独管理、单独建账、单独核算，不得开展或者参与具有滚动发行、集合运作、分离定价特征的资金池业务，清理效果比较明显。资金池业务的主要特征有 3 个。一是滚动发行，包括借新还旧，也包括其他滚动投资。二是集合运作，即所有募集的资金，不论来源、时间等，均进行统一核算，汇总使用。三是分离定价，即资金脱离对应资产的实际收益率确定收益水平。对于消费金融等常用的多只产品投资单一项目的方式，可以使用，但要求不得变相突破投资人数限制或其他监管要求，且资金规模超过 300 亿元，需要经过监管部门批准。

（六）对运营管理的影响

资管新规打破刚兑，对于信息披露和尽职的要求更加明确。每只产品成立后 5 个工作日内，要向央行和银保监部门同时报送产品基本信息和起始募集信息；每月 10 日前报送存续期募集信息、资产负债信息；产品终止后 5 个工作日内报送终止信息。固定收益类产品、权益类产品、商品及金融衍生品类产品和混合类产品，以及公募产品和私募产品适用不同的管理规范，依据不同的要求进行信息披露。《信托公司受托责任尽职指引》对于尽职调查报告的内容、依据、存档要求，以及信托销售、合同签署、运营等环节，都进行了更明确的规范。

（七）对风险处置的影响

资管新政对于信托产品风险处置的影响，主要是指当产品不能如期兑付或者兑付困难时，不得自行筹集资金偿付或者委托其他金融机构代为偿付，即风险处置原则和方式发生了改变。不过，从实际情况看，风险事件会极大地影响信托公司的声誉，从而反过来影响公司业务的发展，因此信托公司会在制度要求下，积极化解和处置风险，勤勉尽责地履行受托责任。

（八）资管新政：信托业“黄金时代”的新开端

目前，银行、券商、基金、保险期货公司都在大力拓展自身的资产管理业务，无论是在优质产品的选择上，还是在客户的争夺上，都与信托公司形成了竞争。信托的某些所谓的“先发优势”将面临越来越剧烈的冲击和挤压。这是否意味着信托业快速增长的“黄金时代”已经结束？显然，现在做出这样的预测还为时过早。

固然，大资管时代对信托公司提出了挑战，但更多的资产管理机构从更广、更深的层面介入资产管理市场，这也从一个侧面说明了我国资产管理市场存在巨大发展空间，“成长的市场”仍然是信托业今后得以继续发展的根本保障。在此背景下，以下几个因素将使信托公司继续保持相对的竞争优势，并继续推动信托业的发展。

1．大资管时代的新机遇

在此轮资管新政出台以前，放开的只是银行理财产品与信托产品的对接，由此诞生的银信理财合作业务使信托业的发展上了一个新的台阶。本轮资管新政不仅放开了证券公司集合资产管理计划与信托产品的对接，还放开了保险资金与信托产品的对接。从这个意义上来说，本轮资管新政对信托公司而言，不仅是一个挑战，更是一个新的机会；对于信托公司与其他资产管理机构而言，它们之间不仅存在一种竞争关系，还存在一种合作关系。这种竞合关系，完全有可能推动信托业再上一个发展的新台阶。

2．信托本身的制度优势

虽然其他资产管理机构借资管新政获得了类似信托业务的资产管理业务，但由于监管规章无法突破法律层面上金融业“分业经营分业管理”的制度安排，使得无论是银行还是证券公司、基金管理公司、保险资产管理公司的资产管理业务，不管其实质上如何扩展，但形式上仍不属于真正法律意义上的信托业务，其受托财产难以具有信托财产的法律地位，因此其投资者也难以获得信托制度下的严密保护。目前，信托公司仍然是唯一法定的综合信托经营机构。依托信托的“目的功能”，信托公司可以不断创新信托业务，拓展信托在私人财富管理、企业经营管理员工利益保障和社会公益等方面的应用，继续创造属于自己的“蓝海”，而这些制度优势显然是目前其他资产管理机构所不具备的。

二、信托产品的营销策略

（一）信托公司现有营销渠道分析

随着信托行业的迅速发展，我国信托公司逐渐形成了人员直销、银行代销、证券公司代销、第三方理财公司代销等多种销售渠道。

1．人员直销

人员直销是信托公司非常倚重的销售渠道。目前，大部分信托公司都建立了自己的财富管理中心或信托理财中心，并在全国主要经济发达城市招募理财产品销售人员。

直销渠道的建设有助于信托公司形成自身的募资能力，从而摆脱信托理财产品销售渠道受制于人的局面。但是我国信托公司产品直销能力发展并不均衡，一些实力较强、起步较早的信托公司已经形成了较为完善的直销体系，而一些起步较晚的信托公司甚至还不具备直销能力。另外，信托公司建立直销体系时要妥善处理直销队伍规模与产品供应速度的关系。如果信托理财产品的供应不能够满足销售的需求，将会增加销售成本，难以支持直销队伍的长期发展。

2．银行代销

银行代销是目前信托理财产品主要的销售渠道之一。银行由于具有网络、结算、服务、政策等多重优势，掌握着丰富的高端客户资源。银行的募集资金能力主要体现为销售规模大、募集时间短。但是各银行对于合作的信托公司一般要求比较严格，代销信托产品的决策周期也比较长。同时，银行往往会对其代销的信托理财产品收取较高的手续费，大大提高了信托募集资金的成本。目前，我国大部分信托公司对银行代销渠道十分依赖，甚至许多信托公司完全依赖银行代销这一销售渠道。这进一步说明了信托公司建立自身产品销售渠道的重要性。

3．证券公司代销

证券公司遍布全国的证券营业部拥有我国资本市场上最为成熟的投资者。经历了股市的大起大落，我国广大的资本市场投资者深刻领会了“买者自负”的投资理念，这也是我国信托行业的投资者亟须具备的理念，因为信托产品的“刚性兑付”原则始终是阻碍信托公司业务转型的问题。随着近几年我国股市的低迷，信托理财产品高收益、低风险的特征对广大资本市场投资者具有很大的吸引力。但是，目前我国信托公司理财产品通过证券公司代销的数量很少，究其原因，主要在于信托理财产品与证券公司集合资产管理计划产品存在竞争关系，证券公司往往担心代销信托理财产品会导致自身的客户资源流失。因此，进一步探讨信托公司和证券公司双赢的合作模式，是将来发挥证券公司代销渠道优势的必然选择。

4．第三方理财公司代销

近年来，以销售信托理财产品、基金产品、PE 产品为主要业务的第三方理财公司蓬勃发展。部分第三方理财公司积累了雄厚的客户资源，具有很强的发行能力。信托公司与第三方理财公司进行合作，可充分利用其积累的客户资源，提高募集资金的速度。但是，第三方理财公司缺乏相应的监管，整个市场略显混乱，潜藏着不少风险，如果合作不当很可能会损害信托公司的声誉。2011 年 10 月份，中国银监会发布的《关于对<中国银监会关于规范信托产品营销有关问题的通知>征求意见的通知》规定，非金融机构可以向信托公司推荐合格投资者，但不得以提供咨询、顾问、居间等方式直接或间接推介信托产品。由此，监管部门对信托公司与第三方理财公司的合作提出了明确的监管意见。信托公司与第三方理财公司的合作必须严格遵循监管部门的相关意见，注意风险的控制。同时，在征得监管部门同意的情况下，信托公司可以考虑直接出资成立第三方理财公司，从而实现第三方理财公司的规范化发展。

（二）信托公司的产品营销策略

随着我国金融理财市场的日益发展，金融机构之间的竞争也日益激烈。信托公司的发展不仅存在着不能够公开营销（指通过公共媒体营销）等政策法规的限制，也面临着银行理财、证券公司资产管理、基金公司客户资产管理计划、保险理财、私募基金等多方面的市场竞争。在竞争激烈的市场环境下，如何不断提高产品营销能力，对信托公司的发展而言至关重要。

1．加强信托公司直销体系建设

直销体系的建设，将是未来信托公司竞争的关键点。信托公司在从融资平台向资产管理和财富管理转型的过程中，需要不断加强自身直销体系的建设，加强自身客户资源的储备，提升客户服务水平，为客户提供高端的财富管理服务。信托公司不能过分依赖银行或第三方理财公司营销渠道，而是要逐步培养自身的忠实客户。同时，信托公司应提高产品的研发设计水平，为高端客户提供不同收益水平、不同风险程度、不同投资范围的金融理财产品，不断增强客户的黏度和忠诚度，真正提高信托公司在金融理财市场的竞争能力。

同时，信托公司应重视已有客户的维护工作。研究表明，维护好老客户比开拓新的客户更有意义，因为开发一个新客户的平均成本约为维护好一个老客户成本的 5 倍。而流失一个老客户的损失，大约需要开拓 10 个新客户才能够弥补。因此，信托公司需要不断加强直销体系的建设，调高客户维护水平，在服务好已有客户的基础上开拓新的客户，实行存量和增量并举的发展策略，才能在激烈的市场竞争当中占得先机，为信托公司的长远发展奠定良好的市场基础。

2．加强信托公司品牌建设

信托公司作为受中国银监会监管的金融机构，本质上销售的是一种服务和承诺，其核心理念在于客户对信托公司的信任，因此加强品牌建设对信托公司的发展十分重要。目前我国的监管法规限制信托公司为信托产品做广告宣传，信托公司也就不能采取传统的以产品宣传带动公司宣传的模式。

信托公司可以采取品牌传播公益化的模式，通过赞助慈善事业和公益活动宣传公司的良好形象，不断提高公司的知名度和美誉度，从而引起高端投资者对信托公司业务的浓厚兴趣。信托公司也可以通过举办论坛、研讨会、报告会等多种形式宣传公司的形象，向潜在的高端客户传递公司的产品信息。

3．不断丰富信托公司的产品线

信托产品设计能力是信托公司的核心竞争力，丰富、完善的产品线可以对信托产品的营销起到很好的促进作用。信托公司应该不断丰富其产品线，通过产品线中不同的产品搭配和组合为客户提供完善的投资理财规划，满足不同客户对金融理财产品风险、收益和期限的不同要求。高端客户的理财规划是一个系统的工程，如果信托公司能够针对不同的客户或同一个客户的不同时期提供丰富的、个性化的理财产品，就可以区别于其他金融机构呆板、单一的金融理财产品，从而在金融理财市场上立于不败之地。

4．加强信托公司信息系统建设

信托公司必须加强自身的信息系统建设，提高自身对客户数据的分析能力和管理能力。信托公司客户服务水平和管理手段的提升，必须具有相应的信息系统作为支撑，与银行、保险公司、证券公司等金融机构相比，信托公司的客户管理系统建设比较落后，严重制约了信托公司产品营销工作的开展。信托公司应根据自身业务的需要，及时开发相应的客户数据管理系统和产品信息管理系统，从而高效、科学地开展高端客户的理财服务工作。

三、信托产品营销的注意事项及风险防范

信托产品营销中风险的防范是一个全链条、系统化的全覆盖工程，在业务开展的前期、中期和后期各环节都应加强风险的识别与管控。

（一）在业务受理环节加强对项目的审核

业务受理是对交易对方及项目基本条件的初步判断，是信托业务链条上的第一环。面对融资申请，信托经理和信托团队不能因交易对方规模大、资信好而放松风险控制，也不能因交易对方相对弱小而错失较好的业务机会。

（二）做好尽职调查工作

信托产品的尽职调查不能仅是对文字材料的梳理、对融资企业高管人员的访谈和对产品所在地的简单勘查，而应对现场和数据仔细求证，在细节方面深入调查。信托公司应通过各种公开平台查询、获取交易对方的详细信息，到司法、工商、税务、银行等部门调查，深入了解交易对方的经营情况、债务情况、违约记录等信息。信托产品的尽职调查质量不仅受调查人员能力水平的限制，也与公司的制度制衡和中后台支持有较大关系。信托公司对一线团队下达的任务指标应结合实际经营环境、稳中求进，制定的激励约束办法应既兼顾业绩又兼顾质量，确保相关调查人员具备充裕的调查时间和审慎的风险控制态度。

（三）严格审核信托业务方案

合规和风险控制部是信托公司内部主要的业务审核与批准机构。业务审批环节的主要风险隐患在于审批机构可能出于对公司业务规模和效益的考量而对业务部门妥协，没有站在客观、独立的立场给出真实评判。信托公司的业务审批部门应严格审核业务实施方案，对重点问题进行独立尽职调查，识别业务中存在的各种风险；认真审核评估相应机构出具的评估报告，确认其选取方法的合理性和评估价值的可靠性。业务审批部门应积极关注与

业务相关的新政策，与时俱进的识别业务适用法规，及时研判法律政策风险对公司经营管理、业务开展产生的影响，并及时提出应对方案。

（四）确保投资者对信托产品有准确的认知

产品销售环节易产生的风险：推介材料与项目实施报文内容不一致或存在虚假、夸大内容，误导投资者，易于被追究责任；产品风险披露不充分，投资人风险承担能力与所投产品不匹配，易于引发纠纷；委托代为推介的第三方违规及不当销售等。信托公司应加强对自身员工和代理推介方人员的相关培训，推介信托产品时应以简洁易懂的文字和语言向投资者全面、如实、清晰地揭示产品可能存在的风险，并通过信函、电话回访等形式加深投资者对产品风险的认识。对于第三方介绍、推荐的客户，信托公司应自主审核其合格投资者条件并确定其风险承担能力，禁止第三方收付投资者资金。

（五）在信托项目实施过程中进行严密监控

信托计划成立后，信托公司应对其进行细致周密的日常管理，部分项目安排定期评估、审计和评级；风控、内审及信托资产管理等相关部门应对重点项目进行风险监控和定期检查并出具提示函和检查报告；以审慎原则滚动编制融资企业现金流量预测表，以持续监测其第一还款来源；随时关注抵质押物的市场价值走势及其变现能力；定期对保证人进行代偿能力变动趋势分析；信托公司至少每年组织一次全面风险排查。前中后台应采取定期和不定期、现场和非现场调查等方式持续对交易对方信用风险进行监控，重点关注其能否定期提供充足的财务信息、财务指标是否持续下降、自身债务及担保等或有负债增加情况、建设进度或销售情况、证照取得、管理层变动、关联交易、涉诉案件、改制重组、资本金增减、多元化扩张的适当性、行业所处周期、地区经济状况变化、保证人担保能力变化、抵质押物贬损情况等。一旦发现风险信号，应立即上报，以便信托公司及时采取措施解决，如增加现场检查频率、要求交易对方补充流动性、新增担保物、诉讼保全等。

信托公司应对市场风险和法律合规风险进行持续监控。宏观系统性、行业系统性、地区系统性风险对微观经济影响巨大，也给信托计划的安全与否带来不确定性。法律合规部门及一线业务部门应随时追踪宏观经济数据、产业政策、财政货币政策、区域发展状况、金融市场形势、货币流动性、价格指数等变动对融资企业及信托项目的影响。此外，信托公司应不断收集、保留信托计划运作全过程的资料和痕迹，建立完整规范的业务档案，以作为日后受托人尽职管理或甄别责任的证明。

课后习题

思考题

1. 什么是信托？

2．如何理解受托人权利的主要来源？
3．什么是受益权？其性质如何？
4．简述委托人的资格、权利和义务。
5．简述公益信托的特点。
6．阐述信托资产管理的前景。
7．个人信托业务的种类有哪些？

第八章 互联网金融产品与营销创新

学习目标

【知识目标】

- 了解互联网金融的概念和特点；
- 了解互联网金融的产生和发展；
- 掌握互联网金融的主要模式；
- 掌握互联网金融产品营销的主要策略；
- 了解互联网金融产品的风险与防范。

【能力目标】

- 理解互联网金融行业的特征，树立互联网思维和意识；
- 了解互联网金融行业的创新价值和风险，培养风险防范意识。

【知识网络】

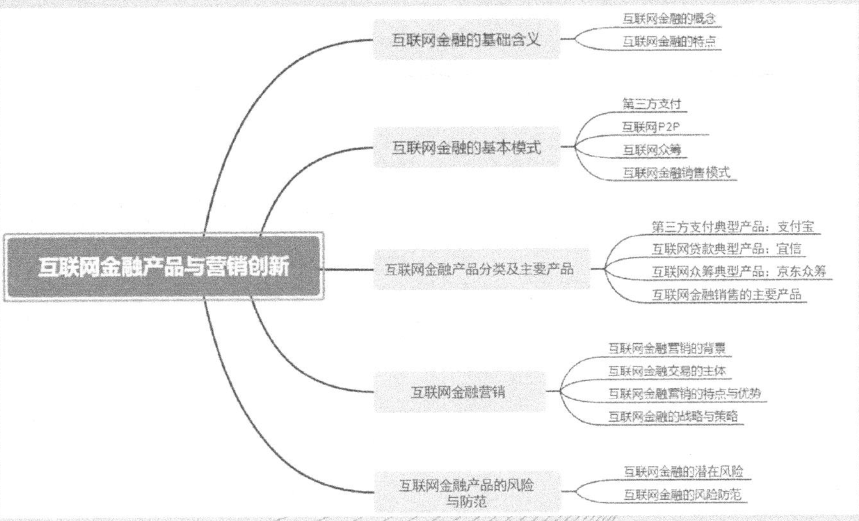

导入案例

有人说21世纪是一个互联网的时代。确实，在进入21世纪之后，互联网发展得非常迅速，目前已遍布人们的生活各处。现在大部分人都离不开互联网，如果没有互联网，生活会十分不便。

接下来，我们还要讨论一件事，也就是大家春晚都在抢红包的这件事情。人们抢红包是从2014年的微信开始的，然后加入了支付宝，如今又加入了百度。有数据显示，2019年的春晚发了共九亿元的红包，互动达208亿次，在如此高频率的互动下，百度居然没有出现卡顿的迹象，这也使以技术为出身的互联网公司——百度，赢得了尊敬。

百度成为央视春晚独家红包互动合作伙伴之后，也意味着央视春晚红包的阵营中已经集齐了BAT（百度、阿里巴巴、腾讯）三大巨头。为何这些巨头都纷纷想要上央视春晚发红包呢？

第一节 互联网金融的基础含义

一、互联网金融的概念

互联网金融的实践按照“互联网血统”的“纯正”与否可分为“金融互联网”和“互联网金融”。

本书认为，互联网金融是指传统金融机构与互联网企业利用互联网技术和信息通信技术实现资金融通、支付、投资和信息中介服务的新型金融业务模式，但互联网金融这一概念目前尚无统一的定义。

互联网金融不是互联网和金融业的简单结合，而是在实现安全、移动等互联网技术的基础上，被用户熟悉接受后（尤其是对电子商务的接受），自然而然为适应新的需求而产生的新模式及新业务。其依托移动支付、云计算、社交互联网等高速发展的信息技术和高度普及的互联网开展金融活动。互联网金融是“开放、平等、协作、分享”精神与传统金融行业相结合的新兴领域。

金融互联网是指传统金融机构借助互联网实现产品服务上线及模式创新。到底什么是“互联网金融”或“金融互联网”经常引起争议，但是单纯去把他们分开来，对厘清概念并无太大的意义。事实上，是否具备互联网精神，能否形成以客户需求为导向并注重客户体验等因素，才是互联网金融和金融互联网的本质区别。如果拿购物来做比喻，金融互联网好比超市在互联网上开了一个店铺，把商品搬到网上；互联网金融好比以互联网起家的店铺，依托的是整个互联网的平台。随着行业的发展，这两种概念之间的边界正在逐渐模糊和消失。

二、互联网金融的特点

（一）金融服务基于大数据的运用

金融业一方面是大数据的产生者，一方面也高度依赖信息技术。在互联网金融环境中，数据作为金融的核心资产，将撼动抵质押物和渠道在业务中的地位。大数据技术与金融业务呈现快速融合的态势，这不仅体现为大数据技术帮助金融机构对用户进行“精准画像”，进而做到“以客户为中心”设计产品交互和体验，增强用户黏性和精细化管理与营销水平，还体现为金融机构可以通过大数据技术降低信息不对称，增强风险控制能力。

（二）具有普惠金融的属性

一直以来，“二八定律”被各家银行视作金融决策的重要依据，80%的银行利润来自20%的重要客户，其余 20%的利润则来自 80%的普通客户。然而，2014 年 2 月底，天弘基金公布的数据显示，“余额宝”成立不到一年，规模便突破了 5000 亿元，其井喷式的发展速度引起了金融业的震动。传统金融业开始从“二八定律”的思考转向对“长尾效应”的重视。互联网金融在服务小微企业客户方面有着先天的优势，可以高效地解决用户的个性化需求，提升资源的配置效率，让更广泛的人群有机会通过互联网享受到更优质的金融服务。

（三）金融服务高效，便捷化

互联网金融带来了全新的渠道，为客户提供方便、便捷、高效的金融服务，极大地提高了现有金融体系的效率。以阿里小额贷款为例，与银行相比，它的优势是申请贷款流程比较简化，只要是阿里巴巴诚信通会员和淘宝卖家，无须担保，从申请贷款到贷前调查、审核、发放和还款，均采用全流程互联网化、无纸化操作，客户足不出户，只需要在电脑前简单操作即可轻松获取贷款。第三方支付的“快捷支付”业务使生活消费和企业信贷等支付行为更加方便、省时。

（四）金融服务低成本化

互联网金融利用电子商务、第三方支付、社交互联网等形成的庞大数据库和大数据挖掘和应用技术，使供求双方可以通过平台自动完成信息的甄别、匹配、定价和交易。传统的银行如果要发放一笔贷款，它的成本是 200 多元。也就是说，如果一个人要贷 1 万元，银行通过传统的渠道进行人工审核后再给他放贷，需要 200 多元的成本，这是进行层层报批所需要花费的人力成本等。而互联网金融的成本非常低，每发放一次贷款，成本只需几角。

第二节 互联网金融的基本模式

一、第三方支付

（一）第三方支付的概念

第三方支付是指具备一定实力和信誉保障的独立机构，采用与各大银行签约的方式，通过与银行支付结算系统接口对接来促成交易双方进行交易的互联网支付模式。

在使用第三方支付模式的过程中，买方选购商品后，使用第三方平台提供的账户进行货款支付（支付给第三方），并由第三方通知卖家货款到账、要求发货；买方收到货物，检验货物，并且进行确认后，再通知第三方付款；第三方再将款项转至卖家账户。

2017 年 1 月 13 日，中国人民银行发布了《中国人民银行办公厅关于实施支付机构客户备付金集中存管有关事项的通知》，明确了第三方支付机构在交易过程中产生的客户备付金，今后将统一交存至指定账户，由央行监管，非银行支付机构不得挪用、占用客户备付金。

（二）第三方支付的产生原因

第三方支付采用支付结算方式。按支付程序分类，支付结算方式可分为一步支付方式和分步支付方式。前者包括现金结算、票据结算（如支票、本票、银行汇票、承兑汇票）、汇转结算（如电汇、网上支付），后者包括信用证结算、保函结算、第三方支付结算。

在社会经济活动中，结算归属于贸易范畴。贸易的核心是交换。交换是交付标的与支付货币两大对立流程的统一。在自由平等的正常主体之间，交换遵循的原则是等价和同步。同步交换，就是交货与付款互为条件，是等价交换的保证。

在实际操作中，对于现货标的的面对面交易，同步交换容易实现；但在许多情况下，由于交易标的的流转验收（如商品货物的流动、服务劳务的转化）需要经过一定的过程，货物流和资金流的异步和分离的矛盾不可避免，同步交换往往难以实现。而对于异步交换，先收受对价的一方容易违背道德和协议、破坏等价交换原则，故先支付对价的一方往往会受制于人，自陷被动、弱势的境地，承担风险。因此，异步交换必须附加信用保障或法律支持才能顺利完成。

同步交换可以规避等价交换的风险，因此为确保等价交换，人们要遵循同步交换的原则。这就要求支付方式应与交货方式相适配。对于当面现货交易，适配即时性一步支付方式；对于隔面现货或期货交易，适配过程化分步支付方式。过程化分步支付方式迎合了交易标的的流转验收的过程性特点，款项从启动支付到所有权转移至对方不是一步完成的，而是增加了中介托管环节，由原来的直接付转改为间接汇转，业务由一步完成变为分步操作，从而形成一个可监可控的过程，按步骤、有条件地进行支付。这样就可货走货路、款走款路、两相呼应、同步起落，使资金流适配货物流进程达到同步响应的效果，使支付结算方式更科学化、合理化地迎合市场需求。

传统的支付方式往往是简单的即时性直接付转，一步支付。其中钞票结算和票据结算适配当面现货交易，可实现同步交换；汇转结算中的电汇及网上直转也是一步支付，适配隔面现货交易，但若无信用保障或法律支持，会导致异步交换，容易引发非等价交换风险。例如，现实中买方先付款后不能按时、按质、按量收获标的，卖方先交货后不能按时、如数收到价款，被拖延、折扣或拒付等引发经济纠纷的事件时有发生。

在现实的有形市场中，异步交换可以通过附加信用保障或法律支持来进行，而在虚拟的无形市场中，交易双方互不认识、不知根底，故此，支付问题曾经成为电子商务发展的瓶颈之一。卖家不愿先发货，怕货发出后不能收回货款；买家不愿先支付，担心支付后拿不到商品或商品质量得不到保证。博弈的结果是双方都不愿意先冒险，网上购物无法进行。

为迎合同步交换的市场需求，第三方支付应运而生。第三方是买卖双方在缺乏信用保障或法律支持的情况下的资金支付“中间平台”，买方将货款付给买卖双方之外的第三方，第三方提供安全交易服务，其运作实质是在收、付款人之间设立中间过渡账户，使汇转款项实现可控性停顿，只有双方意见达成一致才能决定资金去向。第三方担当中介保管及监督的职能，并不承担什么风险。所以确切地说，第三方支付是一种支付托管行为，通过支付托管实现支付保证。

（三）第三方支付的优缺点

1．成本优势

支付平台降低了政府、企业、事业单位直连银行的成本，满足了企业专注发展在线业务的收付要求。

2．竞争优势

第三方支付平台的利益中立，避免了与被服务企业在业务上的竞争。

3．创新优势

第三方支付平台的个性化服务，使其可以根据被服务企业的市场竞争与业务发展所创新的商业模式，同步定制个性化的支付结算服务。

（四）第三方支付的缺点

1．风险问题

在电子支付流程中，资金会在第三方支付服务商处滞留，即出现所谓的资金沉淀，如果缺乏有效的流动性管理，则可能存在资金安全和支付的风险。同时，第三方支付机构开立支付结算账户，先代收买家的款项，然后付款给卖家，这实际已突破了现有的诸多特许经营的限制，它们可能为非法转移资金和套现提供便利，因此形成了潜在的金融风险。

2. 电子支付经营资格的认知、保护和发展问题

第三方支付结算属于支付清算组织提供的非银行类金融业务，银行将以牌照的形式提高门槛。因此，对那些从事金融业务的第三方支付公司来说，其面临的挑战不仅是如何盈利，更重要的是能否拿到第三方支付业务牌照。

3. 业务革新问题

因为支付服务客观上提供了金融业务扩展和金融增值服务，其业务范围必须明确并且要大胆推行革新。目前，全球拥有手机的人多于拥有电脑的人，相对于单纯的网上支付，移动支付领域将有更大的作为。所以第三方支付能否趁此机遇改进自己的业务模式，将决定第三方支付最终能否走出困境，获得发展。

4. 恶性竞争问题

电子支付行业存在损害支付服务甚至给电子商务行业发展带来负面冲击的恶性竞争的问题。国内持有支付牌照的专业电子支付公司约有270家，而且大多数的电子支付公司与银行之间采用纯技术网关接入模式，造成市场严重同质化，也挑起了支付公司之间激烈的价格战。由此直接导致了这一行业“利润削减快过市场增长”，惯用的价格营销策略让电子支付行业吞下了利润被摊薄的苦果。

5. 法律、法规支持问题

在个人支付方面，我国出台了《中国人民银行关于改进个人支付结算服务的通知》等；在第三方支付方面，我国适用的法律法规包括《中华人民共和国票据法》《中华人民共和国中国人民银行法》《中华人民共和国商业银行法》等。根据电子支付的发展实际，相关部门也出台了一系列文件，如《支付机构互联网支付业务管理办法（征求意见稿）》《中国人民银行关于印发〈非银行支付机构反洗钱现场检查数据接口规范（试行）〉的通知》《中国支付清算协会预付卡工作委员会关于修订〈支付机构预付卡业务客户权益保护指引〉的通知》等。这将在一定程度上解决此类问题。

二、互联网 P2P

（一）互联网 P2P 认知

P2P 互联网借贷即 Peer-to-Peer Lending，也就是点对点信贷，国内又称“人人贷”。P2P 互联网借贷是指个人或法人，通过独立的第三方互联网平台相互借贷，即由网贷平台作为中介平台，借款人在平台发放借款标，投资者进行竞标然后向借款人放贷的行为。

P2P 互联网借贷服务平台主要针对的是那些信用良好但缺少资金的大学生、工薪阶层

和小微企业等，帮助他们实现兼职、创业、培训、购买等方面的愿望。对于这些借款人，无须他们给出贷款抵押物，而是通过了解他们的身份信息、银行信用报告等，来确定给他们的贷款额度及贷款利率，然后，中介机构将这些信息提供给资金出借人，由借贷双方直接达成借款协议，资金出借人获取贷款利息。P2P网贷是民间借贷由“线下”发展到“线上”的结果，是公民行使自身财产权利的体现。

互联网P2P的发展历程如下。

1. 早期探索阶段（2007—2011年）

2007年，我国第一个P2P平台——拍拍贷成立。

2011年8月发布的《关于人人贷有关风险提示的通知》指出，“人人贷”信贷服务中介公司会影响宏观调控效果，容易演变成为非法金融机构，业务风险难以控制。

2. 快速发展阶段（2012—2014年）

在此阶段，信用借贷、抵押借贷、供应链借贷等多种适应我国国情的业务模式纷纷涌现，从业机构快速增加，整体规模逐步扩大。风险快速积聚，个体互联网借贷从业者风险意识相对薄弱，且业务规则不清晰，缺乏监管，非法吸收公众存款、集资诈骗的事件频发。

3. 规范发展阶段（2015年至今）

在此阶段，互联网P2P由无序发展逐步向规范发展转变，业务模式、业务规则逐步清晰，行政监管、行业自律、企业内控的治理体系逐步成熟，从业机构逐步分化，整体业务规模逐步增长，行业趋向健康。

2015年7月发布的《关于促进互联网金融健康发展的指导意见》，支持互联网企业依法合规设立互联网支付机构、网络借贷平台、股权众筹融资平台、网络金融产品销售平台，建立服务实体经济的多层次金融服务体系，更好地满足中小微企业和个人投融资需求，进一步拓展普惠金融的广度和深度；明确了个体网络借贷机构的信息中介性质，要求不得提供征信服务、不得非法集资。

2015年12月，中国银监会公布了《互联网借贷信息中介机构业务活动管理暂行办法（征求意见稿）》向社会公开征求意见，以明确从业机构的法律地位。这标志着网贷行业彻底告别无法可依、无序发展的阶段。

（二）互联网P2P的业务种类及资产类型

1. 互联网P2P的投资模式

（1）直接投资模式。直接投资模式即一个P2P借款人在平台上发布一个项目，P2P投资者在平台上直接挑选自己希望投资的项目，成为建立借款人和投资人“一对一”或“一对多”的直接借贷关系。在此模式下，网贷平台得以严格遵守信息中介的身份，因此，这是目前P2P行业最符合政策要求的业务模式。

（2）间接投资模式。间接投资模式是指P2P平台先行放款给借款人形成债权，或者承包其他债权人的债权，然后将不同的债权进行打包组合变成理财产品，因此借款人和投资人不直接形成债务债权关系。在此模式下，投资者在网站上只能见到理财产品本身的信息，而看不到实际借款人的信息。

在实际操作中，每个理财项目里面包含多个债权项目，而且可能是每个债权项目分出一部分加入理财项目，其结果便是P2P借贷关系从原有的“一对一”“一对多”变为“多对一”“多对多”。

这种模式的好处在于，单个借款人如果发生风险，由于其只占理财产品额度的一部分，有利于分散风险。此外，P2P互联网借贷平台通过拆分组合原有的债权，可以向投资者提供各个档次的投资风险、期限和回报率的理财项目。

（3）债券转让模式。债权转让，又称债权让与，是指在维持原有合同条款的前提下，原债权人通过第三人将全部或部分债权转给新投资者。P2P互联网借贷平台的债权转让除了平台本身的投资者转让在平台上的投资项目，也可能是线下其他金融机构将自己的贷款放到披露平台上转手等情况。债权转让模式和经济投资模式的差别在于，债权转让模式下的投资者能够看到自己的资金借给了谁。

（三）互联网P2P投资风险提示

在传统的P2P互联网网借贷中，平台应该独立于交易之外。作为中间服务提供者，P2P互联网借贷平台应对借贷双方进行撮合，促进借贷交易的完成，而不应该介入交易，更不应该触碰金钱。但在我国，这个模式似乎并不可行。首先，我国的投资人大多数不喜欢没有本金保障的投资；其次，平台不介入风险会很难控制。虽然这个本金保障机制被广大投资人诟病，但是由此可以看出，在我国的P2P生态环境中没有本金保障是不可行的。

P2P互联网借贷目前还处于行业的规范期。P2P互联网借贷是我国互联网金融的探索，应该走出自己的特色，成为我国金融体系的重要补充。

从好的方面来看，P2P互联网借贷属于互联网金融创新，是互联网金融的有益探索。但是，既然是金融就必定会面对政府的监管。政府对金融的监管如何才能做到既不抑制行业创新，又能提高新型金融产品的透明度，还能保护借贷双方；同时给予参与各方平等的保护，严禁欺诈行为等都是我们应该思考的问题!

三、互联网众筹

1. 众筹的定义

众筹，即大众筹资，是指“通过互联网向众人筹集小额资金，为某个项目或企业融资的做法。”

相对于传统的融资方式，众筹更为开放，项目的商业价值不再是评判融资成功的唯一标准。项目只要能引起互联网上大众的兴趣，就可以通过众筹的方式获得资金，为更多富有创意而缺乏资金的人提供实现梦想的机会。

2．众筹的构成

众筹通常由以下 3 部分组成。

（1）发起人，又称项目所有者、项目创建者，是指有创意或设想但是缺乏资金的人。

（2）支持者，又称项目支持者、投资者、捐赠者，是指对项目发起人的项目和回报感兴趣，并给予资金支持的人。

（3）众筹平台，是连接发起人和支持者，并为双方提供服务的互联网终端，是众筹模式的核心。

互联网众筹不仅对金融创新本身提出要求，还对传统金融领域和金融业态提出挑战，并且在一定意义上具有颠覆性。正像互联网金融对传统金融业态提出挑战一样，互联网众筹也对传统的一些同行基金的业务提出挑战。众筹的模式大大改变了融资形态，应该引起人们足够的认识，我们应该从战略高度来认知互联网众筹。

3．众筹的分类

众筹有不同的分类标准，目前主要按照对投资人的回报种类进行划分，可将众筹分为下列 5 类。

（1）产品众筹：投资该类众筹项目的投资人将获得产品或服务。

（2）股权众筹：投资该类众筹项目的回报是相应比例的股权，未来可获得红利。其按照是否包含跟投机制还可以分为领投式众筹和非领投式众筹。

（3）公益众筹：即非营利性众筹，投资该类众筹项目的是为支持公益事业而不要求获得回报的投资人。

（4）债权众筹：投资该类众筹项目的投资人会获得一定比例的债权，未来将获得利息收益和本金。P2P 互联网借贷是其具体表现形式，由于 P2P 互联网借贷在全球异常火爆，业界也通常把 P2P 单独列出。

（5）混合众筹：即股权债权混合式众筹。

4．发展现状

近年来，随着互联网经济的快速发展，包括众筹在内的互联网金融创新发展模式获得了较快的发展。2016 年，互联网非公开股权融资、权益众筹受到投资人及消费者的关注度有所提升。2019 年，我国处于运营状态的众筹平台共有 98 家，月众筹交易额达数亿元，其中具有股东背景、产业资源的互联网企业所拥有的集聚优势将进一步显现。

对运营中平台的平台类型进行统计，目前，互联网非公开股权融资型（以下简称股权型）平台有 36 家、权益型平台有 32 家、物权型平台有 12 家、综合型平台有 11 家、公益型平台有 7 家。股权类的主要平台是第五创和人人创等，权益型的龙头平台是点筹网和小米众筹等。

四、互联网金融销售模式

（一）互联网金融销售认知

在热闹的互联网金融大潮背后，各金融公司的销售战略各有不同。未来，或许基金公司、保险公司、证券公司中还将有独立的互联网金融销售公司面世，或许还有许多基金公司能够逐渐摆脱渠道束缚，直接拥有大量金融账户，为客户提供全面的金融理财服务。

“互联网金融销售”是由“互联网”“金融”“销售”三个基本词组合而成的词组，因此，互联网金融销售包含着以“互联网”为销售工具的金融销售和以“互联网金融”为销售对象的市场销售两种含义。其中，前者是指利用互联网技术对金融业务进行互联网市场调查、互联网促销等，以便将金融产品与服务引向消费者的过程；后者是指专门针对基于互联网技术的金融产品和服务进行全方位的推介和推销的活动。

而互联网金融销售模式是指把金融产品和金融服务通过电子化互联网的方式或手段传送至金融消费者的销售方式，完成“产品与服务设置—产品和服务传送—金融消费者—售后的反馈与跟进”这样一个完整的环节。

从市场关系和方法手段来划分，互联网金融销售模式分为自由网站的服务营销模式、第三方交易平台营销模式、专业互联网媒介营销模式和广电通信营销模式。

（二）互联网基金销售

1．互联网基金销售的概念及特征

目前，学术界对互联网基金没有明确的定义，但互联网基金属于互联网金融产品的范畴，具有互联网金融产品的主要特征。谢平等学者提出了互联网基金及其模式的定义：互联网基金是以云计算、大数据、社交互联网等现代信息技术为支撑，通过互联网渠道实现交易，参与资金门槛微小，费用低廉，并具有民主金融性质的新型基金销售模式。互联网基金具有如下特征。

（1）效率高，成本低。互联网基金依靠互联网平台交易和大数据分析为基础开展业务，比以商业银行为主要销售渠道的传统基金销售模式效率更高且成本更低，提高了投资人的收益率。

（2）操作便捷，人人参与。互联网基金业务操作过程便捷流畅，能够给予客户极佳的交易体验。互联网基金业务的资金门槛极低，有效缓解了金融排斥，提高了社会金融福利水平。

（3）信息对称，供求匹配。互联网基金模式实现了基金销售的金融脱媒，基金公司可以通过互联网平台公司将基金产品直接送达海量的互联网客户群体面前，而互联网客户可以通过互联网平台自行完成对基金信息的对比、甄别、匹配和交易，有效激活了市场存量资金，提高了社会资金的使用效率。

2．互联网基金的销售模式和特点

基金销售的业务范畴是有清楚的法律规定的。我们在实践中将由基金公司开展基金销售业务的模式称为互联网基金直销，将由第三方机构开展基金销售业务的模式称为互联网基金代销。

（三）互联网保险销售

1. 互联网保险销售近况

对于中国保险行业来说，互联网保险经历了兴起、发展及不断成熟的过程。截至2015年，互联网保险整体保费规模达到了2234亿元，开通互联网保险业务的保险公司数量已超过100家。其中人身险保费占比为66%，财险占比为34%，在财险中车险占比达96%（见图8-1和图8-2）。

时间	2013年	2014年	2015年
互联网人身险保费规模	54.46亿元	353.2亿元	1465.60亿元
互联网人身险占比	0.05%	2.8%	9.2%
开展互联网人身险公司数	44家	52家	61家

图8-1　互联网人身险市场概况

时间	2013年	2014年	2015年
互联网财产险保费规模	236.69亿元	505.77亿元	768.36亿元
互联网财产险占比	3.7%	6.7%	9.1%
开展互联网财产险公司数	16家	33家	49家

图8-2　互联网财产险市场概况

2. 互联网保险销售的概念及特点

互联网保险是伴随着电子商务在保险业的渗透而产生的，可以理解为保险公司或保险中介机构以互联网行业电子商务为工具来支持保险经营管理活动的经济行为；也可以理解为保险公司通过互联网和电子商务技术实现全方位的保险服务，即在网上实现投保人的咨询、投保、审批、交费、理赔、投诉等业务流程，以及对业务员和代理人提供服务及后台的一系列管理工作，如与保险监管、税务、工商等机构之间的信息交流活动等。互联网保险颠覆了保险营销员和客户面对面交流沟通传统经营模式，开创了全新的保险销售方式和渠道，以及全新的管理理念和管理模式。其主要具备以下特点。

（1）互联网具有信息量大、传导速度快、透明度高的特点，可以改善保险交易双方信息不对称的现状。保险行业的销售误导和理赔服务问题，在很大程度上是源于供求双方之间的信息不对称，抬高了交易成本，增加了交易风险，互联网及与其相依托的信息技术提供了非常好的解决方案。

（2）互联网具有极低的上架成本，不受销售场地、位置、时间等方面的制约，可以使保险产品的销售成本大大降低，从而提升消费者的实际利益，推动整个行业的更快发展。互联网金融为消费者提供低成本、低风险和高效率的支付、理赔等多样化的服务选择，大数据和云计算的存储、计算和分析能力使保险公司可以在线上为保险消费者提供完整的服务，让保险消费者可以快速、精准地搜索和比较非标准化、风险性和复杂性高的产品。

（3）互联网在数据管理方面具有天然优势。保险市场专业化的深入、经营水平的提高、服务品质的提升，都要建立在对数据尤其是客户消费数据的深入挖掘和分析的基础之上。因为互联网拥有庞大的数据，所以互联网保险在这方面应该有着先天的优势。通过大数据挖掘，保险公司可利用所有主题信息建立新的关系、依赖性和相关性，增强市场竞争力和盈利能力。

第三节 互联网金融产品分类及主要产品

一、第三方支付典型产品：支付宝

支付宝（中国）网络技术有限公司是国内领先的第三方支付平台，致力于为人们提供“简单、安全、快速”的支付解决方案。

《2019Q4 中国第三方支付移动支付季度数据报告》显示，2019 年第四季度，中国第三方支付移动支付交易规模约为 59.8 万亿元，同比增长 13.4%。

2019 年，第三方移动支付市场份额中，支付宝和财付通（微信支付+QQ 钱包）共占据 91%的份额，其中支付宝占比为 55%，财付通占比为 39%。

支付宝的服务类型如下。

1. 还款

2009 年 1 月 15 日支付宝推出信用卡还款服务，国内 39 家银行发行的信用卡均支持。

2. 转账

通过支付宝转账分为两种。（1）转账到支付宝账号，资金瞬间到达对方支付宝账户。（2）转账到银行卡，用户可以转账到自己或他人的银行卡，支持百余家银行，最快 2 小时到账。

3. 缴费

从 2008 年年底开始，支付宝推进公共事业缴费服务，已经覆盖了全国 300 多个城市，支持 1200 多个合作机构。除水电煤气等基础生活缴费外，其还扩展到交通罚款、物业费、有线电视费等更多与老百姓生活息息相关的缴费领域。

4．服务窗

在支付宝钱包的“服务”中添加相关服务账号，就能在钱包内获得更多服务。例如，银行服务、缴费服务、保险理财、手机通信服务、交通旅行、零售百货、医疗健康、休闲娱乐、美食吃喝等。

5．余额宝

余额宝是支付宝推出的理财服务，但也能用于日常的购物、还信用卡等支付。

在用于支付时，余额宝的优势在于额度较大、支付成功率非常高。未用于支付时，使用余额宝还能获得理财收益。目前，余额宝支付占支付宝支付的比例正在逐步升高。

6．充值

支付宝卡是由支付宝发行的自有预付卡，用户可以在所有支付宝支持的商家购买商品时使用卡内资金，暂支持天猫商城及淘宝平台。支付宝卡卡面值为100元、200元，该卡需要在有效期内使用，有效期为36个月。逾期可进行付费延期，延期后可继续使用。支付宝卡不记名、不挂失，发生退货时，使用支付宝卡支付部分的资金退回卡账户，不予提现。用户可以通过“手机话费充值卡（联通一卡充、神州行卡）”来完成支付宝付款。这种付款方式无须使用银行卡，但需要向充值服务提供方（非支付宝）缴纳手续费，标准为交易金额的5%。

7．付款

支付宝用户也可以去身边的便利店、邮局、药店等支付宝合作网点完成付款，无须开通网上银行，线下解决付款问题，刷卡现金均可。

8．淘宝理财

淘宝理财平台搭建在淘宝网的基础上，以服务普通网民群体的理财需求为宗旨。入驻淘宝理财的理财机构包括保险、基金、银行等，提供包括基金产品、保险理财产品及银行理财产品等丰富多样的理财品种。

消费者可以在淘宝理财上实现如淘宝购物般的理财选择，筛选理财产品、购买交易及后续管理均可在平台上完成。

9．透支消费

2014年12月16日，阿里金融计划推出信用支付服务，用户使用支付宝付款不用再捆绑信用卡或储蓄卡，能够直接透支消费，额度最高为5000元，有38天的免息期。如果出现逾期情况，阿里金融会短信通知，然后语音催收，最后是人工催收，直至注销账户。

二、互联网贷款典型产品：宜信

（一）宜信交易流程

宜信将出借人的款项打散，制定一份多人借款合同交给借款人，等款项到达第三方账户后，合同正式生效。以前虽然没有出借人和借款人双方设立的合同，但第三方账户人担任了出借和借款人的债务转移人，即第三方账户户主首先成为宜信的出借人，等到挑选好借款人后，第三方账户户主就把债权转到真正的出借人手中。对于 P2P 互联网借贷服务平台推进的每个借款人，出借人有权决定是否将资金借给他。借款人每月还款，出借人每月可以动态地了解每一笔债权的偿还、收益等信息，出借人可以在第二个月得到所还本金和利息。当然，出借人也可以选择不收款而继续放在一线寻找下一个借款人，这种模式是由宜信开创的。

（二）宜信风险控制

（1）宜信同“人人贷”一样，其在全国 40 多个地区设有办事处，采取实地调查审查借款人，这使得借款（债权）更为安全。

（2）作为还款的有力保障，宜信采取的分散贷款和每月还款制度，较大限度地保障了有效还款。

（3）宜信建立了风险保障金，提取比例为借款标的金额的 2%。

（三）模式特点

（1）宜信的保障金制度。从宜信的运营模式来看，宜信对借款人的掌控力度更强，出借人一般不参与审核，并且与借款人没有合同，而只有与宜信第三方的债权转让合同。这样，出借人就会有极大的风险。所以，为保护出借人的借款安全，宜信在出借人的合同中承诺，一旦出现借款不还的情况，宜信将从公司提取的保险金里出钱，包赔出借人全部的本金和利息。这是对出借人的最大化担保。

（2）风险控制的两个绝招。作为还款的有力保障，宜信采取了分散贷款和每月还款制度，较大限度地保障了有效还款。另外，宜信对借款人审核时都要求面见，要求借款人亲自出示各种证原件并当面询问使用用途的情况，较好地保证了借款人的真实性。

（3）债权转让新模式。宜信的贷款人和借款人没有订立直接的借款合同，而是贷款人和宜信签订借款合同，待宜信找到借款人后，由借款人和宜信签订债权转让协议，让借款人将宜信对贷款人的债权买走。

三、互联网众筹典型产品：京东众筹

京东众筹平台于 2014 年 7 月 1 日正式诞生，目前已在国内众筹平台中名列前茅。其主业务主要分为两大类：第一类为产品众筹（包含公益众筹）；第二类为股权众筹，即“京东东家”（2015年3月31日上线）。京东众筹实现了产品众筹与股权众筹的互通，并将其定位于“新场景解决方案”。此外，京东于2015年3月31日推出了创生态圈，旨在为创业创新搭建一站式的服务，由此京东众筹形成了目前我国市场上首屈一指的“产品+股权+众创生态”三位一体的格局。

京东众筹在2015年取得了优异的业绩，项目总投资额超过13亿元，在众多众筹平台中排名第一。其中包括18个千万级项目和272个百万级项目，新项目成功筹资率超过80%，超过700万人次参与投资。京东众筹运行流程如图8-3所示。

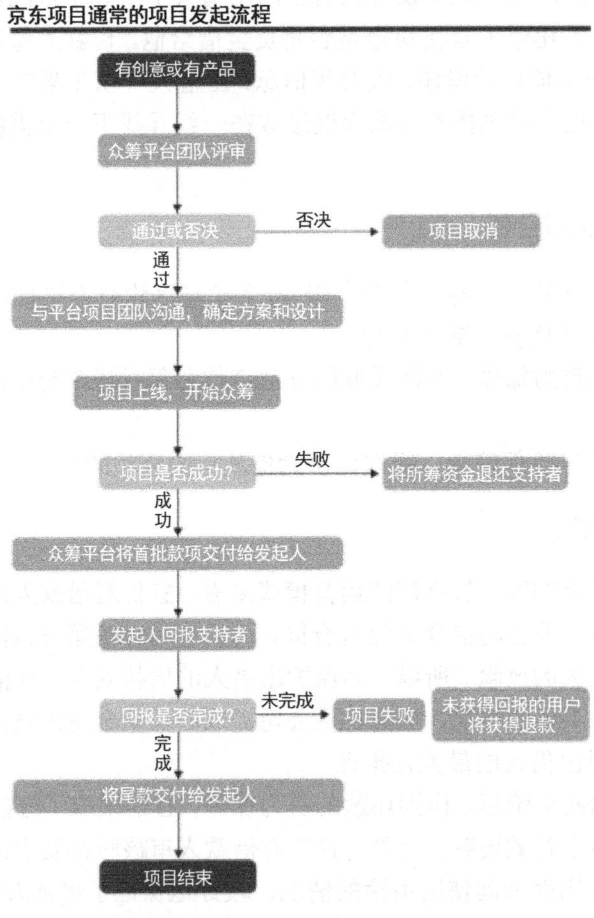

图8-3 京东众筹运行流程

京东产品众筹平台对在平台上发布项目的内容、项目发起人和投资人的资质都有自己的标准。

对于在平台上发布项目的内容，京东产品众筹制定了以下的标准。

（1）项目具有创新性。

（2）项目内容及相关信息须为发起人原创，如非发起人的原创，则应已获得权利人的授权。项目产品不能已完成生产，公益相关项目除外。

对于项目发起人，京东产品众筹要求，只要满足以下条件发起人就可以自主发起项目。

（1）年满 18 周岁的中华人民共和国公民。

（2）拥有国内主流银行储蓄卡。

（3）有身份认证和资质认证。

（4）认真阅读，并完全同意京东众筹相关协议。

对于投资人，京东众筹平台设定了极低的门槛，规定只要是京东的注册用户即可投资平台上发布的项目。

2015 年，京东众筹在业内首提“一切皆能众筹”理念，不断创新，引领着整个行业发展趋势。

典型项目

项目一：最受欢迎的项目

2015 年 6 月 15 日，“小牛电动智能锂电池电动踏板车”项目在京东产品众筹平台上线，项目上线仅 1 小时 45 分钟就迅速筹集到 2000 多万元的资金，远远超过 500 万元的目标融资额。小牛电动车具有高性价比，有着充电一次可续航一百千米的特点，并且还具备 GPS 智能防盗等技术。凭借这些特点，项目吸引到了超过 11 万人的支持，在短短 15 天内筹集到了 7200 万元的资金，成为当时京东众筹平台上筹资额最高的项目。此项目如此受欢迎，说明了越来越多的人开始认可众筹模式。

项目二：颠覆行业运作模式

2015 年 6 月 3 日，“好妹妹”乐队“自在如风”演唱会项目在京东众筹上线，该项目的目标融资额是 198 万元，结果在一个月内项目就筹集到 200 万元，最终这个项目筹集到 236 万元，提前并超额完成了目标。

该项目是为了帮助“好妹妹”乐队实现在北京工人体育场开演唱会的梦想。通常在工人体育场举办演唱会的都是知名度比较高的人或乐队，而“好妹妹”乐队在这之前知名度较低，他们正是凭借着众筹模式的广告效应最终登上了工人体育场的舞台而被大家所熟知。该项目的成功颠覆了以往文娱宣传的模式，目前该项目已成为文娱众筹领域的标杆。

项目三：“明星+公益+众筹”模式

2015 年 6 月 1 日，“和谢霆锋一起做公益”项目在京东众筹上线。谢霆锋在京东众筹平台上发起公益众筹，旨在让更多的智障青少年得到救助。项目上线 4 小时，388 元档和 1088 元档投资额度的档位就被认购完毕。项目在 2015 年 6 月 30 日就募集到超过 107 万元的资金。最终，该项目得到了 3261 名网友的支持。京东众筹运用明星效应，推出“明星+公益+众筹”新模式。

四、互联网金融销售的主要产品

（一）互联网基金销售的典型产品：余额宝

借助第三方电子商务平台直销模式的另一流派便是余额宝。余额宝是由互联网支付机构支付宝和天弘基金合作建立的定制化产品。支付宝的用户将钱从支付宝账户转入余额宝账户（一个设立在天弘基金的专用机构账户），即默认购买了天弘基金的产品，没有额度大小限制，而且可以随时存取（即“T+0”交易制度）。

那么问题来了，基金产品是谁在卖呢？

金融消费者在使用余额宝前，需要签署《余额宝用户服务协议》及《天弘基金管理有限公司网上交易直销自助式前台服务协议》。其中前者强调“本公司（即支付宝）及其相关联公司仅向投资者提供资金支付渠道，本公司及其关联公司并非为理财产品购买协议的参与方”，后者提到“在支付宝网站设置天弘基金网上交易直销自助式前台（即余额宝）”。可以看出，余额宝是天弘基金（基金销售机构）在支付宝（资金划转渠道）的上设置的“网上交易直销自助式前台”。

对比目前取得基金销售资格的机构，支付宝没有建立自己的基金清算、风控等后台系统，也没有扮演基金产品投资顾问的推介角色，盈利模式（收取通道费）也并非佣金分成，所以支付宝不能归为基金代销。

支付宝通过这样形式参与基金销售业务有以下两个原因。

首先，中国证监会对基金销售机构的审核和监管比对基金销售支付结算服务机构要严格得多，支付宝将其在余额宝业务中的角色定义为“支付服务”而不是“基金销售服务”，规避了支付宝没有基金销售资格的风险。

其次，拥有巨量用户群的支付宝所关心的是如何能够防止用户的流失。对比百度金融模式，余额宝模式节省了基金消费场景，余额宝虽然使用的是天弘基金的服务，但实际上也可以将其当作支付宝的增值服务，不了解（或关心）背后基金产品的性质。以余额宝的开户流程为例，基金销售过程中必需的身份证、银行开户账户等用户资料由支付宝提供给天弘基金，但用户个人并没有在天弘基金直接开设账户，也不拥有独立的天弘基金账户密码。支付宝通过这样的机制设计，确保用户群不会流失。

天弘余额宝货币基金最新发布的 2019 年第四季报中显示其规模为 1.09 万亿元，净利润为 244.82 亿元，继续稳守全球最大货币基金的宝座。中国证券投资基金业协公布数据显示，同期全国公募基金数量为 6544 只，基金资产净值合计 14.77 万亿元，仅天弘余额宝就占到了 7.38%。就天弘基金而言，截至 2020 年 6 月 30 日，其共管理运作 74 只公募基金，管理规模达 14437.45 亿元。其中，天弘余额宝的规模为 12238.11 亿元，占比为 84.77%。

余额宝取得巨大成功的根本原因在于余额宝货币基金的本质被刻意淡化了，给客户看到的是一个“高收益、低风险、随用随取”的产品，用户不用费心去想哪种基金好投，只要考虑“转多少钱进去”就行了。另外，余额宝的合作对象是支付宝（阿里巴巴），这在很大程度上解决了信任度的问题。

（二）互联网保险销售的典型产品：众安保险

具有“三马背景（阿里巴巴马云+腾讯马化腾+平安马明哲）”的众安保险是国内首家纯粹的互联网保险公司，在全国均不设任何分支机构，完全通过互联网进行承保和理赔服务。大部分保险公司采用的是专门设计产品，然后嵌入其他种类的互联网金融业务中的模式。

众安保险的CEO陈劲曾说："众安保险作为首家互联网保险公司，始终以服务互联网生态为定位。正如'互联网+'的发酵一样，'众安+'也一直在与各行各业发生化学反应。例如，'众安+电商'场景，我们推出了退运险、众乐宝、参聚险等服务买家/卖家；'众安+互联网'金融，我们推出了账户安全险、盗刷险、借款保证险，从而多种保障资金安全。如今，众安保险正积极投入传统产业'互联网+'的进程中，未来我们将为更多谋求'互联网+'的行业企业打造创新解决方案。"

众安保险的多想业务诞生于互联网产业对保险服务的需求。以"众乐宝"为例，这是众安保险联合淘宝网推出的互联网保证金保险，旨在为加入淘宝消费者保障协议（简称消保协议）的卖家履约能力提供保险，帮卖家减负，保障买家权益。

通过分析"众乐宝"，我们可以发现其作为互联网保险产品的一些特性。首先，在操作上实现互联网化、自动化，无须线下保险代理人参与；其次，在定价上依赖于互联网用户数据分析（给淘宝卖家制定的保费率是根据淘宝平台上关于购物投诉率、退货率等数据制定的）。

第四节 互联网金融营销

一、互联网金融营销的背景

1995年10月18日，美国3家银行联合在互联网上成立了全球第一家互联网银行——"安全第一网上银行"（SFNB），开了互联网金融之先河。几十年来，互联网金融发展迅速，给传统金融业带来了巨大冲击，迫使其在经营理念和管理结构等方面不得不进行全新的探索和改革。

SFNB的冲击使世界各国几乎所有金融机构都开始慎重思考互联网对传统经营模式的影响和可能带来的发展机遇，试图把传统的金融业务与现代信息技术和互联网结合起来，使自己在现代信息技术的革命性变革中不至于落伍而被淘汰出局。2000年7月3日，西班牙Uno-E公司同爱尔兰互联网银行"第一集团"正式签约，组建业务范围覆盖全球的第一家互联网金融服务企业Uno First Group。两家公司合并后的资产总值达到15.8亿欧元，它们跨洋重组的最终目标是建立全球最大的互联网金融服务体系。

国外发达国家的互联网金融起步较早，并迅速成为供应商和客户所推崇的主流。这主要归功于它快捷方便的操作和灵活的自由度，使人们足不出户就可以接受金融服务，也省去了传统银行业务办理的烦琐程序。相较于实体银行需要大量的人力、物力成本，金融网站的运作大大节省了成本，这也是互联网金融成为大势所趋的原因之一。据瑞典互联网市场研究公司报告统计，截至2019年年底，全球互联网用户已经达到41亿人。先进的互联网技术、人们对于资金和金融的观念、与时俱进的法律法规政策促进了互联网金融的蓬勃发展。

在我国，尽管传统金融业的发展水平还有些落后，但在互联网金融发展的浪潮中，我国金融业紧跟世界的步伐，整体水平与世界先进水平的差距逐渐缩小。1996 年，招商银行开通包括网上个人银行、网上实时支付等五大内容的网上金融业务后不久，便有 20 多家银行的 200 多个分支机构建立了自己的网站，推出网上银行业务。1997 年 11 月，中国保险信息网面向公众开通运行。2000 年 6 月，由中国人民银行牵头，会同 12 家商业银行联合共建的中国金融认证中心正式挂牌运行。在中国人民银行的统一协调下，成立了全国银行卡经营管理中心，实现了在全国大中城市范围内的联网通用。

2003 年 7 月 9 日，中国人民银行公布实施了《网上银行业务管理暂行办法》。为顺应形势变化，中国最大的商业银行——中国工商银行把分散在全国各地的 36 个分行的计算中心整合归并为南北两大数据中心，集中处理全行各项业务，开创了我国金融信息集约化管理的先河，大大提高了工商银行业务处理的技术集成程度，为全面推行互联网金融业务、实现跨越式发展奠定了坚实的基础。

目前，我国几乎所有的大中型金融机构都开通了自己的网站和网上金融业务。网上银行、网上证券、网上保险、网上理财等互联网金融业务渗透到了社会经济生活的各个方面。互联网金融逐步成为我国金融业务的主流形态，对我国金融业的发展方向、现代化水平及国际竞争力的提高起着决定性的作用。

二、互联网金融交易的主体

以互联网为基础的互联网金融营销的主体就是进行金融交易的双方甚至三方，即卖方、买方和第三方交易中介。

卖方一般就是金融组织。传统金融组织按其承担的职能可以简单地划分为 3 类：经纪人组织、基金组织和银行机构。而互联网金融的出现推动了金融混业经营（包含非主营业务）和综合经营（包含新兴的信息业务）的发展。在发达国家，网上银行一般实行混业经营，它们可以作为互联网金融营销卖方的典型代表。

买方一般而言是政府、企业和消费者等金融产品需求者。但是从目前的情况来看，主要的买方是个人和小微企业，体现了互联网金融服务适应大众化、分散化交易的特征。其中典型的是时尚理财产品——众筹。

第三方交易中介是指在互联网金融市场上充当交易媒介，从事交易或促使交易完成的组织和个人，如支付宝等。

互联网金融营销者可以是卖方，也可以是买方或者第三方。谁更积极、主动地寻求交换，谁就是营销者。互联网金融营销如果按主体分类可以分为 6 种模式：卖方对买方、卖方对第三方、买方对卖方、买方对第三方、第三方对卖方、第三方对买方，每一种模式可以包括中间交易平台，也可以有自己的网站而不需要中间交易平台。

三、互联网金融营销的特点与优势

相对于传统的营销方式，互联网金融营销有着它自己的特点。(1) 能够提供全球性、全天候的在线营销；(2) 具有很强的互动性，能够实现全程营销；(3) 能够以客户的需求为导向实现个性化的服务；(4) 使客户获得金融产品与服务更加方便，提高了交易的效率。

互联网金融营销与传统的营销方式相比有以下优势。

1. 有广大的潜在受众基础

对互联网金融营销而言，几乎所有的网民都是互联网金融营销的潜在客户。目前，中国的互联网普及率已位居世界前列（中国互联网络信息中心）。所以，互联网金融营销与传统的营销方式相比的优势之一就是具有数量众多的潜在客户群体。从长远来看，互联网金融营销能带给金融机构长期的利益，使其有可能在不知不觉中培养一批忠实顾客。

2. 成本优势

互联网金融营销能够极大地降低经营成本。在网上发布信息的代价有限，大量的产品、市场和促销信息可以通过公共信息平台实现有效、准确、快速的传播，金融机构也可以将产品和服务直接向消费者进行推销，从而缩短分销环节。此外，由于发布的信息可以被人们自由获取，这样就可以拓宽销售范围、节省促销费用，从而降低成本，使产品具有价格竞争力。同时，由于前来访问的大多数是对此类产品感兴趣的顾客，受众准确，避免了许多无用的信息传递，也可节省相当数量的费用。以网上证券公司为例，在支持同等数量顾客的条件下，其投资是传统营业部的1/3~1/2，日常营运费用是传统营业部的1/5~1/4。在美国，网上证券的交易成本仅为传统交易方式的15%。互联网金融营销所具有的巨大的成本优势由此可见一斑。

3. 良好的沟通

金融机构通过建立自己的网站和网页，能够与顾客进行有效的沟通，拉近彼此之间的距离。金融机构的网站可以通过让顾客在线填写调查表来收集顾客的意见，让顾客参与产品的设计、开发、生产，具体了解顾客的兴趣和要求，使产品真正做到以顾客为中心，从而更好地满足顾客的需要，避免不必要的资源浪费。而顾客对参与设计的产品也会有特别的亲切感，如同是自己定制的一样。金融机构还可在网站上设立专门的咨询论坛，帮助顾客了解有关产品的信息，并解答顾客的疑问，使沟通更加人性化、个性化，从而使顾客更加青睐本金融机构。

4. 优化服务

人们在购物过程中最怕遇到两种售货员，一种是"冷若冰霜"，让人不敢买；另一种是"热情似火"，让人不得不买，虽然推销成功，但顾客心中颇有微词。互联网金融营销的一对一服务，留给顾客更多自由考虑的空间，使顾客避免冲动购物，在进行更多的比较后再做决定。在顾客咨询和购买的过程中，金融机构还可及时提供意见，帮助顾客完成购买行为。通常在这种情况下，顾客对其所做出的购买决策的满意程度也会更高。此外，互联网金融营销所具有的良好的沟通功能使各家金融机构快速、准确地了解顾客的各种信息，从而能够兼顾顾客的个性化需求，提高其针对每个顾客的需求适时、适地提供服务的能力。互联网金融营销还提高了金融机构的信息服务水平，金融机构可以及时、便利地向顾客发布有关政策，而且发布信息的表现形式也将更加丰富多彩。

5. 多媒体效果

集文字、声音、图像和影视等多种技术于一身的互联网技术为金融机构最大限度地展示和介绍产品提供了支持。另外，在互联网上的广告既具有平面媒体的信息承载量大的特点，又具有传播媒体的视觉、听觉效果，可谓图文并茂、声像俱全，将显著提高宣传的有效性。

6. 超越物理条件的限制

通过网站，金融机构的金融营销活动可以进行每周 7 天、每天 24 小时的在线服务和全球化运作，极大地扩展了业务发展的时间和空间范围。互联网可以在瞬间将金融机构的信息传送到世界各地，为全球顾客访问网站提供了方便。互联网有效打破了物理条件的限制，使金融机构直接面向更大范围的顾客。此外，由于开展零售业务需要业务网点的支持，因此在互联网金融营销出现以前，一些金融机构因为没有足够的业务网点支撑，要付给渠道代理很高的费用，从而大大削弱了自身的竞争力。互联网金融营销的出现，使金融机构在获得批准后，就不会再因为缺乏具体的物理网点而受到限制了。

7. 锁定顾客

互联网金融营销为金融机构吸引主力顾客创造了重要条件。频繁使用网上金融服务的大多数是那些已经成为网民的年轻人。他们大多数受过良好的教育，收入高于社会平均水平，是创造社会财富的主力军。这个正在成长的顾客群体，能为金融行业带来丰厚的利润。能够抓住这个顾客群体，将是金融机构提高效益的关键因素之一。据有关统计可知，美国的许多银行每年都会有 8%~10%的老顾客离开，其 2/3 的离开原因是顾客的住所或工作地点迁移，离开了金融机构传统经营模式下有效的服务范围。如果通过金融互联网营销，就可以使搬家后的顾客仍然能够通过家里的个人计算机上网而继续在原来的金融机构办理各项业务。这样就扩大了金融机构所覆盖的服务区域，减少了顾客的流失。

8. 顾客决策的便利性、自主性

现在的人们生活在信息充斥的社会中，无论是报纸、杂志、广播，还是电视，无不充斥着广告，让人们躲都躲不开，不得不被动地接收各种信息。在这种情况下，广告的到达率和记忆率之低也就可想而知了。互联网金融营销则全然不同，人们不必面对广告的轰炸，只需根据自己的喜欢或需要去选择相应的信息，如厂家、产品等，然后加以比较，做出购买的决定。这种轻松自在的选择，不必受时间、地点的限制，顾客可以浏览国内外任何网站上的信息，而不用在一家家柜台之间跑来跑去比较质量、价格，完全由自己做主。这样灵活、快捷与方便的优势，是传统的交易方式所无法比拟的，所以互联网金融营销受到许多工作繁忙人士的喜爱。

总之，金融企业通过互联网营销，打开了新的广阔的营销空间，可以不受时间和空间的限制，更好地为客户提供个性化的服务，提高金融企业的市场占有率，并降低成本。尤其是商业银行，从传统的人力密集型企业变成了资本、技术密集型企业，更适合虚拟的互联网金融营销方式，因为方便快捷、不受时空限制的优势是目前其他营销方式所不具备的。在可以预见的将来，互联网金融营销对金融企业的作用与影响会越来越大。

四、互联网金融营销的战略与策略

（一）互联网金融营销的战略规划与实施

互联网金融营销战略在金融企业的发展战略中是一个不可或缺的重要子战略，是互联网经济时代金融企业营销战略的一个重要组成部分。它是金融企业对自己的金融产品与服务的互联网营销目标及市场营销目标的总体把握，是对本单位金融产品与服务的互联网营销及市场营销全局的谋划。

1. 制定互联网金融营销战略的基本原则

（1）服务和服从于金融企业发展的整体战略。互联网金融营销战略是金融企业发展战略的有机组成部分，互联网金融营销战略必须服务和服从于金融企业发展的整体战略，互联网金融营销的战略目标和战略措施必须紧紧围绕金融企业发展的整体战略，一切为了实现金融企业发展的总目标而努力。

（2）以互联网信息技术未来发展的科学预测为基础。互联网信息技术是推动互联网金融及金融电子商务产生与发展的原动力，互联网信息技术的创新与发展决定着互联网金融的创新与发展，同时也决定着互联网金融营销手段、营销工具、营销方式的革新换代与升级发展。互联网金融营销战略的制定必须以互联网信息技术未来发展的科学预测为基础，只有对互联网信息技术的未来发展做出科学的预测，制定出的互联网金融营销战略才会合乎互联网金融的发展规律，才能对金融企业的互联网金融发展目标的顺利实现起到科学的指导作用。

（3）以潜在的互联网金融交易需求及服务数据为依据。消费需求是市场运行的基础与动力，互联网金融交易需求及服务同样也是互联网金融市场运行的动力之源，潜在的互联网金融交易需求及服务决定着互联网金融市场未来的运行方向和运行轨迹，潜在的互联网金融交易需求及服务自然也就成了制定互联网金融营销战略的基础依据。要使互联网金融营销战略的制定做到有的放矢，就必须对网民的互联网金融交易需求及服务意向进行实际调研，以获取真实情报数据。这些情报数据是制定互联网金融营销战略科学、可靠的基础依据。

2．互联网金融营销战略的定位与目标

（1）互联网金融营销的战略定位。战略定位就是确立互联网金融营销的战略思想与战略方针。互联网金融营销战略思想的确立，就是在金融企业内部形成上下统一的认识，对互联网金融营销实施战略化管理，树立互联网金融的战略营销观念，应用一切可以利用的互联网技术和营销手段去挖掘互联网金融服务的目标公众、树立互联网金融条件下的企业形象、塑造互联网金融业务的名牌企业。战略方针是指关于战略形势、战略准备、战略谋划和战略实施的一整套观点的精辟简练的概括，它贯穿整个互联网金融营销战略，渗透于战略实施过程的各个阶段，对战略目标、战略重点、战略措施等都具有决定性意义。正确的战略方针首先要围绕金融企业的整体发展战略及其发展目标，其次要准确把握互联网金融的竞争情报，最后是要瞄准互联网金融技术的发展趋势与互联网金融业务的创新动向。

（2）互联网金融营销的战略目标。互联网金融营销的战略目标至少要包括互联网金融产品与服务的开发目标、推广目标、渠道目标及销售目标这 4 个子目标。

互联网金融产品与服务是现代互联网通信技术与传统金融业务相结合的产物，是金融创新业务的一个重要类别，具体包括互联网银行、手机银行、互联网证券、手机证券、互联网保险和互联网期货等。

互联网金融产品与服务的开发目标，主要是指上述各类互联网金融业务的通信，以及互联网与终端系统的技术开发目标。

互联网金融产品与服务的推广目标，实质上就是培育互联网信息技术受众、挖掘潜在的互联网金融消费群体，使所有的金融客户（包括机构和个人）最终都能接受并享用互联网金融产品与服务，并能形成互联网金融产品与服务的品牌效应，树立良好的社会形象，获得无形资产的最大增值。

互联网金融产品与服务的渠道目标是尽可能地争取有限的合格的网上金融业务机构为合作伙伴，因为金融行业是一类特殊的行业，金融产品与服务是一类特殊的商品，大多数国家和地区都对金融行业实施行业管制。互联网金融产品与服务由于额外增加的潜在技术风险，其行业管制会更加严格。互联网金融产品与服务的渠道商除了具有代销、承销与经纪资格，还必须具备或取得网上金融业务资格，严格的市场准入制度制约着互联网金融产品与服务的分销渠道与分销互联网的扩展。

互联网金融产品与服务的销售目标包括两个方面。一是互联网金融产品与服务销售的资金额，如一定时期内网上银行的存/贷款余额、股票或基金的网上发行金额等；二是所涉及的金融产品的销售数量，如网上证券发行数量、网上期货合约的张数等。

3．互联网金融营销战略规划的核心内容

互联网金融营销是通过互联网通信及数据处理新技术来改进、改造甚至颠覆传统的营销渠道与方法的，它将触及金融企业的组织、文化和管理等各个方面。实施互联网金融营销战略必须进行认真细致的组织规划与有效执行，否则将不能真正体现出互联网金融营销战略的竞争优势。

金融营销战略规划可细分为目标规划、技术规划、组织规划和管理规划等。

（1）目标规划即目标分解，一是横向子目标（互联网金融产品与服务的开发目标、推广目标、渠道目标及销售目标等）的分解，二是阶段性目标的分解。无论是横向子目标还是阶段性目标，都应当做出定性与定量的规定。

（2）技术规划即互联网金融营销适用技术与适用人才的配置与安排。互联网金融与互联网金融营销要依靠强大技术支持的金融商务活动，一切适用的互联网金融营销技术和手段都将予以考虑。在技术手段的选型上，既要优中选优，又要尽量覆盖和适应所有人群的应用习惯，在此基础上再去考虑资金的投入和系统的购买安装，以及业务人员的再培训与客户培训。

（3）组织规划即金融企业部门结构及其职能的重置与调整。互联网金融与传统金融业务有很大的区别，不但需要增设电子商务部、信息安全部等新型部门，而且客观上要求必须加大或提高其他各部门职能的技术含量，即对各业务部门的职能进行重新定位。

（4）管理规划即新任务、新条件下的组织管理、业务管理、技术管理和经营管理的重新筹划。组织变化后必然要求管理变化。企业进行互联网金融营销管理时要密切关注相关部门之间业务关系的变化，尤其注意业务与技术系统接口上的变化。

4．战略规划的实施

（1）战略规划实施的技术措施。互联网金融是典型的技术诱发型和技术推动型金融业务，互联网金融营销也离不开互联网通信技术的支持，从内涵扩大再生产的思路出发，互联网金融营销的首要战略措施应当是技术措施。技术措施要解决的问题是在既定的战略周期内构建怎样的互联网金融产品与服务体系，并应用怎样的互联网营销技术手段去完成既定的战略目标。一方面需要依据互联网金融技术进行战略预测，紧密掌握互联网金融的前沿技术，去逐步丰富和完善互联网金融产品与服务体系。另一方面需要密切关注互联网金融营销的适用技术，利用一切可以利用的互联网金融营销技巧与技术手段，将互联网金融产品与服务最大限度地推向所有社会公众。一要做好互联网金融技术与互联网金融服务的宣传普及工作，二要加强互联网金融营销技术手段在金融营销业务上的渗透与应用，注意互联网金融营销新工具、新方法的组合运用，将主动营销的理念和技术战略思想贯穿于互联网金融营销活动的始终。

（2）战略规划实施的人才措施。目前，在现实生活中互联网金融营销已经形成了一类新的细分职业，近年来，许多证券公司、基金管理公司，以及各大商业银行与保险公司等都增设了电子商务部门或互联网营销部门。互联网金融营销作为金融行业的一种新的营销手段，以及金融电子商务领域的一个新的职业门类，已悄然显现出了它的无穷魅力。

互联网金融营销是金融电子商务的灵魂与基础，金融电子商务的实现离不开互联网金融营销的推动。互联网金融营销事业将会为社会提供成千上万的新的职业岗位，互联网金融营销的高科技营销手段，在推动金融事业创新发展的同时，也会凭借其对市场开拓的特有速度与互联网扩散效应而快速造就出一个崭新的致富群体。这种财富积聚效应，又进一步促进了互联网金融营销人才的社会地位的提高，并加速了互联网金融营销的职业化进程。

一个比较有前景、比较诱人的职业，往往也必定是一个技术含量与技能要求较高的职业，互联网金融营销职业也不例外。互联网金融营销人才是一种集金融业务知识、互联网信息技术、市场营销技能、互联网工具运用技能等多种知识技能于一体的复合型人才。一个合格的互联网金融营销人才，应当既掌握了金融学与金融市场学的基本理论，又熟悉金融市场的各种金融产品、金融工具与金融服务；既能开展互联网金融营销管理的信息资源规划与系统平台建设，又能保证互联网金融服务的金融安全与信息安全；既掌握了市场营销的基础理论与方法，又具备市场营销的实战能力；既能熟练运用各种互联网工具开展市场营销，又具备引导客户、培育客户和留住客户的工作能力。“欲治兵者，必先选将”，符合上述综合素质的互联网金融营销人才的猎取、培养与储备，是实现互联网金融营销战略目标不可缺少的战略措施。

（3）战略规划实施的客户措施。该措施的基本要点是面向全社会，以互联网金融产品与服务的宣传普及为基点、以客户培训为手段、以挖掘并争取最大的潜在客户群体为目标而采取的一系列行动策略。首先，需要面向全球、面向全社会，进行互联网金融产品与服务的宣传与普及，引导公众突破 IT 技术的神秘误区，争取更多的潜在客户，并做好其产品应用培训工作，使互联网金融产品与服务尽快走进平常百姓家，这一点要与上述的技术措施相对接。其次，要建立完备的 CRM 数据库和畅通的客户交流渠道。CRM 数据库必须能详细反映客户对互联网金融产品与服务的应用习惯及其年龄结构、学历情况、职业构成、地区分布等基本信息。同时要通过呼叫中心、网上交流平台等随时与广大客户进行互动交流与沟通，定期或不定期地开展客户需求调查，使 CRM 数据库始终保持实时的动态更新。最后，要对 CRM 数据库进行深度挖掘，据此进行数据库营销和精准营销，针对不同客户群体的个性需求与共性需求投放不同的、适宜的互联网金融产品与服务。

（4）战略规划实施的协同措施。由于金融行业存在行业壁垒，金融营销渠道自然会受到行业准入与业务资格限制，因此金融营销渠道就成了稀缺资源。互联网金融业务由于信息技术安全问题更是受到严格限制，互联网金融营销渠道就更加稀缺。不过，随着金融业由分业经营向混业经营的发展和各类金融机构开展综合理财业务的需要，以及我国加入 WTO 后外资金融机构的逐渐进入，金融服务业的生态链明显拉长，金融业呈现出既竞争又合作的和谐局面，合作共赢的商业模式在不同类型的金融企业间普遍运用。尤其是在资本市场活跃期的基金代销业务更是普遍红火。这种合作共赢的运营模式的必要性，在金融营销渠道成为稀缺资源的行业生态环境下更加突出。互联网金融营销渠道的开拓更应采取这种共赢模式的协同战略，不但要与相关联的金融企业进行协同，还要与相关的互联网通信运营商、互联网金融解决方案提供商及互联网金融媒体等进行战略协同与合作，寻找适宜的战略合作伙伴，形成紧密的互联网金融营销战略联盟，构筑一个从互联网金融产品与服务的网上宣传推广到网上客户培训、从互联网金融产品与服务的自营自销再到联盟伙伴的渠道分销、从金融企业自身的网站推广到合作联盟网站间的协同推广、从金融企业之间的合作到金融企业与电信运营商及合规互联网媒体或门户网站的全方位立体协作系统，使各种互联网营销工具与互联网营销技术手段在互联网金融营销阵地上形成强大的“交叉火力”，让有限的互联网金融营销渠道资源发挥出最大的协同效用。

（二）互联网金融营销的策略分析

相对于传统的营销策略，互联网金融营销面临着新的挑战。首先，金融机构的营销环境发生了根本性变化。互联网构造了虚拟市场，传统营销以分支机构等实物资本为优势在现实世界进行营销的方式不适合虚拟市场的要求，而需要采用以智能资本为核心的互联网金融营销方式。其次，营销对象的变化。互联网客户与传统营销对象有了质的不同，目前互联网用户大部分是受过现代高等教育、收入颇丰的年轻人，他们思想活跃、乐于接受新鲜事物、勇于尝试，是有别于传统消费者的“新人类”。因此，互联网金融营销要以挖掘他们的潜在需求为首要目标进行营销策略组合。最后，营销方式的变化。传统营销以产品为导向，通过价格优势、促销、分销等手段的运用达到营销目的；而互联网金融营销以满足消费者需求为导向，通过客户信息系统的反馈，分析需求偏好，发现潜在需求，以成本优势提供个性化的服务，使客户获得心理或生理上的满足，并通过持续的在线交流，使客户最终成为忠诚、稳定的客户群，达到营销的目的。总之，互联网金融营销以科技为先导，以创新为动力，利用互联网与客户交互式沟通，进行直接主动的营销。

1. 实施以 4C 为基础的互联网金融营销策略

（1）开发具有互联网交易特点的金融产品。从互联网技术的发展来看，基于宽带的互联网拥有庞大的数据库和数据处理能力，互联网金融为金融产品与金融服务提供了几乎可以无限改进的可能。与此同时，随着客户对新技术接受程度的逐渐提高，他们对金融产品和服务的个性化需求和期望越来越高。为了满足客户的需求，扩大市场份额和增强竞争实力，互联网金融营销必须充分利用互联网优势，重视开发具有互联网交易特点的金融产品。

通过互联网营销的产品应是在互联网上易于表达的，具体来说应有如下特点。

① 具有高科技含量或与电脑相关。

② 以互联网族为目标市场。

③ 市场可以涵盖较大的地理范围。

④ 客户根据互联网信息即可做出购买决策。

⑤ 网上销售费用应低于其他渠道。

金融产品和服务因其天然的虚拟性，恰恰拥有以上特征。具体来看，开发具有互联网交易特点的金融产品的策略如下。

第一，注重产品的组合开发及服务的更新。大力开拓风险较低的以收费为特征的中间业务、代理业务、个人业务等新领域，使之成为新的利润增长点。

第二，重视互联网相关技术的应用。例如，银行在信贷业务领域利用互联网上的搜索引擎软件，为客户提供适合其个人需求的消费信贷、房屋抵押信贷、信用卡信贷、汽车消费信贷等业务。

第三，体现业务的全能化。将银行、保险与证券等各类金融业务融为一体，以互联网为媒介呈现在客户面前，满足客户从信用卡、外汇、汽车和房屋贷款到保险、债券，甚至纳税等各种金融需求。

第四，提供个性化、人情味的金融服务，加深客户对互联网金融服务的依赖性。通过对客户账户信息的管理和分析，为客户提供理财定制产品，使其获得难忘的体验。还可以为客户提供金融信息定制服务。例如，利率、汇率、股票指数等金融市场信息服务，经济、金融新闻等公共信息服务，以及各类金融产品信息服务。

第五，加强新技术的应用。关注互联网技术的发展，应用成熟的技术加强互联网金融服务的标准化，采用新技术进入新市场、新渠道，如支持手机终端，开发包括缴纳电话、水、电、气、有线电视费用，以及网上购物、活期转定期、购买基金和投资产品、跨账户汇款等新产品。

（2）降低客户获取金融产品的成本。在互联网金融营销中，金融产品和服务的定价必须以满足客户需求及其对满足需求的价格认同为基础。由于节省了开设分支机构等配套设施的支出，只需创建一个网站就可辐射全球范围、提供金融服务，经营成本大大降低，金融机构应当将节省的成本通过合理的产品降价与顾客分享。

互联网营销的定价模式如下：消费需求—产品服务功能—开发与服务成本—市场同行业比较—可能接受的综合性能价格比。由于网上信息的传递迅速、及时，使得客户的需求信息能迅速归档入库，在线营销专家可以根据这些信息及需求统计制定出满足消费需求的方案，因此依据这个模式进行满足消费需求的定价是完全可行的。此外，网上金融产品定价在某种程度上不仅取决于金融企业本身的信誉和服务的质量及对客户心理的满足，还取决于反应的时效性。

（3）提升互联网渠道购买的便利性。充分利用各种信息互联网，设计最便利的渠道，接通客户或接受客户的呼叫请求。抛开固化的地点、渠道和实体分销商及分销体系，从客户的便利性着手，通过电话互联网、计算机互联网、广播电视互联网等多种信息互联网，实现与客户的沟通及互动。这种互联网化的便利渠道要针对不同客户群体的实际状况，既要考虑互联网到客户的可达性，还要遵循最低成本、最恰当的服务的原则。例如，在同一住宅小区内，收入高且知识水平高的客户适合网上银行的交易通道，而知识水平低的客户可以通过营业网点来接受服务。这种便利性互联网渠道原则应贯穿于营销的售前、售中、售后全过程，处处、时时让客户感到方便。

（4）通过全面的实时沟通建立稳固的客户关系。全面沟通取代传统的促销方式，在金融业务的互联网营销中尤为重要。全面沟通的策略要求所有的金融业务与服务，都要以客户的综合调研、客户档案化管理、综合服务思路、7×24 小时服务模式、自助与互动相结合方式等作为与客户交流的基础。而网上产品及交易、呼叫中心、客户经理等服务手段，要随时准备满足客户的沟通需求。

在沟通内容方面，除接受客户的委托外，还要提供客户定制功能、信息推送功能等。在营销中，金融企业要重视与客户的双向沟通，以积极的方式适应客户的情感，建立基于共同利益的新型的企业—客户关系。同时，双向沟通也有利于协调矛盾、融合感情、培养忠诚的客户，而忠诚的客户既是稳固的消费者，也是金融企业业务最理想的推销者。

为了提高与客户沟通的质量和效率，金融企业除与客户进行实时沟通外，还需要在其他方面拓宽互联网在线沟通的范围，如下所述。

（1）组织内部的实时沟通。

（2）商业信息的实时沟通。

（3）企业文化的沟通。

（4）与其他关系主体的实时沟通。

2. 实施多渠道的整合营销策略

虽然互联网金融营销比传统营销具有多方面的优越性，但这并不意味着互联网金融营销可以脱离或者完全替代传统营销。事实上，由于互联网只是人们生活中的一部分内容，一部分人甚至没有上网的习惯，即使是经常上网者，也还没有达到只接受互联网信息而忽略其他传统媒体信息的地步。因此，互联网金融营销只是金融产品营销中的一部分，互联网金融营销只有与传统营销相结合才能发挥更好的效果。

整合是互联网金融营销传播关键之所在。整合营销包含 3 个方面的含义：一是互联网金融营销与传统营销的整合；二是互联网金融营销各种手段的整合；三是产品与服务一体化整合。

（1）互联网金融营销与传统营销的整合，即利用传统营销的推广手段，策略性地与互联网金融营销融合在一起，来推广网上的服务，使其发挥更大的功效。同时向传统媒体和互联网媒体发布信息是一种效果较好的推广方式。例如，在报纸、杂志、电视等媒体上做广告，常见的还有路牌广告、宣传册、信函广告、组织研讨会等多种形式，也可同时采用演示光盘、FAQ、在线问答、热线电话等互联网方式，如在在线问答的页面上标示热线电话或网上预约等，将传统渠道和互联网渠道相结合，这些方式交叉使用效果会更好。

（2）互联网金融营销各种手段的整合，即各种互联网金融营销手段之间的关系不是孤立的，更不是排他的。为加强互联网金融营销的效果，可以采取多种手段齐头并进的方式，如广告宣传可以选择电子邮件、门户广告、博客软文、互联网视频等，将企业的品牌影响力最大化，新产品信息发布可以选择在线黄页、分类广告、论坛、博客网站、供求信息平台、行业网站等平台，还可以和其他金融企业的网站进行联合，与各金融企业的交易系统建立网站链接，综合多家金融企业的网上服务，建立综合金融服务网站。互联网金融营销中的所有工作都应与营销效果有关，从网站策划、网页制作、服务方式等基本环节做起，最终目标都是为了取得最好的宣传和推广效果。

（3）产品与服务一体化整合，即顺应未来对金融客户一体化的全面综合服务的潮流，使一个界面、少数几个账户，却拥有所有可能的金融服务。因此，要丰富互联网金融的产品和价格，突破单个企业提供产品的局限性，为未来混业经营、金融业的全球性融合与兼并留下拓展空间。

传统金融企业要开展互联网金融服务与营销，必须将“鼠标”与“水泥”有机地整合在一起，学习互联网企业的做法，利用现代的互联网技术拓展金融服务市场与业务，改造传统服务流程。同时，尽力将各种金融服务融合到互联网中，以免将金融网站做成空洞的“花瓶”。

实践证明，传统的金融营销渠道和互联网营销渠道紧密结合才是最有效的。传统的金融营销渠道一旦拓展互联网空间，往往能在客户资源、传统网点和互联网技术之间找到更好的结合点，从而迅速占领市场。

3. 实施差异化营销策略

网民作为一个特殊群体，有着与传统市场客户群截然不同的特性。他们通常注重自我个性，各自有一些独特的、不同于他人的思想和喜好。他们头脑冷静，擅长理性分析，不会轻易被舆论左右，对众多“轰炸式”的广告有相当强的抵抗力，并对新鲜事物有执着的追求，且不同的网民的消费心理差异也很大，尤其是随着网民队伍发展壮大，这种差异将更加明显。面对这样的新型客户群体，科学地制定差异化营销策略是互联网金融营销的关键。

由于互联网需要进行数据传输和交换，因此标准化不可避免。同时，金融服务也要求多家金融机构的产品具有可比性，因此，产品标准的制定将是未来的趋势。但由于客户需要个性化的服务，互联网金融产品与服务又必须做得人性化。因而，金融企业进行互联网金融营销时必须了解客户的交易习惯和偏好，并以此为依据，主动向客户提供其感兴趣的市场信息，满足不同客户的不同需要，为客户提供全程动态的服务。因此，网站专业化是网站发展的必然趋势。

金融企业要针对这些客户的不同需求和层次差异，根据自己的资信能力、市场定位，推出相应的金融产品和金融服务，使自己的金融服务内容、营销风格和运作套路与竞争者有所不同，从而形成差别化、排外性和独占性，让客户在金融服务的共性中感受到特殊性，进而选择本企业。

（1）建立和运用客户数据库是差异化营销的基础。客户数据库在差异化营销中扮演着重要的角色，它是协助金融企业将传统型营销工具转移到差异化营销作业中的主要工具。与消费品、工业品生产企业相比，金融企业有着先天的优越性，因为它掌握着大量的真实的客户档案。金融企业应该不断完善客户数据库，在设置账户时适当增加一些有利于实施差异化营销的项目。通过整理和分析客户资料，如客户资金或交易量的增减、客户对金融产品或服务的不同选择、资金流动的趋势等，及时了解客户需求的变化，并对此做出相应的营销对策。因此，做好客户数据库的建设和维护，有利于金融企业正确选择目标市场和进行准确的市场定位。

（2）确定细分市场后的营销组合策略。价格的相对刚性和服务的相对灵活性是互联网金融营销的特点之一。实施差异化营销就是金融企业根据细分市场客户的不同需求，提供不同的便利性服务和支持性服务，采取不同的营销组合策略，并且随着客户需求的变化不断开发和更新服务产品，为客户提供方便、舒适、快捷的服务。随着人们工作的日益繁忙和生活节奏的不断加快，为客户提供迅速、规范、高质量的服务必然成为互联网金融营销的趋势。金融企业应开发适应不同类型客户的服务渠道，如网上银行、电话银行、智能化服务等，不断分流柜台服务的客户。

（3）提供高质量服务是差异化营销的最佳切入点。只有良好的服务，才能留住老客户、争取新客户。帕累托法则表明，企业80%的利润来自20%的品牌使用者，80%的其他客户则只带来了20%的利润。互联网金融营销的重点就是要将这20%的品牌使用者转变成忠实客户，而提供高质量的服务无疑是一个最佳的切入点。对于金融产品的创新，竞争者很容易模仿，而以高质量服务为切入点，一旦企业形成了具有自己特色的服务风格，竞争者就难以在短时间内模仿成功。因为金融服务质量的提高，要以高素质的员工、先进的经营理念和优良的企业文化为基础，这些都是无形的软实力。

利用互联网提供高质量的服务，要注意不能与传统方式的服务相脱离，更不能相对立。网上服务和人工服务二者可以结合起来，目前还有许多客户不熟悉互联网，偏重于选择传统人工服务方式，这样就更要处理好网上服务和人工服务的关系。要注意互联网服务的及时性和网上售后服务的完善性，尽可能地体现出网上服务的便捷性优势，在客户问题解决时和解决后，可以发送一些电子邮件与客户保持密切联系，增强客户的信任感。

（4）实施品牌管理体系（Corporate Identity System，CIS）工程，实现金融企业形象差异化。在互联网金融环境下，客户需要在虚拟空间进行金融操作，客户与互联网金融服务提供者之间的信任关系将越来越重要，互联网金融服务提供者的品牌应具有广泛的认同度。这种品牌是信任的基础，是客户对互联网金融服务质量的认可。因此，基于信誉、安全、规模、技术甚至独特的企业文化和经营方式的品牌形象策略，将是未来金融企业的重要发展方向之一。CIS 工程是金融企业品牌的外化，使之具有与竞争者不同的可识别形象。

因此，金融企业实施 CIS 工程，就是通过对企业、市场、服务、理念、视觉、行为等一系列整体的定位和统一，实现企业形象的差异化，加深客户对企业和产品的印象。例如，中国工商银行在 2002 年整合电话银行、网上银行、手机银行等业务，推出全新的电子银行品牌“金融 e 通道”，使电子银行业务准确定位、创立品牌、展现新世纪工商银行电子银行新形象，实现与其他银行的差异化。

4. 加强互联网金融风险的防范与控制

互联网金融突破了时间、空间的限制，改变了传统金融企业的经营模式，使金融风险更具复杂性，对金融企业的经营管理和风险管理提出了新的挑战。例如，中国金融认证中心一项关于网上银行用户行为特征的调查显示，网上交易的安全性能是用户选择网上金融交易时重要的影响因素之一。例如，近年来电脑黑客、木马病毒、诈骗短信等导致的网上银行资金被盗事件频繁发生，用户对网上银行的安全性更加忧虑，从而不敢或不愿尝试使用网上银行。这已经成为阻碍网上银行业务持续健康发展的主要问题。因此，如何加强对互联网金融风险的管理成为人们面临的新课题。

第五节 互联网金融的风险与防范

一、互联网金融的潜在风险

科技的迅猛发展，给人们的生活带来了翻天覆地的变化，其中网络技术的发展尤为引人注目，由此而产生的互联网金融新兴产业也在逐渐发展并壮大起来，网络技术在提高金融服务效率、延长金融服务半径、提高金融服务效率、缓解金融信息不对称、降低金融服务准入门槛等方面的作用得到了普遍认可。但是，近几年来频频曝出的风险事件却揭示了互联网金融存在多重风险隐患。下面介绍互联网金融的几个潜在风险。

（一）法律和监管风险

互联网金融在我国的发展创新呈现出迅猛的态势，但我国法律和监管体系尚不完善，互联网金融企业极易游走于法律盲区和监管漏洞之间进行非法经营，甚至出现非法吸收公众存款、非法集资等现象，累积了不少风险。网民在借助互联网提供或享受金融服务的过程中，可能面临法律缺失和法律冲突的风险，容易陷入法律盲区的纠纷之中，不仅增加了交易费用，还影响了互联网金融的健康发展。

以 P2P 平台为例，虽然被外界视为信息中介，事实上却扮演着金融中介的角色，如分拆借款标的、提供增信支持、从事代理销售和经纪业务等，但不受一般金融机构的监管约束，包括内控合规、风险拨备、信息披露等在内的管理治理机制大多数缺失，风险频发也是必然的结果。中申网《2015 年 P2P 网贷问题平台数据监测报告》显示，2015 年 P2P 行业共出现 868 家问题平台，较 2014 年（261 家）的数量增长了 23.3%。

（二）信用风险

互联网金融的本质是依托网络平台和大数据技术降低信息形成、传递和利用成本，理论上能够有效提高信用风险跨主体、跨时空配置、转移和定价的成本。但在实践中，由于网络信息甄别能力差、征信体系不健全、投资者教育不足等原因，信息失真、“逆向选择”等问题事实上可能变得更加隐蔽、影响更加广泛。而且由于网上“刷信用”“刷评价”等行为的存在，网络数据的真实性、可靠性会受到影响。部分互联网金融平台缺乏长期的数据积累，风险计量模型的科学性也有待验证。所以在互联网金融领域，信息不对称依旧存在。随着互联网金融平台数量的增加，近年来也发生了部分平台卷款跑路的风险事件。

例如，一些退休职工盲目投资 P2P 平台项目，使得信用风险在大量不具备相应风险承受能力的人群中广泛传播，不但扰乱了金融业正常的风险转移定价秩序，还可能会因为投资损失引发局部社会问题。

（三）流动性风险

期限配置和缺口管理是银行的基本盈利机制之一，但由于遵循存款准备金、风险拨备、资本充足率、存款保险等审慎监管规定，风险缓释空间较大，流动性风险不可控的概率很小。相比较而言，互联网金融企业不受上述制度的约束，实质性流动性风险也就更大。同时，互联网金融业务一般以实时交易作为比较竞争优势，流动性管理压力特别是当日流动性风险管理压力进一步加大。此外，大量同质化互联网金融产品基于同样的运作原理，也会在一定程度上增加市场变动的趋同性，一旦发生“小概率”流动性风险事件，市场恐慌情绪传染蔓延的速度会很快。

（四）技术风险

技术风险是金融与信息技术结合的必然产物，与传统金融机构相比，互联网金融由于更加依托计算机和网络技术，天然就具有更高的技术风险。互联网金融业务的 IT 技术衍生操作风险包括设施设备运营中断风险、互联网恶意入侵风险、交易数据传输泄密风险、员工不当操作风险、客户信息安全经验不足风险等。

由于互联网金融依托的是计算机网络，网络系统自身的缺陷、管理漏洞、计算机病毒、黑客攻击等都会引发技术安全风险。计算机病毒可通过互联网快速扩散与传染。一旦某个程序被病毒感染，则整台计算机甚至整个交易互联网都会受到该病毒的威胁。在传统金融业务中，计算机技术风险只会带来局部的影响和损失；但在互联网金融业务中，技术风险可能导致整个金融系统出现系统性风险，进而导致体系的崩溃。

（五）非合规运营风险

由于进入门槛低、缺乏严格监管，互联网金融机构的数量迅速膨胀，其中一部分机构并不具有规范的治理架构和运营机制，严重背离金融业审慎经营的理念和文化，风险隐患普遍存在于业务流程的各个环节。典型的例子是关联交易普遍存在，一些网贷、众筹平台事实上是机构自融的利器；各种形式的加盟门店层级蔓延，不具备金融从业能力的工作人员违规招揽业务；一些机构“委托”银行网点代售产品，假借银行“背书”兜售产品，使得上述风险呈现向传统金融体系蔓延的态势。究其本源，非合规运营风险与专业人才供给不足密切相关。互联网金融的比较优势在于普惠金融，但绝不意味着互联网金融从业门槛低。恰好相反，互联网金融的从业者，特别是管理者，不但需要有坚实的传统金融知识经验积淀，也要兼具前瞻性的互联网创新思维模式，但目前该行业的发展速度显然远超出市场人才的供给速度。

（六）市场风险

作为互联网技术与金融领域结合的产物，互联网金融的市场风险有其独特的一面。由于便捷性和优惠性，互联网金融可以吸收更多的存款、发放更多的贷款、与更多的客户进行交易，但也面临着更大的利率风险。互联网金融机构往往发挥资金周转的作用，沉淀资金可能在第三方中介处滞留两天至数周不等，由于缺乏有效的担保和监管，容易造成资金挪用，如果缺乏流动性管理，一旦资金链条断裂，就会引发支付危机。网络交易由于交易信息的传递、支付结算等业务活动在虚拟世界进行，交易双方互不见面，只通过互联网联系，交易者之间在身份确认、信用评价方面就会存在严重的信息不对称问题，信用风险极大。

以 P2P 为例，P2P 平台一般强制要求借款人提供基础资料，自愿提供财产证明、学历证明等详细信息。一方面，此类信息极易造假，给信用评价提供错误依据，交易者也可能故意隐瞒不利己的信息，导致 P2P 平台在选择客户时处于不利地位；另一方面，P2P 平台所获取的资料存在滞后性、片面性，不构成“大数据资源”。不过，我们可以借鉴美国的互联网金融模式。例如，美国有完备而透明的个人信用认证体系，个人信用记录、社会保障号、个人税号、银行账号等材料可以充分验证借款人的信用水平；有多家独立、权威的信评公司通过高科技技术手段，提供信用评分和信用管理服务，广泛地服务个人贷款客户、小贷公司、银行等金融机构。因而美国的P2P平台真正属于互联网金融模式，极具发展优势。

（七）第三方支付及其风险

基于互联网的支付清算体系，是以第三方支付、移动支付为基础的新型支付体系在移动终端智能化技术的支持下迅猛发展起来的。第三方支付指网络公司与银行签约后，运用计算机、通信技术建立的支付系统。第三方支付和移动支付等极大地促进了支付体系与互联网的融合，并已成为金融体系基础设施的重要组成部分。

第三方支付的核心业务模式是指网关支付模式（独立第三方支付模式）和账户支付模式（综合第三方支付模式）。独立第三方支付模式的运行机制较为简单，第三方在线支付平台前端连接客户，后端连接银行或客户，在集合多个银行提供的基础支付统一平台和接口上，为客户和商户提供统一线上支付接口，通过第三方支付账户实现前端客户向后端客户的银行账户或同类第三方支付账户的支付，实际上是替代了银行的支付功能。国内快钱、汇付天下、易宝支付等是该模式的代表。而综合第三方支付模式则依靠自身的电子商务平台，这种模式除完成第三方支付功能外，还提供担保功能，更为重要的是，在将银行体系部分资金“抽取”出来置于第三方支付的备付金账户之后，还可以多样化地使用备付金账户中的资金。例如，购买货币基金，第三方支付既可以通过互联网也可以通过通信网络来实现，是一种面向电子商务服务的综合支付工具。

第三方支付存在的风险主要有两个方面。

（1）随着网络消费规模的急速扩张，互联网金融规模快速膨胀，当第三方支付企业的用户达到一定数量、资金达到一定规模时，一旦第三方支付企业出现问题，就可能给整个经济带来巨大冲击。例如，2012年，支付宝的支付金额规模已达2.1万亿元，2013年超过了10万亿元。如果支付宝出现问题，则整个互联网金融支付业务可能出现问题，从而引发金融系统性风险，甚至影响整体经济的稳定性。

（2）第三方支付中的用户信息安全和转账安全目前有明显漏洞。一些第三方支付企业的用户注册步骤中，只要求输入证件信息、银行卡号和网上的账户密码，其安全性要求远远低于实体银行的相关服务。由于难以核实客户的真实身份，犯罪分子可能会利用第三方支付过程中的漏洞洗钱。还有一些第三方支付企业技术水平不足、安全意识差，并没有采用现代电子客户证书等防钓鱼工具，使客户在划转大额资金时遭到钓鱼软件攻击的可能性增加。为了追求资金划拨的快捷性与方便性，这些第三方支付企业规定用户只需录入与银行卡绑定的手机接收到的动态校验码，甚至是留给第三方支付的账户密码，即可进行在线资金划转。而客户的手机和手机卡丢失或被盗是很有可能的，在这种情况下，其账户资金将面临被划拨的巨大风险。当前，第三方支付未能更大范围地普及，主要原因就在于互联网技术存在漏洞和第三方支付企业安全管理不合格，使不法分子可不经特别授权，就能相对容易地在第三方支付与银行卡之间划拨资金。

（八）与支付宝等结合的货币基金及其风险

余额宝是货币基金与支付宝结合的典型，是支付宝为个人用户打造的一项账户余额增值业务。支付宝账户支付余额、储蓄卡快捷支付的资金可以直接转入这类货币基金账户，其收益率远比银行活期利息率高，吸引了大量消费者，近几年非常受关注。而货币基金将这些资金与银行进行协议存款，或做其他理财、投资。天弘基金负责管理和运营余额宝这只货币基金产品，其运作方式一般是将支付宝账户的支付余额汇集成一个巨大的资金池，然后投向储户无法投资的银行间市场。天弘基金的投资策略是将绝大部分资金配置于银行协议存款，而且主要是6个月期限的协议存款，将少量资金用于国债回购。与支付宝等结合的货币基金的风险主要表现为流动性风险。例如，余额宝投资资产过度倚重于银行同业存款，存在明显的资产集中度过高的风险。不仅如此，余额宝给投资者的收益是按日计提的，而其投资的银行协议存款的周期却相对较长，这会使其面临非常大的资产负债期限的结构性风险和流动性挤兑风险。余额宝的流动性保障，一方面来源于银行货币基金提前支取银行协议存款的政策优惠，但余额宝与银行之间实际上存在资金抢夺的竞争关系，这就使其投资的银行同业存单收益面临波动风险。另一方面，类似余额宝的金融产品还依靠利率管制的套利获利，而一旦中国银监会取消这一优惠政策，宣布利率完全市场化，余额宝将即刻面临收益倒挂风险和流动性风险。另外，当市场资金价格跌落、投资者快速撤走资金时，将会出现资金赎回远大于申购的现象，基金公司就必须提前支取银行协议存款。如果银行仍按协议存款固定利率给基金公司计算利息，货币基金虽然会避免流动性风险，但风险实质上已经转移给传统金融机构，容易引发货币市场的大幅波动，甚至影响整个金融市场的稳定。

（九）P2P 互联网借贷平台及其风险

P2P 互联网借贷平台采用的是一种个人对个人的互联网直接融资模式，借用第三方提供的互联网平台连接资金供给方和需求方，主要服务于个人和小微企业。一般认为，P2P 互联网借贷平台在我国是民间借贷的网络版，其同样是以信用贷款的方式将资金借给需要的人。在我国，P2P 互联网借贷平台又可细分为3种模式。第一种是没有担保的线上模式，如“拍拍贷”。这种模式类似于直接融资业务，第三方不提供担保，只提供资金借贷双方的中介服务，确保资金供需的匹配工作。第二种是有担保的线上模式，如“红岭创投”。这种模式下的第三方实际上扮演着3种角色：担保人、网络中介和联合追款人。由于第三方提供了本金和利息的担保，其职能类似于间接融资的金融机构。第三种是债权转让模式，如“宜信”。该模式下的借贷双方不直接签订合同，由第三方先借款给资金需求者，然后资金出借方把债权转让给其他投资方；第三方可以多次引入债权，对债权拆分后进行转让，从而实现撮合出资人和借款人的目的。P2P 互联网借贷平台的优点在于摒弃了银行融资的烦琐程序，即借款人先在平台发布借款信息，以招标形式和固定利率召集一个以上的投资者；同时，贷款人群也通过网站平台，寻找有出借能力且符合出借条件的人群，以共同分担借款风险；网络平台向借贷双方收取每笔贷款各 0.5%的费用，并根据信用等级，强制按月还款。P2P 互联网借贷模式不同于以往的银行借贷模式，因为出资方可以明确资金需求方的具体信息和资金的具体流向。截至 2013 年年底，我国已有 P2P 互联网借贷平台 500 家，贷款总额超过 1000 亿元。P2P 互联网借贷平台的风险主要在于技术安全风险。由于相关安全投入较低，在现有技术水平下，P2P 互联网借贷平台极易遭受黑客的访问攻击。这种攻击可能来自诈骗或者同行间的恶性竞争，不仅会导致网站倒闭或者数据库受损，还会造成借贷双方客户信息泄露和财产发生损失。

（十）众筹模式及其风险

众筹（Crowd-Funding）模式采用“团购+预购”的形式，利用互联网和社会性网络服务（SNS）的传播特性，通过向公众展示创意及项目信息，使新创企业和个人能够获得其所需资金。众筹模式从预收货款演化而来，属于一种预购或预售行为，预期网络订单和预收货款经过互联网转变为网络创意预期产品和服务投资。

众筹平台可以分为 4 类。一是债权众筹（Lending-Based Crowd-Funding），即项目投资者根据项目投资的比例获得相应比例的债权，未来依据债权获得收益。二是股权众筹（Equity-Based Crowd-Funding），即投资者对项目或公司进行投资，获得其一定比例的股权。三是回报众筹（Reward-Based Crowd-Funding），即投资者对项目或公司进行投资，获得之后的产品或服务。四是捐赠众筹（Donate-Based Crowd-Funding），即投资者对项目或公司进行无偿捐赠。

一般情况下，众筹平台对每个募集项目都会设定一个筹款目标，如果没有达到目标，则钱款将打回投资人账户。众筹模式的主要风险在于信息不对称，投资人所投资金缺乏第三方机构的监管，在投资项目获得全部目标收益之前，投资人很难监控资金的使用动向，因而无法保证资金安全。

二、互联网金融的风险防范

互联网金融是传统金融的创新，也是我国推进金融改革和完善金融体系的重要契机。随着互联网金融的快速发展，风险防范问题变得更加重要，而且这也是互联网金融能否健康、可持续发展的关键问题。针对上面提到的有关互联网金融的风险问题，我们从以下几个方面阐述相应的防范对策。

（一）保险防范

对于互联网金融的网络风险问题，可以通过建立保险来防范和补偿，具体来说就是第三方支付平台为支付工具投保一种固定险种，一旦网络技术风险造成消费者的财产发生损失便由保险公司赔付。这就将网络安全风险转嫁给了保险机构，为因网络风险问题产生的财产损失纠纷提供了解决途径，促进了互联网金融的发展。

（二）推进征信体系建设

以我国小额信贷行业为例，特别是民间金融服务机构的发展方兴未艾，但由于我国个人征信服务体系建设还不完善，出现了借款人多重负债、拖欠还款和逃废债务等信用风险问题。互联网金融会减少借贷双方的接触，加大了信息的不对称性，使交易双方面临着更大的信用风险，因此必须加快推进征信体系建设，建立以诚信为基础的商业信用体系。具体建议如下。

（1）和 P2P 互联网借贷公司建立合作关系，开放征信查询业务，同时采集公司客户的信用数据。

（2）和快递公司建立合作关系，获取电子商务企业的快递数据，以此评估电子商务企业经营状况。

（3）创新信用数据采集方法，通过社交网络获取企业和个人相关信息，计算信用评级。

（4）征信系统支持。由央行牵头建立的国家金融信用信息基础数据库是目前国家级的企业和个人信用信息来源，互联网金融若能达到其接入和使用要求，将会大大促进互联网金融的快速发展。

（三）创新 P2P 互联网借贷经营方式

与银行合作，实现客户资金的第三方存管。客户资金的第三方存管可以有效防止第三方平台或个人非法挪用客户资金，确保资金的安全性。同时，也有利于实现破产隔离，有利于控制互联网金融风险，对切实保护贷款人利益及维护金融体系的稳定具有重要作用。

（四）与传统金融融合

互联网金融机构与线下金融机构合作。例如，将资金风险控制纳入线下成熟的银行账户监管以降低风险；利用互联网金融机构的技术、客户资源优势开展产品线上线下交叉销售。

传统金融积极向互联网金融靠拢。传统金融机构，尤其是地方性金融机构，可利用自身资源和技术优势，大力发展符合地方特色的数据挖掘、客户定位和网络营销等客服系统。

（五）整合监管资源，完善监管机制

由于互联网金融企业的金融属性，其监管要求大于普通互联网企业。各监管部门要制定统一的监管标准，明确市场准入条件，并建立退出机制，以把控网络金融企业可能带来的金融风险，保护投资者的利益。

采用警示、整顿甚至取缔等监管手段，增强行业透明度、标准化。

监管部门要坚持监管底线。不允许任何机构或个人越过非法集资与非法吸收公众存款这两个底线，完善监管手段，加强监管能力建设，尽快出台管理指导意见或相关法律法规。

建立信息安全维护机制。通过建立网络安全机制、金融消费者保护机制，提高交易安全可靠性，避免客户个人信息泄露及资金风险。

下面从法律、政府、企业和投资者的主体角度分析如何防范互联网金融风险。

（1）明确法律规范。对互联网金融发展还需加大立法力度。首先，要加快整个金融行业的法律法规体系建设，做到风险防范的有法可依。其次，还要针对互联网金融的独有特点，制定和完善相应的具体的法律法规。

（2）政府要加大行业监管力度。在互联网金融风险面前，政府要履行好依法办事、防范风险、为民服务、保持经济和社会稳定的职责。

第一，构建有效统一的互联网金融监管体系，促进互联网金融稳健发展。明确监管主体，银监会、证监会、保监会要严格依法监管、公平合理，要做到“不越位，不缺位，要到位”。互联网金融市场代表着金融产品与服务的发展方向，各国金融机构都在努力扩展自己的互联网金融服务。然而，互联网金融市场的巨大风险又使监管者无法任由互联网金融无限创新，监管者面临着创新与监管之间的两难选择。鉴于互联网金融的复杂性，传统的分业监管模式已无法满足监管需求，应协调分业与混合两种监管模式，实现综合监管。一方面，要重新梳理各类互联网金融企业的业务范围，在此基础上明确相应企业、相应业务的监管部门，明确监管主体。另一方面，要根据互联网金融所涉及的领域，建立以监管主体为主，以相关金融、信息、商务等部门为辅的监管体系，打造互联网金融统一数据平台，明确监管分工及合作机制。建立完善的法律体系，规范互联网金融业务。一是完善互联网金融的法律体系，尽快对网络信贷、众筹融资等新型互联网金融形式建立全面、规范的法律法规，从宏观层面上将互联网金融纳入法律监管视野。二是完善互联网金融发展相关的基础性法律立法，如个人信息的保护、信用体系、电子签名、证书等。三是加快互联网金融技术部门规章和国家标准制定。互联网金融涉及的技术环节较多，如支付、客户识别、身份验证等，应从战略高度协调相关部委出台或优化相关制度，启动相应国家标准制定工作。

第二，提高金融行业尤其是网贷平台的准入门槛，防止不良商家进入。在国外企业主导的现有市场，需要建立严格的审查机制和市场准入制度，政府应该对国产厂商自主可控的网络信息系统加大支持力度。

第三，实行责任问责制，打击监管中的漏洞。一旦监管方面出现问题，要严格追究相关负责人的责任，从而促使监管层更好地监管互联网金融风险。

第四，要加强诚信体系建设，努力在全社会形成诚信为本、失信可耻的良好风尚，并建立失信惩戒制度，维护社会公平正义。

第五，政府要转变采纳建议的态度，由从前的刚性监管、严厉打击转变为谦虚倾听、问计于民。

第六，在经济全球化的趋势下，世界各国之间的经济竞争越来越激烈。互联网金融作为前沿的经济模式，必将在竞争中扮演更加重要的角色。但我国的互联网金融发展时间较短，还存在诸多不完善的地方，将面临来自国外的挑战和风险。而人力资源是我国互联网金融发展的重中之重。因此注重人才培养，提升技术水平显得尤为重要。我国互联网金融起步较晚，既精通金融知识，又掌握计算机技术的人才相当匮乏，这是我国互联网金融发展的瓶颈。因此，金融机构、教育机构应当大力培养集金融业务知识、网络信息技术、互联网工具运用等多种知识技能于一身的互联网金融精英，为互联网金融的快速发展储备大量人才。

（3）企业担负主要责任。对于第三方支付交易平台应承担的互联网金保险，企业作为市场主体的直接参与者和利益攸关者，应该承担主要责任。互联网第三方支付交易平台不能把客户的支付资金“吃掉”，而是要随时控制风险，防范交易过程中可能出现的各种风险。当通过第三方支付交易平台支付，客户账号和资金被盗取时，互联网金融企业应该进行追回和相应赔偿。从这个意义上讲，企业要加强内部风控部门的建设、投入资金、促进风险管理技术的进步也显得尤为重要。

（4）投资者自身的理性选择。尽管互联网金融投资存在许多潜在的风险，但由于其较高的收益性及便利性，使得投资者热情高涨。对此，我们建议投资者要多了解金融知识和风险意识，权衡投资中的收益与风险。同时，还应该提高安全意识，理性进行金融投资和理财，不给不法企图者可乘之机。

课后习题

思考题

1．互联网金融的含义是什么？互联网金融有哪些特点？

2．互联网金融和金融互联网的本质区别是什么？

3．我国互联网金融的主要模式有哪些？跟国外相比，你觉得我国互联网金融有什么特点？

4．针对互联网金融不同的模式，请列举其相应的主流模式，并介绍其运作流程和特点。

5．根据本章内容，分析各模块的理财工具各有什么特点。

6．讨论并规划你的互联网金融理财规划。

7．针对 P2P 网络贷款，在投资或者融资的过程中，需要注意哪些要点？如何防范互联网金融理财的风险？